NEXT INNOVATION-AI INNOVATION MANAGEMENT

넥스트 이노베이션

기업의 AI 혁신전략 교과서

김의석
KAIST 기술경영전문대학원 교수

박영사

들어가며

AI라는 거대한 파도 앞에서, 혁신의 본질을 다시 묻다

오늘날 인공지능(AI)의 등장은 우리 사회와 기업에 희망찬 청사진보다는, 정체를 알 수 없는 불확실성에서 기인한 '거대한 공포'로 먼저 다가오고 있는 듯합니다. 수많은 전문가가 각자의 시각에서 AI와 전략에 관한 담론을 쏟아내고 있지만, 오히려 정보의 과잉은 우리를 더 큰 혼란 속으로 밀어 넣고 방향을 잡기 어렵게 만듭니다.

이러한 시대적 혼돈 속에서 저는 교수라는 직업을 가진 학자로서, 과연 세상에 어떤 실질적인 도움을 줄 수 있을지 깊이 고민했습니다. 제가 내린 결론은 '학자의 역할은 현상의 단면을 자극적으로 전달하는 것이 아니라, 수많은 연구자가 오랜 시간 검증해 온 '일반화된 이론'을 지침 삼아 변화의 본질을 해석하고, 앞으로 펼쳐질 미래를 냉철하게 조망해야 한다는 것'이었습니다.

과거 새로운 기술이 출현할 때마다 일부 지식인의 지나친 확신과 성급한 주장이 사회에 부정적인 영향을 주었던 사례들을 우리는 기억합니다. 그렇기에 저는 이 책을 집필하며 사회과학자로서의 객관성과 겸손함을 유지하고자 노력했습니다. 화려한 수식어보다는 검증된 사실과 이론에 기반하여, 우리가 서 있는 좌표와 나아가야 할 방향을 차분하게 짚어보고자 했습니다.

본 서는 조셉 슘페터 이후 기업과 사회에 가장 깊은 영감을 주었

던 핵심적인 기업 혁신 이론들을 엄선하여 다룹니다. 각 이론이 품고 있는 본연의 가치를 먼저 설명하고**AS-IS**, 이들이 AI 및 디지털 기술과 만나 어떻게 변주되고 있는지를 분석했습니다**TO-BE**. 나아가 이러한 변화된 환경 속에서 기업이 취할 수 있는 현실적이고 실현 가능한 실행 전략들을 도출**Strategy**하는 데 주력했습니다.

특히 저는 기존 이론들을 '과거의 유산(AS-WAS)'이 아닌 '현재 진행형의 진화(AS-IS)'로 바라보았습니다. 기존의 혁신 이론들은 결코 폐기되지 않았습니다. 여전히 수많은 혁신 현상을 설명하는 살아 있는 생명체와 같습니다. 다만 AI의 등장은 이러한 이론들의 종말이 아니라, 시대적 요구에 맞춘 '수정'과 '진화'를 의미합니다. 'Technology Push'가 'Data Push'로 변모하고, 'S-커브'가 무한 성장의 시대로 접어드는 과정은 이론의 폐기가 아닌 확장의 과정입니다.

본 서가 현장에서 분투하는 기업가, 전략을 수립하는 기획 부서, 그리고 AI 도입을 통해 기업의 체질 개선을 고민하는 실무자들에게 '새로운 기업 혁신 교과서'가 되기를 바랍니다. 또한, '기술 경영'과 '기업 혁신'을 공부하는 학생들에게도 든든한 길잡이가 되길 소망합니다. 저 역시 이번 봄부터 'AI 혁신 경영'이라는 과목의 강의에서 이 책을 적극 활용하며, 학생들과 함께 끊임없이 이론과 실전의 간극을 메워나갈 계획입니다.

책의 출간을 위해 힘써주신 박영사 관계자분들께 각별한 감사를 전합니다. 이 책이 세상에 나올 수 있도록 소중한 기회를 마련해 주신 박영사 안상준 대표님께 깊은 감사의 인사를 올립니다. 또한 최고의 편집과 세심한 손길로 책의 완성도를 높여주신 탁종민 과장님, 그리고 쉼 없는 열정으로 원고의 방향을 함께 고민하며 발전적인 조언을 아끼지 않으신 최동인 대리님께도 진심으로 고마운 마음을 전합니다. 많은 분의 노고가 헛되지 않도록 이 책이 독자들에게 의미 있는 마중물이 되기를 바랍니다.

모든 사회과학이 그러하듯, 이 책 또한 사회와 기업에 대한 깊은 통찰로 평생을 바친 선행 연구자들의 위대한 업적 위에 서 있습니다. 보다 나은 인류의 삶을 가능하게 한 그분들의 헌신에 깊은 경의를 표합니다. 아울러 저에게 끊임없는 영감과 지적 자극을 주신 삼성글로벌리서치 김원준 대표님, KAIST 기술경영학부 한승헌 학부장님, 조항정 대학원장님을 비롯한 동료 교수님들, TIS랩 제자들, KAIST ITM 동문들, 그리고 특별히 수많은 질문과 대화를 통해 통찰력을 불어넣어주신 로제AI 조영진 대표님, 김주은 변호사님, 강묘진 대표님, 김주혜 기자님께 진심으로 감사드립니다.

2026년 2월

김의석

프롤로그

100년 전 시작된 혁신의 마법과 AI라는 새로운 연금술사

슘페터의 예언: '새로운 결합'이라는 혁신의 마법

지금으로부터 약 100년 전 오스트리아의 경제학자 조지프 슘페터는 자본주의의 심장을 관통하는 비밀을 파헤쳤다. 그는 경제가 단순히 성장하는 것이 아니라 역동적인 과정을 통해 스스로를 끊임없이 파괴하고 재창조하며 발전한다고 보았다. 그의 위대한 저서 『경제발전이론』에서 그가 제시한 혁신의 본질은 놀라울 정도로 단순하면서도 심오한 개념인 '새로운 결합(new combination)'이다(Schumpeter, 1934). 슘페터에게 혁신이란 세상에 없던 무언가를 창조하는 신비로운 행위가 아니었다. 그것은 이미 우리 주변에 존재하는 생산요소와 기술 그리고 아이디어를 이전과는 다른 방식으로 재조합하는 행위였다.

그는 이 새로운 결합을 다섯 가지 유형으로 구체화했다. 새로운 제품의 도입, 새로운 생산 방식의 적용, 새로운 시장의 개척, 새로운 원료 공급원의 확보 그리고 새로운 조직의 형성이다. 이 정의의 핵심은 혁신이 단순한 아이디어나 발명에 머무르지 않는다는 점이다. 진정한 혁신은 기업가가 그 아이디어를 현실 세계에서 '실행'하여 원자재의 조달부터 생산과 마케팅을 거쳐 최종적으로 시장에서 이윤을 창출하는 전체 과정을 완수할 때 비로소 완성된다. 슘페터가 정의한 기업가는 자본가나 경영자와는 다른 존재였다. 그는 기존의 경제 질서에 안주하지 않고 미지의 가능성을 향해 낡은 것들을 재조합하여 새로운 가치를 창출하는 파괴적 행위자였다.

하지만 이 새로운 결합은 결코 순탄한 과정이 아니다. 슘페터는 혁신이 강력한 '저항(resistance)'에 부딪힌다고 설명했다. 이 저항은 기존의 경제 시스템 그 자체에서 비롯된다. 오랫동안 유지되어 온 생산 방식, 시장 구조, 사회적 규범과 사람들의 습관은 거대한 관성을 형성하여 변화를 거부한다. 따라서 기업가의 새로운 결합 시도는 기존 질서에 대한 정면 도전이며 기존 조합을 깨뜨리고 새로운 조합으로 대체하려는 영웅적인 투쟁이다. 이는 마치 고요한 호수에 돌을 던져 동심원을 일으키는 것과 같다. 경제 발전은 점진적이고 연속적인 성장이 아니라 이처럼 비범한 기업가들이 일으키는 불연속적이고 파괴적인 도약의 연속이다. 혁신은 일상적인 활동이 아닌 비범한 개인의 통찰력과 의지에 의존하는 희소하고 예외적인 사건이었다. 지난 100년간 우리가 이해해 온 혁신의 법칙은 바로 이 슘페터의 통찰 위에 세워져 있었다.

AI, 결합의 문법을 다시 쓰다: AI가 가져온 새로운 '혁신의 방법'

그로부터 100년이 흐른 지금 우리는 슘페터의 기업가와는 전혀 다른 새로운 혁신의 주체를 목격하고 있다. 바로 인공지능이다. AI는 단순히 기업가가 사용하는 또 하나의 도구가 아니다. AI는 슘페터가 정의한 '새로운 결합'의 과정 자체를 근본적으로 바꾸고 있다. 하버드 경영대학원의 이언 콕번 교수 연구팀은 AI가 단순히 특정 제품이나 서비스를 개선하는 것을 넘어 '발명을 하는 방법 자체를 발명(invention of a method of invention)'하는 범용 기술이라고 주장했다(Cockburn, Henderson, & Stern, 2018). 이는 혁신의 역사에서 근본적인 패러다임 전환을 의미한다.

과거 슘페터의 기업가가 자신의 경험과 직관에 의존해 제한된 수의 요소들을 결합했다면 오늘날의 AI는 인간이 인지할 수 없는 방대한 데이터 속에서 숨겨진 패턴과 상관관계를 찾아내 수십억 개의 가능한 조합을 체계적으로 탐색한다. 인간의 두뇌로는 상상조차 할 수 없었던 전혀 새로운 결합의 가능성을 AI가 스스로 발견하고 제시하는 것이다. 2020년 MIT 연구진이 AI를 이용해 기존 항생제와는 전혀 다른 구조를 가진 새로운 항생물질 '할리신(Halicin)'을 발견한 사례는 그 대표적인 예다. 이는 인간 연구자가 수십 년간 수행해도 불가능했을지 모를 발견을 AI가 단 며칠 만에 해낸 사건으로 AI가 어떻게 새로운 결합의 문법을 다시 쓰고 있는지를 명확히 보여준다.

이러한 변화는 기업의 연구개발(R&D) 방식마저 바꾸고 있다. 과거의 R&D가 소수의 가설을 설정하고 이를 검증하기 위해 데이터를 수집하는 노동집약적 과정이었다면 AI 시대의 R&D는 방대한 데이터 속에서 예측 알고리즘을 통해 새로운 가설 자체를 생성하는 방식으로 전환되고 있다. 이는 이 책의 2장에서 다룰 '데이터 주도(Data Push)' 혁신의 핵심 개념과 맞닿아 있다. 이제 혁신은 인간의 창의성이라는 희소 자원에만 의존하지 않는다. 오히려 양질의 데이터를 확보하고 AI를 통해 그 안에서 새로운 결합을 창출해내는 시스템의 역량이 혁신의 성패를 가르는 핵심 요소가 되었다. 심지어 최근에는 AI 시스템을 특허의 발명자로 등재해야 하는지에 대한 법적 철학적 논쟁까지 벌어지고 있다(Selvadurai, 2024). 이는 AI가 단순한 도구를 넘어 혁신의 주체로 부상하고 있음을 보여주는 상징적인 사건이다.

이러한 변화는 혁신의 경제학을 송두리째 뒤흔든다. 슘페터 모델에서 새로운 결합을 시도하는 비용과 위험은 매우 높았다. 하지만 AI는 수많은 가능성을 가상으로 탐색함으로써 실험의 한계비용을 거의 0에 가깝게 낮춘다. 그 결과 혁신의 가장 큰 병목은 아이디어를 내는 단계에서 양질의 데이터를 확보하고 AI에게 올바른 문제를 정의해주는 단계로 이동했다. 이제 기업 간의 경쟁은 누가 더 창의적인 인재를 보유했느냐의 싸움을 넘어 누가 더 우월한 데이터와 알고리즘을 통해 더 빠르고 효과적으로 새로운 결합을 만들어내는 '혁신 엔진'을 구축했느냐의 싸움으로 변모하고 있다. 이는 기업들이 핵심 데이터를 독점하고 통제하기 위한 치열한 경주를 벌이는 새로운 경쟁 구도를 낳고 있다(Cockburn, Henderson, & Stern, 2018).

거인의 몰락: '창조적 파괴'라는 필연의 교향곡

슘페터는 '새로운 결합'이 필연적으로 가져오는 결과를 '창조적 파괴(creative destruction)'라는 이름으로 불렀다. 그가 1942년 저서 『자본주의, 사회주의, 민주주의』에서 제시한 이 개념은 자본주의의 역동성을 설명하는 강력한 메타포가 되었다(Schumpeter, 1942). 창조적 파괴란 새로운 제품과 기술 그리고 비즈니스 모델이 등장하여 기존의 낡은 산업 구조와 시장 질서를 무너뜨리고 새로운 것으로 대체하는 끊임없는 과정이다. 이는 마치 폭풍처럼 낡은 것을 파괴하고 그 폐허 위에서 새로운 싹을 틔우는 자연의 섭리와 같다.

자동차의 등장이 마차 산업을 역사 속으로 사라지게 하고 수많은 마부와 마차 제작자들의 일자리를 빼앗아간 것이 그 고전적인 예다. 더 가까운 예로는 디지털 카메라가 필름 산업의 거인이었던 코닥을 파산으로 몰아넣은 사건을 들 수 있다. 슘페터는 이러한 파괴가 자본주의 발전의 안타까운 부작용이 아니라 성장을 위한 필수적인 전제 조건이라고 보았다. 사회는 파괴의 고통을 감수하지 않고는 창조의 과실을 얻을 수 없다는 것이다.

중요한 점은 과거의 창조적 파괴가 강력하기는 했지만 그 과정이 펼쳐지는 데에는 상당한 시간이 걸렸다는 사실이다. 마차에서 자동차로의 전환은 반세기에 걸쳐 일어났다. 월마트나 아마존 같은 새로운 유통 강자들이 시어스와 같은 전통적인 소매업체를 무너뜨리는 데에도 수십 년이 걸렸다. 이러한 파괴의 과정은 단순히 하나의 기술이 다른 기술을 대체하는 것을 넘어 자본과 노동력 같은 사회 전체의 자원이 쇠퇴하는 산업에서 성장하는 산업으로 재배치되는 거대한 구조적 변동을 의미한다. 과거에는 이 과정이 비교적 긴 시간에 걸쳐 진행되었기 때문에 사회는 그 충격을 흡수하고 적응할 수 있는 최소한의 '시간적 완충지대'를 가질 수 있었다. 노동자들은 새로운 기술을 배울 시간을 벌 수 있었고 정부는 새로운 규제를 만들 수 있었으며 교육 시스템은 변화하는 산업 구조에 맞춰 인력을 양성할 수 있었다. 창조적 파괴의 폭풍은 강력했지만 그 속도는 인간 사회가 감당할 수 있는 수준이었다.

AI, 파괴의 시간을 압축하다: 초가속 혁명의 서막

이제 상황이 달라졌다. AI라는 자동화된 '새로운 결합'의 엔진은 슘페터가 묘사했던 창조적 파괴의 폭풍을 영원히 그치지 않는 초고속 허리케인으로 바꾸어 놓고 있다. AI는 범용 기술(General-Purpose Technology)로서 특정 산업이 아닌 경제 전반에 걸쳐 파괴와 창조의 사이클을 극적으로 압축하고 있다. 과거 수십 년에 걸쳐 진행되던 산업의 흥망성쇠가 이제는 불과 몇 년 혹은 몇 달 만에 일어나고 있다. 창조가 일어나는 즉시 파괴가 시작되는 시대다.

이러한 초가속 혁명은 우리가 지난 100년간 당연하게 여겨왔던 혁신의 모든 법칙을 무력화시킨다. 기술의 성장과 확산이 예측 가능한 경로를 따른다는 'S커브' 이론은 끊임없이 새로운 기술이 등장하며 무한 성장을 추구하는 AI 시대에 그 의미를 잃어가고 있다(1장). 신기술이 초기 시장과 주류 시장 사이의 거대한 단절인 '캐즘(Chasm)'을 넘어야 한다는 법칙 또한 AI를 통해 제품이 출시와 동시에 주류 시장을 장악하는 시대에는 더 이상 유효하지 않다(3장). 제품 혁신이 성숙하면 공정 혁신이 뒤따른다는 전통적인 산업의 이분법 역시 제품과 공정이 AI 기반의 학습 루프 안에서 실시간으로 함께 진화하는 오늘날에는 낡은 공식이 되어버렸다(5장).

우리는 지금 경제 시스템이 안정적인 균형 상태에 도달할 틈도 없이 끊임없이 요동치는 '영구적 불균형(permanent disequilibrium)'의 시대에 진입하고 있다. 슘페터의 시대에는 새로운 결합이 성공하면 기업가는 한동안 독점적 이윤을 누리며 시장은 새로운 균형을 찾아갔다. 그러나 이제는 하나의 혁신이 성공하는 순간 또 다른 AI가 그 혁신을 뛰어넘는 새로운 결합을 만들어낸다. 이는 미래를 예측하여 장기적인 전략을 수립하는 전통적인 경영 방식이 더 이상 통하지 않음을 의미한다. 미래는 더 이상 예측해야 할 대상이 아니라 실시간으로 대응하고 적응해야 할 역동적인 상태가 되었다. 이제 기업의 생존은 미래를 얼마나 정확하게 예측하느냐가 아니라 예측 불가능한 변화에 얼마나 민첩하게 적응할 수 있는 '동적 역량'에 달려 있다.

낡은 지도를 버리고 새로운 항해를 시작하며

슘페터는 우리에게 혁신이라는 미지의 대륙을 탐험할 수 있는 최초의 위대한 지도를 남겼다. 지난 한 세기 동안 수많은 기업가와 경영자들은 그 지도를 보며 산업의 바다를 항해했다. 그러나 AI는 이 대륙의 지각 자체를 흔들어 놓았다. 대륙이 이동하고 바다가 솟아올랐으며 해류의 속도와 방향이 완전히 바뀌었다. 이런 상황에서 낡은 지도를 고집하는 것은 난파를 자초하는 어리석은 일이다.

이 책은 바로 이 격변의 시대를 항해하는 리더와 전략가 그리고 미래를 준비하는 모든 이를 위한 새로운 나침반을 제공하고자 한다. 슘페터가 발견한 혁신의 근본 법칙이 결코 폐기된 것은 아니다. 다만 그 법칙을 구성하는 변수와 상수가 AI로 인해 바뀌었을 뿐이다. 이 책은 총 4부에 걸쳐 기존의 핵심적인 혁신 이론들이 AI 시대에 어떻게 변모하고 있는지 살펴보고 변화된 환경 속에서 기업이 구체적으로 어떤 새로운 전략과 실행 방안을 갖추어야 하는지 탐색할 것이다.

이제 낡은 지도는 접어두고 새로운 나침반을 손에 들 시간이다. 예측 불가능한 파도와 끊임없이 변하는 해류 속에서 새로운 항해를 시작해야 한다.

차례

1부

AI, 혁신의 법칙을 다시 쓰다

1장

S커브의 종말?
AI가 만드는 무한 성장의 시대

AS-IS | 기술 성장의 나침반, S-커브

기술의 흥망성쇠는 오랫동안 예측 가능한 운명처럼 보였다. 하나의 기술이 태어나 세상을 지배하고, 정점에 이르면 다음 기술에게 왕좌를 내어주는 장엄한 서사가 반복되었다. 지난 수십 년간 기업 전략가들은 S커브라는 강력한 나침반에 의지해 이 거대한 흐름을 읽고 미래를 항해해 왔다. 그러나 디지털 기술의 발달과 인공지능(AI)의 등장은 이 낡은 지도의 모든 법칙을 다시 쓰고 있다.

디지털 기술과 AI는 하나의 새로운 파도를 만드는 데 그치지 않는다. 이들은 수많은 기술의 파도를 동시에 일으키고 융합하며 예측 불가능한 거대한 해일을 만들어내는 메타 기술(Meta-technology)이기 때문이다. 그렇다면 이 새로운 기술이 지배하는 다중 혁명의 시대에 S커브는 정말 종말을 맞이한 것일까? 아니면 우리가 알지 못했던 새로운 방식으로 진화하고 있는 것일까? 이 질문에 답하기 위해 먼저 기술 성장의 고전적 나침반이었던 S커브 이론의 본질을 살펴보고자 한다. 그 후 디지털 기술과 AI가 어떻게 기존의 한계를 돌파하고 새로운 다중 S커브의 시대를 열어가는지 그 작동 원리를 탐구할 것이다. 이를 통해 이 예측 불가능한 파도를 성공적으로 타기 위한 새로운 생존 전략을 모색한다.

S커브로 그려지는 기술의 생애주기와 시기별 기업 전략

기술의 발전은 살아있는 유기체의 생애 주기와 흡사하다. 세상에 처음 등장하여 미미한 가능성을 보이다가 폭발적인 성장기를 거쳐 성숙기에 접어들고 결국 새로운 기술에 자리를 내주며 쇠퇴의 길을 걷는다. 기업 전략가와 기술 예측가들은 이러한 기술의 운명을 설명하고 예측하기 위해 가장 강력한 모델 중 하나인 S커브(S-curve) 이론을 활용해 왔다. 이 이론은 맥킨지의 컨설턴트였던 리처드 포스터(Richard Foster)가 그의 저서 『이노베이션: 공격자의 우위(Innovation: The Attacker's Advantage)』를 통해 체계화한 것으로, 기술의 생애를 세 가지 명확한 단계로 구분한다(Foster, 1986).

첫 번째 단계는 도입기(Infancy)다. 이 시기의 기술은 마치 험준한 산의 등반을 막 시작한 탐험가와 같다. 길은 불확실하고, 막대한 노력을 쏟아부어도 성능 향상은 더디기만 하다. 연구개발(R&D)에 막대한 자원이 투입되지만, 시장의 반응은 미미하고 기술적 불확실성이 매우 높다. 이 단계에서는 R&D 부서가 조직의 중심이 되어 새로운 가능성을 탐색하고 시제품을 만드는 데 주력한다.

두 번째 단계는 성장기(Growth)다. 기술의 잠재력이 시장에서 인정받기 시작하면, 투입되는 노력 대비 엄청난 성능 향상이 이루어지는 폭발적 성장 구간에 진입한다. 이는 가파른 산비탈을 빠르게 오르는 등반가의 모습과 같다. 시장이 급격히 팽창하고, 수많은 기업이 이 기회를 포착하기 위해 치열한 경쟁을 벌인다. 이 시기에는 영업 및 생산 부서가 전면에 나서 시장 점유율을 확보하고 늘어나는 수요에 대응하는 것이 핵심 과제가 된다.

마지막 단계는 성숙기(Maturity)다. 기술이 물리적, 이론적 한계에 가까워지면서 성능 향상은 눈에 띄게 둔화된다. 정상에 가까워질수록 한 걸음 내딛기가 점점 힘들어지는 등반가의 상황과 같다. 시장은 포화 상태에 이르고, 기업들은 더 이상의 혁신보다는 기존 기술을 최적화하고 관리하며 수익을 극대화하는 데 집중한다. 이 단계에서는 품질 관리, 서비스, 그리고 법무 및 회계 부서가 브랜드 가치를 지키고 안정적인 수익을 보존하는 역할을 맡게 된다.

S커브 이론의 진정한 가치는 단순히 기술의 생애를 묘사하는 데 그치지 않는다. 이는 각 단계별로 기업이 어떤 전략적 판단을 내리고 자원을 어떻게 배분해야 하는지를 알려주는 처방적 모델(prescriptive model)로서 기능한다. 기술이 S커브의 어느 지점에 위치하는지를 정확히 파악하는 것은 기업의 생존과 직결된다. 성장기라면 과감한 투자를 통해 시장을 선점해야 하고, 성숙기라면 현재의 이익을 극대화하는 동시에 다음 시대를 이끌 새로운 S커브, 즉 대체 기술로의 전환을 준비해야 한다. 이처럼 S커브는 변화의 흐름 속에서 기업이 나아갈 방향을 제시하는 역동적인 전략의 나침반 역할을 한다.

• 그림 S커브

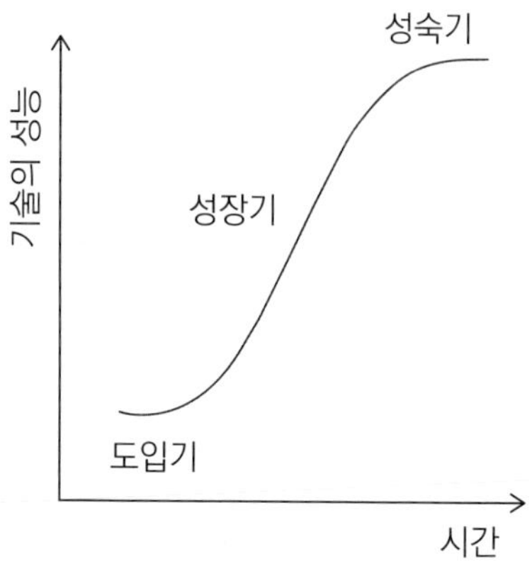

사례로 이해하기 컴퓨터 메모리 분야에서의 왕좌 차지하기: HDD 제국의 몰락과 SSD 혁명

S커브 이론이 제시하는 '새로운 커브로 갈아타기' 전략의 유효성을 가장 극적으로 보여주는 사례는 컴퓨터 저장장치 시장에서 벌어진 HDD(Hard Disk Drive)와 SSD(Solid-State Drive)의 패권 전환이다. 2000년대 중반까지 저장장치 시장은 자기 원판을 물리적으로 회전시켜 데이터를 읽고 쓰는 HDD 기술이 수십 년간 군림해 온 제국이었다. 당시 시장의 절대 강자였던 웨스턴디지털(Western Digital)과 삼성전자 등은 HDD 기술 S커브의 성숙기 끝자락에서 안정적인 수익을 거두고 있었다. 기술은 정점에 달해 더 이상의 획기적인 성능 향상은 어려웠고, 사용자들은 더 빠른 부팅 속도를 원했지만 HDD는 모터의 회전 속도라는 명확한 물리적 한계에 부딪혀 있었다.

이때, 반도체 낸드플래시 메모리를 이용해 데이터를 저장하는 SSD라는 새로운 기술이 등장했다. 이는 새로운 S커브의 시작을 알리는 신호탄이었다. 초기 SSD는 HDD에 비해 용량은 터무니없이 작고 가격은 상상 이상으로 비쌌다. 대부분 기업들은 SSD의 존재를 알더라도 '찻잔 속의 태풍'으로 치부하며 외면했다. 하지만 변화의 흐름을 읽은 두 거인, 삼성전자와 웨스턴디지털은 각기 다른 방식으로 새로운 S커브에 과감히 올라탔다.

삼성전자는 '내부 역량을 통한 창조(build)' 전략을 선택했다. 이미 세계 최고의 메모리 반도체 기술을 보유하고 있던 삼성은 미래가 반도체 기반의 SSD에 있음을 일찌감치 간파했다. 삼성은 SSD의 핵심 부품인 낸드플래시, 컨트롤러, DRAM을 모두 자체 생산할 수 있는 수직계열화를 완성한 유일한 기업이었다. 이를 바탕으로 2000년대 중반부터 막대한 투자를 감행, 초기에는 비싼 가격 때문에 기업용 서버 시장을 공략하며 SSD의 가능성을 증명했다. 2010년대 초, 삼성은 '830 시리즈'와 같은 기념비적인 소비자용 SSD를 출시하며 시장의 판도를 완전히 뒤집었다. 자체 생산을 통한 가격 경쟁력과 압도적인 성능은 "SSD는 삼성"이라는 공식을 만들어냈고, 소비자들이 경험한 경이로운 속도 향상은 SSD 시장의 폭발적인 성장기(Take-off)를 이끌었다. 삼성은 스스로 새로운 시대의 문을 연 주역이 된 것이다.

반면, 웨스턴디지털은 '전략적 인수를 통한 전환(Buy)'이라는 영리한 선택을 했다. HDD 기술의 강자였지만 반도체 기술 역량이 부족했던 웨스턴디지털은 내부 개발의 한계를 인정하고 2016년 낸드플래시 기술의 선두 주자 중 하나였던 샌디스크(SanDisk)를 인수하는 승부수를 던졌다. 이는 낡은 HDD의 S커브에서 새로운 SSD의 S커브로 갈아타기 위한 가장 확실하고 빠른 방법이었다. 샌디스크 인수를 통해 웨스턴디지털은 단숨에 SSD 시장의 핵심 플레이어로 부상했다. 기존에 보유하고 있던 막강한 글로벌 유통망과 브랜드 파워를 샌디스크의 기술력과 결합하여 'WD Black', 'WD Blue' 등 기존 브랜드를 SSD 제품군에 성공적으로 이식하며 시장에 안착했다.

이 두 기업의 사례는 S커브 전환기에 기업이 선택할 수 있는 두 가지 대표적인 경로를 명확히 보여준다. 삼성의 'Build' 전략은 수십 년간 축적된 핵심 부품 기술이라는 강력한 내부 역량이 있었기에 가능했다. 반면 웨스턴디지털의 'Buy' 전략은 내부 역량이 부족한 기업이 시장의 변화에 민첩하게 대응할 수 있는 가장 현실적인 대안이었다. 즉, 다음 S커브로 도약하는 방식은 기업이 과거부터 어떤 역량을 축적해 왔는지에 따라 결정되는 '경로 의존적(path-dependent)' 특성을 가진다. 성공적인 전환을 위해서는 자사의 핵심 역량을 냉철하게 분석하고, 그에 맞는 최적의 전략을 선택하는 것이 무엇보다 중요하다.

TO-BE | S커브의 진화, 다중 S커브 현상

하나의 커브가 세상을 지배하던 시대는 끝났다

과거 산업 시대의 S커브는 비교적 예측 가능했다. 하나의 기술이 도입, 성장, 성숙의 과정을 거치고 나면, 그 뒤를 이어 다음 기술이 순차적으로 등장하는 패턴을 보였다. 그러나 인공지능(AI)으로 대표되는 디지털 시대는 S커브의 법칙 자체를 근본적으로 바꾸고 있다. 이제 기술의 확산 속도는 과거와 비교할 수 없을 정도로 빨라졌고, 하나의 기술이 성숙하기도 전에 여러 혁신 기술이 동시에 등장하여 서로 융합하고 중첩되는 다중 S커브(Multiple S-Curves) 현상이 보편화되고 있다.

AI는 단순히 하나의 독립된 기술 S커브를 만드는 데 그치지 않는다. AI는 범용 기술(General-Purpose Technology, GPT)로서 기능하며, 이는 경제 전체에 광범위한 영향을 미치고 수많은 보완적 혁신을 촉발하는 기술을 의미한다(Bresnahan and Trajtenberg, 1995). AI는 빅데이터, 클라우드 컴퓨팅, 사물인터넷(IoT) 등 다른 기술들과 결합하며 수많은 새로운 S커브를 동시에 창조해 낸다. 예를 들어, 자율주행 기술은 AI의 인지 및 판단 능력뿐만 아니라, 고정밀 지도 데이터, 센서 기술, 5G 통신, 클라우드 컴퓨팅 등 다양한 기술 S커브들의 융합체다. 개별 기술 중 하나가 한계에 부딪히더라도, 다른 기술과의 새로운 조합을 통해 전체 시스템의 성능은 끊임없이 새로운 성장 곡선을 그려 나간다.

이러한 변화는 과거의 기술 성장 패턴에 대한 연구에서도 뒷받침된다. 웹(Web) 기술 관련 미국 특허 데이터를 분석한 한 연구에 따르면, 웹 기술의 누적 특허 수는 전통적인 S커브 모델을 따르지 않았다. 1990년대 후반 폭발적인 성장을 보인 후 2000년 닷컴 버블 붕괴 시점을 변곡점으로 성장이 둔화되는 듯했으나, 2004년 이후 쇠퇴기로 접어드는 대신 꾸준한 선형 성장(linear growth) 추세로 전환되었다. 이는 웹이라는 개방적이고 확장 가능한 플랫폼 기술이 스스로의 한계를 극복하고 지속적인 혁신의 기반이 되었음을 시사한다. AI는 웹보다 훨씬 더 범용적이고 파급력이 큰 기술이라는 점에서, 전통적 S커브의 한계를 넘어 무한에 가까운 다중 성장 곡선을 만들어 낼 잠재력을 지니고 있다.

다중 S커브 시대의 도래는 기업이 마주하는 기술적 리스크의 본질을 바꾸어 놓았다. 과거의 가장 큰 리스크가 다음 S커브로의 전환 시점을 놓치는 것이었다면, 이제는 끊임없이 밀려오는 작고 상호 연결된 혁신의 파도에 압도당하는 것이 더 큰 리스크가 되었다. 따라서 기업의 핵심 전략 과제는 차세대 거대 기술을 예측하고 타이밍을 맞추는 것에서, 다양한 영역에서 동시다발적으로 일어나는 혁신들을 지속적으로 탐색하고 통합하는 포트폴리오를 관리하는 것으로 전환되어야 한다.

• 그림 다중 S커브

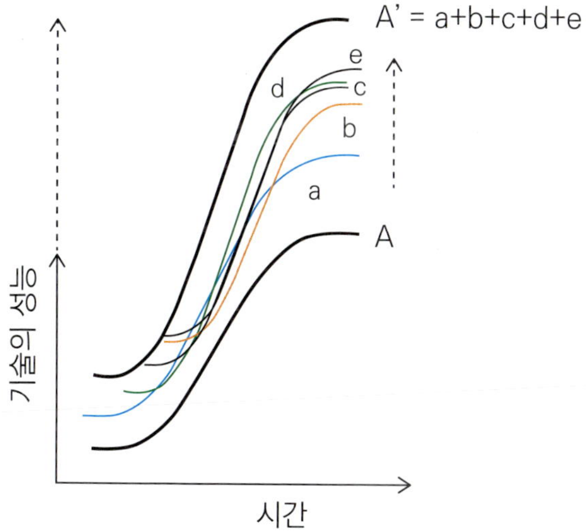

사례로 이해하기 | 다중 S커브로 무어의 한계를 넘다. 반도체 HBM 이야기

다중 S커브 현상이 어떻게 기존 산업의 한계를 돌파하고 새로운 성장을 이끄는지 가장 명확하게 보여주는 사례는 바로 AI 시대의 핵심 부품으로 떠오른 고대역폭 메모리(HBM, High-Bandwidth Memory) 반도체다. HBM의 등장은 하나의 지배적인 S커브가 종말에 이르렀을 때, 여러 개의 새로운 S커브가 융합하여 완전히 새로운 차원의 성장 경로를 열어젖힌 혁신의 교과서와 같다.

지난 50년간 반도체 산업을 지배해 온 법칙은 인텔의 공동 창업자 고든 무어가 제시한 무어의 법칙(Moore's Law)이었다. 이는 "반도체 칩에 집적되는 트랜지스터의 수가 약 2년마다 2배씩 증가한다"는 관측으로, 반도체 기술 발전의 S커브 그 자체였다. 하지만 이 위대한 S커브는 2010년대에 들어서며 물리적, 경제적 한계라는 두 가지 거대한 벽에 부딪혔다. 회로 선폭이 수 나노미터(nm) 수준으로 좁아지자, 전자가 절연 장벽을 뚫고 지나가 버리는 양자 터널링 효과(quantum tunneling effect)가 심각한 문제로 대두되었다(Sagi et al., 2021). 동시에 미세 공정의 난이도가 급상승하면서 차세대 공정을 개발하고 생산 라인을 구축하는 데 드는 비용이 천문학적으로 치솟았다(Rupp and Selberherr, 2011). 무어의 법칙이라는 S커브는 명백한 성숙기에 접어든 것이다.

바로 이때, 생성형 AI의 등장은 완전히 새로운 차원의 수요를 폭발시켰다. 거대 언어 모델(LLM)은 방대한 양의 데이터를 프로세서와 메모리 사이에서 끊임없이 주고받아야 했고, 이 과정에서 프로세서의 연산 속도를 메모리의 데이터 전송 속도가 따라가지 못하는 폰 노이만 병목 현상(Von Neumann bottleneck)이 극심해졌다. 이제 시장은 단순히 트랜지스터를 작게 만드는 것을 넘어, 데이터가 오가는 길 자체를 혁신할 새로운 기술을 절실히 요구하게 되었다.

HBM은 무어의 법칙이라는 낡은 S커브의 한계를 수직 적층이라는 새로운 패러다임으로 돌파했다. 옆으로 넓게 짓던 단층집을 수십 층의 초고층 빌딩으로 쌓아 올리는 발상의 전환이었다. 그러나 이 혁신은 단 하나의 기술로 이루어진 것이 아니다. 서로 다른 영역에서 발전해온 세 개의 새로운 S커브가 절묘한 시점에 융합하면서 비로소 가능해졌다.

첫째는 D램 칩을 얇게 갈아낸 뒤 여러 개를 수직으로 쌓아 올리는 3D 적층 기술 S커브다. 둘째는 쌓아 올린 D램 칩들을 수직으로 관통하는 수천 개의 미세한 전극으로 직접 연결하는 실리콘 관통 전극(TSV, Through-Silicon Via) 기술 S커브다. 이는 마치 초고층 빌딩의 각 층을 연결하는 수천 개의 엘리베이터를 설치한 것과 같았다. 셋째는 수직으로 쌓은 HBM 칩과 연산을 담당하는 GPU 칩을 초고밀도 미세 회로로 연결하는 중간 다리 역할을 하는 실리콘 인터포저(Silicon Interposer) 기술 S커브다.

결론적으로 HBM은 무어의 법칙이라는 거대한 S커브가 한계에 봉착하자, 3D 적층, TSV, 인터포저라는 세 개의 독립적인 기술 S커브가 융합하여 탄생한 시스템의 시스템(system of systems) 혁신이다. 이 다중 S커브의 결합은 반도체 산업의 성장 패러다임을 미세화에서 통합화로 전환시켰고, AI 시대가 요구하는 압도적인 성능을 제공하며 새로운 성장 엔진을 점화시켰다.

Strategy | 다중 S커브 파도타기

디지털기술과 융합 그리고 AI가 촉발한 다중 S커브 시대는 불확실성과 복잡성이 지배하는 환경이다. 과거처럼 하나의 핵심 기술에 '올인'하고 순차적인 다음 기술을 기다리는 전략은 더 이상 유효하지 않다. 끊임없이 밀려오는 기술의 파도를 성공적으로 타기 위해서는 새로운 생존 전략이 필요하다. 이는 조직 문화나 리더의 개인적 역량에 의존하는 추상적인 구호가 아닌, 실용적이고 체계적인 시스템으로 구현되어야 한다.

전략 1

'올인'의 종말: 기술 포트폴리오로 불확실성을 관리하라

다중 S커브 환경의 가장 큰 특징은 예측 불가능성이다. 어떤 기술 조합이 시장을 지배할지, 현재의 핵심 기술이 언제 무력화될지 아무도 장담할 수 없다. 이러한 불확실성에 대응하는 가장 효과적인 전략은 단일 기술에 대한 '올인'을 지양하고, 다양한 시간대와 리스크 수준을 고려한 '기술 포트폴리오 관리(Technology Portfolio Management)'를 도입하는 것이다.

이 전략의 가장 구체적이고 성공적인 실행 모델은 구글(Google)이 오랫동안 활용해 온 '70-20-10 법칙'이다. 이는 단순히 예산을 배분하는 규칙을 넘어, 혁신을 제도화하는 경영 철학이다.

- **70%(핵심 사업):** 전체 자원의 70%는 현재 기업의 주된 수익원인 핵심 사업을 유지하고 점진적으로 개선하는 데 투입한다. 구글의 경우, 검색 엔진 알고리즘을 개선하고 광고 플랫폼을 최적화하는 활동이 여기에 해당한다. 이는 현재 타고 있는 S커브의 정점에서 수익을 극대화하고 안정성을 확보하는 역할을 한다.
- **20%(인접 사업):** 자원의 20%는 핵심 사업과 관련이 있거나, 기존 역량을 활용해 진출할 수 있는 인접 영역을 탐색하는 데 사용한다. 구글이 검색 기술을 확장하여 구글 뉴스, 구글 이미지, 구글 번역과 같은 서비스를 개발한 것이 대표적인 사례다. 이는 현재 S커브의 생명력을 연장하고 새로운 성장 동력을 찾는 교두보 역할을 한다.
- **10% (파괴적 혁신):** 나머지 10%는 현재 사업과는 전혀 관련이

없어 보일지라도, 미래에 기업의 운명을 바꿀 수 있는 잠재력을 지닌 완전히 새로운 영역에 투자한다. 실패 확률이 매우 높지만, 성공 시 막대한 보상을 기대할 수 있는 고위험-고수익(High-risk, High-return) 프로젝트들이다. 구글의 자율주행차 프로젝트(웨이모)나 성층권에 인터넷 풍선을 띄우는 룬 프로젝트가 대표적이다. 이 10%의 투자가 바로 다음 시대의 S커브를 발굴하고 선점하는 역할을 수행한다.

70-20-10 법칙의 본질은 혁신을 위한 탐색 활동을 일상적이고 지속적인 프로세스로 만드는 데 있다. 대부분의 성공한 기업들은 현재의 수익성 높은 핵심 사업(70% 영역)에만 매몰되어, 당장 수익이 나지 않는 새로운 시도(10%와 20% 영역)를 등한시하다가 다음 S커브로의 전환에 실패한다. 이 법칙은 10%와 20% 영역에 대한 투자를 제도적으로 보장함으로써, 단기적 성과 압박에서 자유로운 '혁신 실험실'을 기업 내부에 상시적으로 운영하는 효과를 낳는다. 즉, 현재의 S커브가 쇠퇴기에 접어들어 위기감을 느끼고 허둥지둥 다음 기술을 찾는 것이 아니라, 가장 성공적일 때 끊임없이 새로운 S커브를 탐색하고 육성하는 '내재화된 S커브 레이더 및 인큐베이터' 시스템을 구축하는 것이다.

전략 2

홀로 설 수 없다면, 판을 지배하라: 기술 생태계 구축 전략

다양한 기술이 융합되는 다중 S커브 시대에는 아무리 뛰어난 기업이라도 모든 핵심 기술을 내부적으로 확보하고 통제하는 것이 불가능하다. 따라서 전략의 중심은 '최고의 제품을 만드는 것'에서 '수많은 혁신이 일어날 수 있는 판을 짜고 지배하는 것', 즉 '기술 생태계(Technology Ecosystem) 구축'으로 이동해야 한다.

이 전략의 성공 사례는 애플(Apple)과 아마존 웹 서비스(AWS)에서 명확히 확인할 수 있다. 애플의 성공은 단순히 아이폰이라는 뛰어난 하드웨어 S커브에만 기인하지 않는다. 애플은 앱스토어(App Store)라는 강력한 플랫폼 S커브를 구축함으로써, 전 세계 수백만 개발자들이 각자의 혁신적인 S커브(앱 개발)를 만들어 낼 수 있는 운동장을 제공했다. 애플은 이 생태계에서 일어나는 모든 혁신의 과실을 공유하며 단일 제품의 한계를 뛰어넘는 지속적인 성장을 이룩했다.

아마존 웹 서비스(AWS)는 이 전략을 더욱 정교하게 발전시켰다. AWS는 클라우드 컴퓨팅, 데이터베이스, AI/머신러닝 서비스 등 수많은 기술들을 각각의 S커브를 가진 '레고 블록'처럼 모듈화하여 제공한다. 전 세계의 스타트업과 대기업들은 이 블록들을 조합하여 자신들의 서비스를 구축한다. 고객사의 성공은 다시 AWS 생태계의 성장을 견인하는 강력한 선순환 구조를 만들어 낸다. 이는 개별 기술의 성장을 넘어, 생태계 전체가 하나의 거대한 '메타 S커브(Meta S-curve)'를 형성하며 성장하는 모습을 보여준다.

기술 생태계 전략은 앞서 언급한 기술 포트폴리오 관리의 궁극적인 형태라고 할 수 있다. 70-20-10 법칙이 기업 '내부'의 자원을 활용한 포트폴리오 관리라면, 생태계 전략은 시장 전체의 자원과 창의성을 활용하는 외부 포트폴리오 관리다. 플랫폼을 지배하는 기업은 수많은 파트너사들이 각자의 비용과 리스크를 감수하며 진행하는 수만 가지의 '10% 혁신 실험'들을 가장 가까이에서 지켜

볼 수 있다. AWS는 차세대 킬러 애플리케이션이 무엇일지 예측할 필요가 없다. 단지 수백만 고객사 중 누군가가 그것을 만들어 낼 때까지 최고의 도구를 제공하기만 하면 된다. 이처럼 생태계 전략은 혁신의 리스크를 외부로 분산시키는 동시에 그 성공의 과실은 공유하는, 다중 S커브 시대에 가장 강력하고 확장성 있는 성장 모델이다.

전략 3
미래를 예측하는 가장 좋은 방법: 끊임없이 실험하고 학습하라

기술의 융합과 변화 속도가 기하급수적으로 빨라지는 환경에서 몇 년 후의 미래를 정확히 예측하고 장기 계획을 수립하는 것은 사실상 불가능에 가깝다. 따라서 기업의 전략적 초점은 '예측 후 계획(Predict and Plan)'에서 '실험 후 적응(Experiment and Adapt)'으로 전환되어야 한다. 미래를 예측하는 가장 좋은 방법은 직접 만들어 보는 것이며, 이를 위해서는 저비용으로 빠르게 시도하고 실패하며 학습하는 조직적 역량을 구축하는 것이 필수적이다.

이러한 실험 중심의 문화를 구축하기 위한 구체적인 방법론은 다음과 같다.

- **내부 인큐베이터 및 스컹크 웍스(Skunk Works):** 70-20-10 법칙의 '10% 영역'을 실행하는 물리적 조직이다. 기존의 관료주의와 성과 압박에서 벗어나 자유롭게 급진적인 아이디어를 탐색할 수 있는 소규모 자율 팀을 구성한다. 이들은 실패의 부담 없이 오직 학습과 가능성 탐색에만 집중할 수 있는 보호막이 필요하다.

- **린 스타트업(Lean Startup) 방법론 도입:** 완벽한 제품을 만들기 위해 몇 년씩 투자하는 대신, 핵심 가설을 검증할 수 있는 최소기능제품(MVP, Minimum Viable Product)을 빠르게 만들어 실제 사용자들의 반응을 데이터로 확인하고, 이를 바탕으로 제품을 신속하게 개선해 나가는 방식이다. 이는 실패의 비용을 극적으로 낮추고 학습 속도를 가속화하여, 불확실한 시장에서 올바른 방향을 찾는 데 매우 효과적이다.
- **혁신 샌드박스(Innovation Sandbox) 운영:** 새로운 AI 모델, IoT 기기, 블록체인 기술 등을 실제 비즈니스 환경에 곧바로 적용하기에는 리스크가 크다. '샌드박스'는 이러한 신기술들을 핵심 업무가 아닌 통제된 환경에서 안전하게 실험해 볼 수 있는 가상의 놀이터다. 이를 통해 기업은 기술의 잠재력과 한계를 부작용 없이 파악하고, 성공 가능성이 검증된 기술만을 전사적으로 확산시킬 수 있다.

이 전략들의 핵심은 '실패'에 대한 관점을 재정의하는 데 있다. 전통적인 단일 S커브 시대의 최적화, 효율성 중심 경영에서 실패는 반드시 피해야 할 비용이자 오류였다. 그러나 끊임없이 실험해야 하는 다중 S커브 시대에서 실패는 가장 가치 있는 '데이터'이자 '학습'의 원천이다. 물론 부주의나 태만으로 인한 '예방 가능한 실패'는 지양해야 하지만, 좋은 가설을 바탕으로 설계된 실험이 예상과 다른 결과를 낳는 '지능적인 실패'는 적극적으로 장려되어야 한다. 이러한 '관리된 실패로부터 학습하는 문화'를 조직 전반에 내재화하는 것이야말로, 예측 불가능한 다중 S커브의 파도를 넘어 지속적으로 성장할 수 있는 가장 강력하고 내구성 있는 경쟁 우위가 될 것이다.

2장

'데이터 주도(Data Push)', 모든 혁신을 이끄는 새로운 힘

AS-IS | 혁신은 무엇으로부터 시작되는가? 기술과 시장의 이중주

혁신은 어디에서 오는가? 이 질문은 오랫동안 기업가, 경제학자, 그리고 정책 입안자들의 머릿속을 맴돌았다. 20세기 산업 시대의 격랑 속에서 이 질문에 대한 답은 크게 두 가지 흐름으로 나뉘어 치열한 논쟁을 벌여왔다. 하나는 위대한 과학적 발견이 세상을 바꾼다는 믿음, 즉 기술주도(Technology Push) 모델이다. 다른 하나는 시장의 보이지 않는 손이 혁신의 방향을 결정한다는 수요견인(Demand Pull) 모델이다. 이 두 거대한 패러다임은 각기 다른 시대적 배경과 철학을 반영하며 혁신의 역사를 양분해 왔다. 기술주도 모델이 과학적 결정론에 가까운 영웅적 서사라면, 수요견인 모델은 시장의 필요에 부응하는 실용적 진화론에 가깝다.

인공지능(AI) 시대의 새로운 혁신 동력인 데이터 주도(Data Push)를 이해하기 위해서는 먼저 이 두 고전적인 모델이 어떻게 탄생하고 경쟁하며 진화해 왔는지 그 기원을 거슬러 올라가야 한다. 데이터 주도는 이 두 패러다임의 이분법적 대립을 종식시키고, 기술과 시장이 데이터를 매개로 실시간으로 대화하고 공진화하는 새로운 시대를 열었기 때문이다.

실험실에서 태어난 미래: 기술주도 혁신(Technology Push)

기술주도 혁신 모델의 사상적 뿌리는 제2차 세계대전이라는 인류사의 가장 파괴적인 경험 속에서 역설적으로 자라났다. 전쟁의 승패가 레이더, 원자폭탄과 같은 첨단 과학기술에 의해 좌우되는 것을 목격한 시대의 지도자들은 과학기술의 힘을 국가의 생존과 번영을 위한 핵심 동력으로 인식하기 시작했다.

이러한 시대정신을 가장 명확하게 대변한 인물이 바로 당시 미국 대통령 과학고문이자 전시 과학기술 연구개발을 총괄했던 바네바 부시(Vannevar Bush)다. 그는 1945년, 전쟁이 끝난 후 과학이 나아가야 할 길을 제시한 기념비적인 보고서 『과학, 그 끝없는 프론티어(Science, The Endless Frontier)』를 통해 기술주도 혁신의 청사진을 제시했다(Bush, 1945). 부시는 전쟁을 위해 동원되었던 과학자들이 이제는 평화로운 목적, 즉 질병을 정복하고, 국민의 후생을 증진하며, 경제를 발전시키는 데 헌신해야 한다고 역설했다. 그의 비전은 정부가 주도적으로 기초 과학 연구에 투자하면, 그 성과가 자연스럽게 응용 기술 개발과 산업 혁신으로 이어져 국가 전체의 발전으로 이어진다는 선형적 믿음에 기반하고 있었다.

이러한 철학은 같은 해 그가 발표한 또 다른 선구적인 에세이, '우리가 생각할 수 있는 대로(As We May Think)'에서 더욱 구체화되었다. 그는 이 글에서 과학자들이 파괴가 아닌 이해를 위해 노력해야 함을 강조하며, 인류의 모든 지식을 연결하고 쉽게 접근할 수 있게 만드는 가상의 기계 '메멕스(Memex)'를 구상했다. 마이크로필름과 전자기계식 제어로 작동하는 이 장치는 훗날 하이퍼텍스트, 개인용 컴퓨터, 월드와이드웹의 개념을 예견한 것으로 평가받는다. 부시의 생각은 명확했다. 과학자들이 새로운 기술적 가능성을 제시하고 밀어붙이면(Push), 사회는 그 혜택을 누리게 될 것이라는 공급자 중심의 사고였다.

바네바 부시의 비전은 혁신에 대한 사회적 인식을 근본적으로 바꾸는 계기가 되었다. 혁신은 더 이상 소수의 천재가 만들어 내는 우연한 발명의 산물이 아니라, 체계적이고 의도적인 투자의 결과물이라는 관점이 확립된 것이다. 이러한 관점은 '기술주도 혁신'이라는 선형 모델(Linear Model)로 정립되었다(Godin, 2006).

이 모델은 혁신이 명확한 단계를 따라 한 방향으로 진행된다고 가정한다. 그 과정은 다음과 같다: 기초 연구(Basic Research) → 응용 연구 및 개발(Applied R&D) → 제조(Manufacturing) → 마케팅(Marketing) → 시장 출시(Market). 모든 혁신의 출발점은 과학적 발견이나 새로운 기술적 가능성이며, 이 기술이 시장으로 '밀려 나가는' 과정을 거친다. 이 모델에서 시장이나 고객의 역할은 수동적이다. 그들은 기업이 내놓은 새로운 기술이나 제품을 받아들이는 존재일 뿐, 혁신의 방향을 결정하는 주체가 아니다. 심지어 고객 스스로는 무엇을 원하는지조차 모르는 상태에서, 기업이 기술의 힘으로 새로운 필요를 창출해 낸다고 본다.

부시 보고서의 제안에 따라 1950년 미국 국립과학재단(NSF)이 설립되면서, 기술주도 혁신 모델은 국가 정책의 근간으로 자리 잡았다. 정부가 막대한 예산을 투입해 대학과 연구소의 기초 연구를 지원하고, 기업들은 그 연구 성과를 이전받아 상업적 제품으로 개발하는 역할 분담이 이루어졌다. 이는 20세기 후반 미국의 기술 패권을 이끈 성공 공식이었지만, 동시에 명확한 한계를 내포하고 있었다. 가장 큰 위험은 기술적 성공이 반드시 상업적 성공으로 이어지지는 않는다는 시장의 불확실성이었다. 실험실에서는 혁신적일지라도 시장이 외면하면 그 기술은 '죽음의 계곡(Valley of Death)'을 넘지 못하고 사라질 수밖에 없었다.

사례로 이해하기 | 문제점을 찾아 헤매던 해답, 레이저

기술주도 혁신의 성공과 가능성을 가장 잘 보여주는 사례는 레이저(Laser) 기술이다. 레이저의 이론적 기반은 20세기 초 알베르트 아인슈타인, 막스 플랑크, 닐스 보어와 같은 천재 물리학자들의 양자역학 연구에서 비롯되었다. 수십 년간의 기초 연구가 축적된 후, 1960년 벨 연구소의 연구원 테오도르 마이만(Theodore Maiman)이 세계 최초로 레이저 광선을 발생시키는 데 성공했다.

그러나 이 놀라운 발명품이 처음 세상에 나왔을 때, 사람들은 이것을 어디에 써야 할지 전혀 알지 못했다. 레이저는 말 그대로 '문제를 찾아 헤매는 해답(a solution looking for a problem)'이었다. 당시에는 이 기술의 명확한 용도를 예측하기 어려웠으나, 그 기술적 잠재력은 무궁무진했다. 이후 과학자들과 엔지니어들은 이 강력한 빛을 활용할 방법을 끊임없이 탐구했고, 그 결과 레이저는 절단, 용접과 같은 정밀 제조 공정부터 바코드 스캐너, CD 플레이어, 광통신, 의료 수술에 이르기까지 상상할 수 없었던 다양한 분야에 응용되며 산업 전반에 혁명적 변화를 가져왔다.

레이저의 사례는 기술주도 혁신의 본질을 명확히 보여준다. 시장의 요구가 먼저 있었던 것이 아니라, 순수한 과학적 호기심과 연구의 결과물인 '기술'이 먼저 존재했다. 그리고 그 기술의 독특한 특성이 새로운 응용 분야와 시장을 창출해 낸 것이다. 이는 기존 제품을 개선하는 수준을 넘어 완전히 새로운 시장을 만들거나 기존 시장의 판도를 뒤엎는 '급진적 혁신(Radical Innovation)'의 전형적인 경로다. 기술주도 모델은 바로 이러한 급진적 혁신의 폭발적인 힘을 가장 잘 설명하는 이론이었다.

시장의 목소리가 실현 될 때: 수요견인 혁신(Demand Pull)

1960년대에 이르러 기술주도 모델의 절대적인 위상에 균열이 가기 시작했다. 기술적으로는 성공했지만, 시장에서 실패하는 사례들이 속출하면서, 혁신의 원천을 오직 공급 측면에서만 찾는 것에 대한 비판이 제기되었다. "과연 위대한 발명은 시장과 무관하게 탄생하는가?"라는 근본적인 질문이 학계와 산업계를 중심으로 퍼져나갔다.

이러한 비판적 흐름에 불을 지핀 인물은 경제학자 야콥 슈모클러(Jacob Schmookler)였다. 그는 1966년 저서 『발명과 경제성장(Invention and Economic Growth)』에서 방대한 특허 데이터를 실증적으로 분석하는 선구적인 연구를 수행했다(Schmookler, 1966). 그의 분석 결과는 충격적이었다. 특정 산업 분야의 발명(특허 수)은 그 분야의 과학적 지식 수준보다 시장의 규모(투자 규모)와 훨씬 더 밀접한 상관관계를 보였다. 즉, 돈이 되는 곳, 즉 시장이 있는 곳에 발명이 뒤따른다는 것이다. 슈모클러는 "기술적 진보는 사회경제적 변화의 독립적인 원인이 아니며, 오히려 기술은 수요에 뒤처지는 만성적인 경향이 있다"고 주장하며, 혁신의 무게 중심을 공급에서 수요로 옮겨왔다.

슈모클러의 연구는 '수요 견인 혁신'이라는 새로운 패러다임을 탄생시켰다. "필요는 발명의 어머니다"라는 오랜 격언처럼, 이 모델은 모든 혁신이 시장의 명확한 요구(Needs)나 고객의 해결되지 않은 문제(Unmet Needs)에서 시작된다고 본다. 기술주도 모델과는 정반대로, 혁신의 과정은 시장에서 출발해 연구개발 부서로 향한다(시장 요구 파악 → 연구개발(R&D) → 제조 → 판매).

이 모델에서 기업의 연구개발 활동은 더 이상 목적없이 하는 탐구가 아니다. 그것은 시장이 던져준 특정 문제를 해결하기 위한 명확한 목표 지향적 활동이 된다. 마케팅 부서가 고객의 불만과 요구사항을 파악해 오면, 연구개발 부서는 그에 맞는 기술적 해결책을 찾아내는 역할을 수행한다. 예를 들어, 환경 오염에 대한 사회적 우려가 커지면서 소비자들이 친환경 제품을 찾기 시작하자, 기업들은 재활용 가능한 포장재, 연비가 높은 하이브리드 자동차, 저전력 가전제품 등을 개발하기 시작했다. 이는 시장의 요구가 기술 개발의 방향을 결정한 전형적인 수요견인 혁신의 사례다.

수요견인 모델은 명확한 목표 시장과 고객이 존재하기 때문에 기술주도 모델에 비해 상업적 성공 확률이 높다는 장점이 있다. 그러나 이 모델 역시 명백한 한계를 지닌다. 고객들은 자신이 현재 겪고 있는 문제에 대해서는 설명할 수 있지만, 미래에 자신이 무엇을 원하게 될지에 대해서는 알지 못한다. "만약 내가 고객들에게 무엇을 원하냐고 물었다면, 그들은 '더 빠른 말'을 원한다고 답했을 것이다"라는 헨리 포드의 유명한 말처럼, 수요견인 혁신은 기존의 틀을 깨는 급진적 혁신보다는 점진적 개선에 머무를 가능성이 높다.

사례로 이해하기 | 고객의 헛헛함을 채운 '국민 과자', 새우깡

새우깡의 개발은 공급자의 일방적인 아이디어나 기술적 우연으로 시작된 것이 아니다. 당시 한국 사회의 특정 수요와 환경 변화가 복합적으로 작용하여 혁신을 견인한 대표적인 사례이다.

1970년대 초, 한국은 경제 성장과 함께 TV 등 대중매체의 보급이 확산되던 시기였다. 국민들의 소득 수준이 점차 향상되면서, 주식 외에 '간단하게 즐길 수 있는 스낵'에 대한 잠재적이고 새로운 수요가 형성되고 있었다. 기존의 쌀 중심 식문화에서 벗어나, 아이들을 위한 영양 간식이나 어른들도 가볍게 즐길 수 있는 주전부리에 대한 시장의 빈틈이 있었다.

또한, 당시 한국의 맥주 소비량이 증가하는 추세였다. 맥주를 마실 때 함께 즐길 수 있는 '가벼운 안주'에 대한 수요도 커지고 있었는데, 이 시기에는 맥주와 어울리는 적절한 스낵이 매우 부족한 상황이었다.

이러한 시대적 배경 속에서 농심은 일본의 스낵 시장 성장과 새우 스낵의 인기를 주목했다. 농심은 단순히 일본의 제품을 모방한 것이 아니라, 한국 시장에서도 '이러한 형태의 간식과 안주에 대한 수요가 충분히 있을 것이다'라는 시장의 니즈를 명확히 인지하고 있었다.

농심은 이 수요를 충족시키기 위해 약 2년에 걸쳐 연구 개발에 매달렸다. '새우 맛 나는 과자'를 넘어, 한국인의 입맛에 맞는 맛, 바삭한 식감, 합리적인 가격, 그리고 대량 생산이 가능한 기술 구현에 집중했다. 수많은 시행착오 끝에, 생새우를 갈아 넣어 반죽하고 불에 직접 구워내는 독자적인 방식을 개발하여 1971년 '새우깡'을 출시했다.

새우깡의 성공은 당시 한국 사회가 갈망하던 '맛있고 저렴하며, 남녀노소 즐길 수 있는 새로운 형태의 간식 및 안주'라는 명확한 수요를 정확히 충족시켰기 때문이다. 이러한 수요가 없었다면, 아무리 좋은 기술이나 아이디어가 있었더라도 새우깡이 폭발적인 성공을 거두기는 어려웠을 것이다. 즉, 시장의 잠재적 수요가 제품 개발과 기술 혁신을 강력하게 견인한 슈모클러적 사례이다.

이분법을 넘어선 통합: 상호작용 모델의 등장

1970년대에 이르러 기술주도와 수요견인 모델 간의 팽팽한 논쟁은 교착 상태에 빠졌다. 혁신이 오직 기술 공급의 힘만으로, 혹은 시장 수요의 힘만으로 일어난다고 주장하는 것은 현실의 복잡한 현상을 설명하기에 너무나 단선적이라는 공감대가 형성되었다. 현실 세계의 성공적인 혁신 사례들을 살펴보면, 기술적 가능성과 시장의 필요가 절묘하게 결합된 경우가 대부분이었다.

결국 학계와 산업계는 혁신이 기술이라는 씨앗과 시장이라는 토양이 만나는 상호작용적 과정이라는 결론에 도달했다. 이는 혁신을 더 이상 A에서 B로 흐르는 직선이 아니라, 기술과 시장, 연구개발과 마케팅이 서로 영향을 주고받으며 함께 진화하는 복잡한 네트워크 또는 피드백 루프로 이해하기 시작했음을 의미한다.

이러한 관점의 전환은 3세대, 4세대 혁신 모델의 등장을 이끌었다. 이른바 '상호작용 모델(Coupling Model)' 또는 '통합 모델(Integrated Model)'이라 불리는 이 접근법들은 연구개발(R&D)과 마케팅 기능 간의 긴밀한 연계와 균형을 강조했다. 더 나아가, 기업 내부의 모든 부서(생산, 재무, 영업 등)가 혁신 과정에 유기적으로 통합되어야 한다는 점을 역설했다. 이는 기술을 개발하는 부서와 시장을 분석하는 부서가 서로 담을 쌓고 일하는 것이 아니라, 프로젝트 초기 단계부터 하나의 팀처럼 긴밀하게 협력해야 성공적인 혁신이 가능하다는 조직적 시사점을 던져주었다.

기술주도와 수요견인의 이분법적 논쟁을 넘어 통합적 관점으로 나아간 것은 혁신 연구의 중요한 진전이었다. 하지만 21세기 디지털 전환의 거대한 파도는 이 통합 모델조차 다시 한번 근본적으로 재고하게 만들었다. 클라우드, 사물인터넷, 그리고 인공지능이 만들어 낸 데이터의 폭발은 기술과 시장을 연결하는 방식 자체를 바꾸어 놓았고, 마침내 '데이터'라는 새로운 동력이 혁신의 중심 무대로 등장하게 되었다.

TO-BE | 새로운 제3의 혁신 원천, Data Push의 시대

20세기 혁신 모델이 기술과 시장이라는 두 축을 중심으로 회전했다면, 21세기 혁신의 문은 '데이터'라는 새로운 열쇠로 열리고 있다. 클라우드, 사물인터넷(IoT), 모바일 기술의 폭발적인 성장은 이전 시대와는 비교할 수 없는 규모와 깊이의 데이터를 생성했고, 인공지능(AI)은 이 방대한 데이터 속에서 숨겨진 패턴과 통찰을 발견하는 강력한 도구가 되었다. 이러한 변화는 기술주도와 수요견인의 이분법을 넘어, 데이터가 혁신의 출발점이자 핵심 동력이 되는 새로운 패러다임, 즉 '데이터 주도(Data Push)'의 시대를 열었다.

혁신의 빅뱅: 데이터 폭발과 AI의 만남

21세기에 들어서면서 기업 환경은 근본적으로 변했다. 클라우드 컴퓨팅은 기업들이 막대한 양의 데이터를 저렴한 비용으로 저장하고 처리할 수 있는 기반을 마련해주었다. 사물인터넷(IoT) 기술은 공장의 기계, 물류창고의 상품, 도시의 인프라, 심지어 우리가 착용하는 웨어러블 기기에 이르기까지 모든 것을 연결하여 실시간으로 데이터를 쏟아내게 만들었다. 스마트폰의 대중화는 수십억 인구의 일상적인 행동, 선호, 위치 정보를 디지털 데이터로 변환시켰다.

이러한 기술적 발전은 데이터의 양적 팽창을 넘어 질적 변화를 가져왔다. 과거의 데이터가 주로 거래 기록이나 설문조사와 같이 정형화되고 제한적인 형태였다면, 이제는 고객의 웹사이트 클릭스트림, 소셜 미디어의 텍스트와 이미지, 생산 설비의 센서 로그 등 비정형적이고 다차원적인 데이터가 폭발적으로 증가했다. 이 데이터 안에는 이전에는 결코 파악할 수 없었던 시장의 미세한 동향, 고객의 숨겨진 욕구, 생산 공정의 비효율 등 혁신을 위한 귀중한 원석들이 담겨 있었다.

하지만 원석이 보석이 되기 위해서는 정교한 세공 기술이 필요하듯, 이 방대한 데이터 더미에서 가치를 추출하기 위해서는 새로운 도구가 필요했다. 그 역할을 수행한 것이 바로 인공지능(AI)과 머신러닝 기술이다. AI 알고리즘은 인간의 인지 능력을 뛰어넘는 속도와 정확성으로 데이터 속의 복잡한 패턴과 상관관계를 식별하고, 미래를 예측하는 모델을 구축하는 것을 가능하게 했다.

데이터의 양적 폭발과 AI라는 분석 기술의 결합은 혁신의 패러다임을 바꿀 모든 조건을 갖추게 했다. 전통적인 혁신 모델에서 데이터는 시장 조사를 위한 참고 자료나 기술 분석을 위한 보조 수단에 불과했다. 그러나 AI 시대의 데이터는 그 자체로 아이디어를 생성하고, 가설을 검증하며, 의사결정을 이끄는 혁신의 핵심 원천이자 가장 중요한 전략적 자산으로 부상했다.

'데이터 주도 Data Push'로 시작되는 혁신: 새로운 혁신의 원천

이처럼 데이터가 혁신의 중심이 되는 새로운 현상을 '데이터 주도(Data Push)'라고 명명할 수 있다. 이는 학술적으로 '데이터 기반 혁신(Data-Driven Innovation, DDI)'이라는 개념과 맥을 같이 한다. OECD는 DDI를 "생산성, 효율성, 경쟁력, 그리고 사회적 웰빙을 향상시킬 잠재력을 가진 새로운 제품, 프로세스, 비즈니스 모델을 창출하는 데이터의 활용"이라고 정의하며, 21세기 성장의 핵심 기둥으로 지목했다(OECD, 2015).

데이터 주도 혁신은 대규모 데이터를 AI와 같은 고급 분석 기술과 결합하여 새로운 가치를 창출하는 모든 활동을 의미한다. 이는 더 이상 인간의 직관이나 소규모 그룹의 브레인스토밍에만 의존하던 기존의 혁신 방식에서 벗어나, 데이터가 제시하는 객관적인 증거에 기반하여 혁신의 방향을 설정하고 성공 확률을 높이는 과학적인 접근법이다.

데이터 주도 혁신은 기존의 기술주도와 수요견인 모델의 한계를 동시에 극복하고, 두 모델의 장점을 통합하는 상위의 메타 프레임워크(Meta-framework)로 기능한다. 한편으로 데이터 주도는 수요견인 모델을 지능적으로 강화한다. 고객의 구매 이력, 웹사이트 행동, 소셜 미디어 활동 등 방대한 데이터를 분석하여 고객 스스로도 인지하지 못했던 잠재된 욕구나 미래의 수요를 예측한다. 이는 설문조사나 인터뷰로는 결코 파악할 수 없는 깊이의 통찰을 제공한다. 다른 한편으로 데이터 주도는 기술주도 모델을 데이터 기반으로 정교하게 만든다. 수많은 연구 논문, 특허, 실험 데이터를 분석하여 가장 유망한 기술 개발 방향을 제시하거나, 시뮬레이션을 통해 신제품 개발 과정의 불확실성을 줄여준다.

결론적으로 데이터 주도는 기술이나 시장 어느 한쪽에서 출발하는 단선적인 프로세스가 아니다. 그것은 데이터 분석을 통해 수요와 공급 양측을 동시에 탐색하고, 이 둘을 최적으로 연결하는 지속적인 순환 과정(Loop)이다. 데이터는 잠재된 수요를 '발견'하는 동시에, 최적의 기술적 해법을 창조하는 이중의 역할을 수행하며 혁신을 추진하는 엔진이자, 그 과정의 불확실성을 줄여주는 촉진제가 된다. 대한민국 정부 역시 이러한 잠재력을 인식하고 '디지털 빅 푸시(Digital BIG-PUSH)' 전략을 통해 데이터와 AI를 활용하여 산업 밸류체인 전반을 동시적으로 혁신하려는 정책을 추진했었다. 이는 데이터 주도가 개별 기업을 넘어 국가적 차원의 혁신 전략으로 부상했음을 시사한다.

AI, 데이터 주도에서 '발명의 방법론'으로

데이터 주도 혁신의 중심에는 AI가 있다. 그러나 AI를 단순히 데이터를 처리하는 더 빠른 계산기로 이해해서는 그 본질을 놓치기 쉽다. 영국의 혁신 재단에서는 AI를 "새로운 범용발명의 방법론(new general-purpose 'method of invention')"이라고 정의했다(Benaich & Hogarth, 2020). 이는 매우 중요한 통찰이다. 과거 렌즈의 발명이 망원경과 현미경을 탄생시켜 인류가 볼 수 없었던 우주와 미생물의 세계를 열어주었듯이, AI는 우리가 발명하고 창조하는 방식 그 자체를 근본적으로 바꾸고 있다.

인간 연구자들의 생산성이 점차 한계에 부딪히고 있다는 점은 AI의 이러한 역할을 더욱 중요하게 만든다. 연구에 투입되는 노력과 비용은 계속 증가하지만, 획기적인 발견의 빈도는 오히려 줄어들고 있다. AI는 이 문제를 해결할 강력한 조력자가 될 수 있다. 수십, 수백만 건의 기존 연구 논문, 특허, 실험 데이터 속에서 인간이 놓치기 쉬운 미세한 연결고리와 패턴을 찾아내 새로운 가설을 제시하고, 연구자들이 주목해야 할 부분을 알려준다.

AI는 혁신 프로세스의 다음과 같이 전 단계에 걸쳐 인간의 창의성과 분석 능력을 증강시키는 역할을 수행한다.

- **아이디어 생성(Idea Generation):** AI는 소셜 미디어 트렌드, 시장 보고서, 고객 리뷰 등 정형 및 비정형 데이터를 분석하여 새로운 제품이나 서비스에 대한 아이디어를 제안한다. 인간의 사고방식으로는 상상하기 어려운 이질적인 개념들을 조합하여 완전히 새로운 가능성을 탐색하기도 한다.

- **아이디어 평가 및 선별(Idea Evaluation):** 생성된 아이디어들이 과연 상업적 성공 가능성이 있는지를 데이터 기반으로 예측한다. 시장 규모, 경쟁 환경, 기술적 실현 가능성 등을 종합적으로 분석하여 기업이 한정된 자원을 어디에 집중해야 할지 객관적인 우선순위를 정하는 데 도움을 준다. 이는 경영진의 주관적 판단이나 내부 정치적 역학에 의해 의사결정이 왜곡될 위험을 줄여준다.
- **의사결정 및 위험 평가(Decision Augmentation):** 신제품 출시나 신시장 진출과 같은 중요한 전략적 결정을 내릴 때, AI는 방대한 데이터를 기반으로 다양한 시나리오를 시뮬레이션하고 잠재적 위험 요소를 식별한다. 이를 통해 경영진은 직관이나 추측이 아닌 데이터에 기반하여 더 빠르고 현명한 결정을 내릴 수 있다.

그러나 AI를 '발명의 방법론'으로 활용하는 데에는 큰 도전과제가 따른다. 바로 '데이터 확보 경쟁(race for data)'이다. 대부분의 고성능 AI 모델은 방대한 양의 학습 데이터를 필요로 한다. 이로 인해 먼저 시장에 진입하여 데이터를 축적한 선도 기업이 후발 주자보다 훨씬 유리한 위치를 차지하게 되는 '데이터 독점' 현상이 발생할 수 있다. 데이터가 특정 기업의 사일로(Silo)에 갇히게 되면, 후발 주자의 진입이 어려워지고 시장의 혁신이 저해될 수 있으며, AI 기술이 가져다주는 혜택이 사회 전체에 고루 돌아가지 못할 위험을 내포한다.

• 표 기술주도, 수요견인, 데이터 주도

구분	기술주도 (Technology Push)	수요견인 (Demand Pull)	데이터 주도 (Data Push)
혁신 원천	기술적 능력 및 기회	시장의 요구 및 불만	데이터 자산 및 분석 기술
혁신 주체	연구원, 엔지니어	마케팅 전문가, 고객	데이터 과학자, AI 전문가
핵심 자원	연구개발(R&D) 역량	시장 조사, 고객 피드백	대규모 데이터, AI/분석 기술
혁신 프로세스	선형적 (연구 → 시장)	선형적 (시장 → 연구)	순환적 (데이터 ↔ 가치)
주요 리스크	기술-시장 연계 부족	미래 수요 예측 한계, 창의성 제약	데이터 품질, 거버넌스, 윤리적 문제

사례로 이해하기 | 개인화의 제국- 넷플릭스의 데이터 주도 혁신

넷플릭스는 데이터 주도 혁신을 통해 미디어 산업의 규칙을 다시 쓴 대표적인 기업이다. 넷플릭스의 핵심 경쟁력은 방대한 콘텐츠 라이브러리가 아니라, 그 콘텐츠를 사용자 개개인에게 최적화하여 추천하는 강력한 AI 기반 추천 시스템에 있다. 이 시스템은 데이터 주도의 순환 루프가 어떻게 비즈니스 모델 자체를 구성하는지 명확하게 보여준다.

넷플릭스는 사용자의 모든 행동을 데이터로 수집한다. 어떤 콘텐츠를 시청했는지, 얼마나 오래 봤는지, 어떤 장면에서 멈추거나 되감았는지, 어떤 기기로 접속했는지, 심지어 어떤 썸네일 이미지에 반응했는지까지 수억 명의 수십억 개에 달하는 상호작용 데이터를 실시간으로 분석한다. 이 데이터를 기반으로 AI 알고리즘은 각 사용자의 취향을 극도로 정밀하게 파악하고, 다음에 좋아할 만한 콘텐츠를 예측하여 개인화된 홈페이지를 구성해준다. 넷플릭스에서 시청되는 콘텐츠의 80% 이상이 바로 이 추천 시스템을 통해 소비된다는 사실은 그 영향력을 증명한다.

여기서 데이터 주도의 순환 고리가 완성된다. 사용자의 시청 데이터(수요 정보)는 더 나은 추천 알고리즘(기술적 해결책)을 만드는 데 사용되고, 개선된 추천은 사용자의 만족도와 참여도를 높여 더 많은 시청 데이터(수요 정보)를 생성한다. 더 나아가, 넷플릭스는 이 데이터를 단순히 추천에만 활용하지 않는다. 전 세계 사용자의 콘텐츠 소비 패턴을 분석하여 어떤 장르, 어떤 배우, 어떤 스토리가 인기를 끌지 예측하고, 이를 기반으로 '오리지널 콘텐츠' 제작에 대한 의사결정을 내린다. 이는 데이터가 고객의 잠재된 수요를 발견하고(수요견인), 그 수요에 맞는 제품(콘텐츠)을 직접 생산(기술주도)하는 데이터 주도의 완벽한 구현체다.

사례로 이해하기 | 상어가 유튜브를 삼킨 방법 - 핑크퐁의 데이터 주도 혁신

데이터 주도 혁신은 넷플릭스와 같은 거대 기술 기업의 전유물이 아니다. 국내 콘텐츠 기업인 더핑크퐁컴퍼니의 '아기상어' 성공 신화 역시 데이터의 힘을 영리하게 활용한 사례다.

'아기상어'의 성공은 우연이 아니었다. 더핑크퐁컴퍼니는 동요를 제작할 당시, 아이들이 어떤 동물에 가장 관심이 많은지 키워드 검색량 데이터를 분석했다. 그 결과 상어가 아이들이 좋아하는 동물 순위 상위권에 있다는 데이터를 기반으로 콘텐츠 기획의 방향을 잡았다. 이는 창작자의 감에만 의존하는 것이 아니라, 데이터에서 시장의 선호를 먼저 읽어낸 데이터 기반의 콘텐츠 기획이었다.

더욱 극적인 데이터 활용은 '아기상어'가 글로벌 메가 히트작으로 발돋움하는 과정에서 나타났다. 2017년, 더핑크퐁컴퍼니는 유튜브 데이터 분석을 통해 인도네시아에서 '아기상어 체조 영상'의 조회수가 심상치 않게 급증하는 것을 발견했다. 이는 당시 누구도 주목하지 않았던 작은 데이터 신호였다. 하지만 회사는 이 신호를 놓치지 않고 즉시 현지로 팀을 파견하여 유행의 원인을 파악하고, 현지 방송에 출연하는 등 데이터가 가리키는 기회에 발 빠르게 대응했다. 인도네시아에서 시작된 챌린지는 전 세계로 퍼져나갔고, '아기상어'는 영국 음원 차트와 빌보드 핫100 차트에 오르는 기염을 토했다.

이 사례는 데이터 주도가 단순히 새로운 것을 창조하는 데 그치지 않고, 이미 존재하는 제품이나 콘텐츠가 예상치 못한 시장에서 새로운 가치를 발견하고 폭발적으로 성장하는 과정을 촉진하는 강력한 도구임을 보여준다. 데이터가 숨겨진 수요를 발굴하고, 그 수요를 증폭시키는 전략적 나침반 역할을 한 것이다.

사례로 이해하기 날씨 따라 메뉴가 바뀌는 드라이브 스루 - 맥도날드의 데이터 주도 혁신

데이터 주도는 고객 경험을 실시간으로 최적화하는 데에도 강력한 힘을 발휘한다. 글로벌 패스트푸드 기업 맥도날드는 AI와 데이터를 활용하여 드라이브 스루(Drive-thru) 경험을 개인화하는 혁신을 선보였다. 이를 위해 2019년 개인화 및 결정 논리 기술 분야의 리더인 '다이내믹 일드(Dynamic Yield)'를 인수했다.

맥도날드의 AI 기반 디지털 메뉴판은 더 이상 모든 고객에게 동일한 메뉴를 보여주지 않는다. 이 시스템은 시간대, 날씨, 현재 매장의 혼잡도, 그리고 실시간으로 인기 있는 메뉴 아이템과 같은 다양한 데이터를 종합적으로 분석한다. 예를 들어, 춥고 비가 오는 날에는 따뜻한 초콜릿 음료를 추천하고, 더운 날에는 아이스크림을 메뉴판 상단에 노출시킨다. 또한 고객이 특정 버거를 주문하면, 그와 가장 잘 어울리거나 다른 고객들이 함께 많이 구매한 사이드 메뉴나 음료를 즉시 제안한다.

이 혁신의 핵심은 데이터가 실시간으로 고객의 잠재적 수요를 예측하고, 그에 맞춰 공급(메뉴 추천)을 즉각적으로 조절한다는 점이다. 더 나아가 이 시스템은 매장의 재고 데이터와도 연동될 수 있다. 특정 재료가 소진될 위기에 처하면 해당 메뉴의 노출을 줄이고, 재고가 풍부한 다른 메뉴를 더 적극적으로 추천하여 공급망 전체의 효율성을 최적화한다. 이는 고객의 잠재된 욕구를 데이터로 파악하는 '수요 견인' 측면과, 재고 및 환경 데이터에 기반해 최적의 제품을 제안하는 '기술주도' 측면이 실시간으로 융합된 데이터 주도의 정수라 할 수 있다.

Strategy | 데이터 엔진이 곧 혁신의 엔진

데이터 주도라는 새로운 혁신의 물결은 기업에게 엄청난 기회를 제공하는 동시에, 기존의 방식으로는 더 이상 생존할 수 없다는 준엄한 경고를 보낸다. AI와 데이터의 힘을 활용하는 기업과 그렇지 못한 기업 간의 격차는 기하급수적으로 벌어질 것이다. 이 거대한 패러다임 전환의 시대에 기업이 살아남고 번영하기 위해서는 단순히 새로운 기술을 도입하는 것을 넘어, 혁신의 출발점과 자산에 대한 관점을 근본적으로 바꾸어야 한다.

전략 1

혁신의 나침반을 재설정하라: 가설에서 데이터로

데이터 주도 시대의 가장 근본적인 전략적 변화는 혁신 프로젝트의 시작점이 바뀌는 것이다. 과거의 혁신은 대부분 리더의 직관, 소수 전문가의 가설, 혹은 고객의 목소리에서 시작되었다. 기술주도 혁신은 "이 새로운 기술로 무엇을 할 수 있을까?"라는 가설에서 출발했고, 수요견인 혁신은 "고객이 이런 불편을 겪고 있으니, 이렇게 해결하면 좋아할 것이다"라는 가설에서 시작했다.

그러나 데이터 주도 시대의 혁신은 "우리의 데이터가 어떤 기회를 보여주고 있는가?"라는 질문에서 시작된다. 이는 혁신의 나침반을 인간의 주관적 가설에서 데이터가 제시하는 객관적 신호로 재설정하는 것을 의미한다. 넷플릭스가 오리지널 콘텐츠를 제작할 때, 단순히 뛰어난 감독의 감을 믿는 것이 아니라 수억 명의 시청 데이터가 어떤 장르와 배우의 조합을 선호하는지 분석하는 것이 바로 이러한 변화의 예다. 핑크퐁이 '아기상어'를 기획할 때, 아이들이 상어를 좋아할 것이라는 막연한 추측이 아닌, 실제 검색량 데이터를 확인한 것도 마찬가지다.

따라서 기업의 첫 번째 전략적 과제는 조직 내에 흩어져 있는 데이터를 탐색하고, 그 속에서 새로운 사업 기회나 고객의 잠재된 욕구를 발견하는 프로세스를 제도화하는 것이다. 이는 더 이상 마케팅 부서나 IT 부서만의 일이 아니다. 모든 부서가 데이터를 통해 비즈니스 가설을 검증하고 새로운 기회를 발굴하는 문화를 정착시켜야 한다. 혁신의 성공 확률은 더 이상 아이디어의 독창성이 아니라, 그 아이디어를 뒷받침하는 데이터의 깊이와 질에 의해 결정될 것이다.

전략 2

데이터 자산화: 21세기의 새로운 석유를 시추하라

데이터 주도 혁신을 위한 두 번째 전략적 과제는 데이터를 '비용'이나 '운영의 부산물'이 아닌, 기업의 가장 핵심적인 '자산(Asset)'으로 인식하고 관리하는 것이다. 과거 산업 시대의 기업들이 공장, 설비, 특허와 같은 유형 및 무형 자산을 전략적으로 관리했듯이, 데이터 시대의 기업은 데이터를 가장 중요한 가치 창출의 원천으로 삼고 이를 체계적으로 축적, 관리, 활용해야 한다.

'데이터 자산화'는 단순히 데이터를 저장하는 것을 넘어선다. 이는 다음과 같은 전략적 활동을 포함한다.

- **전략적 데이터 수집:** 자사의 비즈니스 모델을 강화하고 미래의 혁신을 위해 어떤 데이터가 필요한지 정의하고, 이를 적극적으로 수집하는 전략을 수립해야 한다. 때로는 직접적인 수익이 발생하지 않더라도, 가치 있는 데이터를 확보하기 위해 무료 서비스를 제공하거나 파트너십을 맺는 전략적 판단이 필요할 수 있다.
- **데이터 품질 관리 및 통합:** 여러 부서에 흩어져 있는 '데이터 사일로'를 허물고, 전사적인 관점에서 데이터를 통합하여 '단일 진실 공급원(Single Source of Truth)'을 구축해야 한다. 부정확하거나 일관성 없는 데이터는 잘못된 분석과 의사결정으로 이어지므로, 데이터의 품질을 보증하는 강력한 거버넌스 체계는 필수적이다.
- **데이터 활용 역량 강화:** 데이터를 분석하고 통찰을 추출하여 실제 비즈니스 문제 해결에 적용할 수 있는 인재를 확보하고 육성해야 한다. 이는 소수의 데이터 과학자뿐만 아니라, 모든 직원이 데이터를 이해하고 활용할 수 있는 '데이터 리터러시(Data Literacy)'를 갖추도록 하는 전사적인 노력을 포함한다.

데이터를 핵심 자산으로 인식하고 관리하는 기업만이 데이터 주도라는 새로운 혁신의 파도 위에서 지속 가능한 경쟁 우위를 확보할 수 있다.

전략 3
순환적 혁신 엔진의 구축: 데이터 순환엔진

마지막으로, 데이터 주도 시대의 기업은 혁신을 일회성 프로젝트가 아닌, 지속적으로 가속되는 '순환 엔진' 으로 설계해야 한다. 데이터 주도 혁신은 선형적인 과정이 아니라, 데이터가 가치를 창출하고, 그 가치가 다시 더 많은 데이터를 생성하는 선순환 구조를 통해 성장한다.

넷플릭스의 추천 시스템이 이 모델을 잘 보여준다. (1) 더 나은 추천 알고리즘은 (2) 사용자의 만족도와 시청 시간을 높인다. (3) 이는 더 많고 질 좋은 시청 데이터를 생성하게 하고, (4) 이 데이터는 다시 추천 알고리즘을 더욱 정교하게 만드는 데 사용된다. 이 순환엔진이 한번 강력하게 회전하기 시작하면, 후발 주자가 따라잡기 매우 어려운 강력한 경쟁 해자(Moat)가 구축된다.

따라서 기업은 자사의 제품과 서비스를 설계할 때부터 이러한 데이터 순환엔진을 염두에 두어야 한다. "어떻게 하면 우리의 제품이 더 많은 가치 있는 데이터를 자연스럽게 생성하도록 만들 수 있을까?"라는 질문이 핵심이다. 고객에게 개인화된 가치를 제공하는 동시에, 그 상호작용을 통해 혁신 엔진을 강화할 데이터를 확보하는 비즈니스 모델을 구축하는 것이 데이터 주도 시대의 승리 공식이다. 이는 혁신의 결과물이 다음 혁신의 가장 중요한 재료가 되는, 자기 강화적인 성장 사이클을 만드는 것이다.

3장

AI가 무너뜨린 캐즘, 초가속 확산의 시대

AS-IS 혁신이 퍼져나가는 법칙: 확산, 모방, 그리고 거대한 단절

새로운 기술이나 아이디어가 세상에 나왔을 때, 그것은 어떻게 우리 삶에 스며드는가? 어떤 혁신은 조용히 사라지는 반면, 어떤 혁신은 세상을 뒤흔드는 거대한 흐름이 된다. 이 질문에 답하기 위해 경영학자와 사회학자들은 오랫동안 혁신이 사회에 퍼져나가는 과정, 즉 '확산(Diffusion)'의 법칙을 탐구해 왔다. 이 과정은 결코 순탄하지 않다. 초기 시장의 열광과 주류 시장의 냉담함 사이에는 '캐즘(Chasm)'이라 불리는 거대한 협곡이 존재하며, 수많은 혁신이 이 협곡을 넘지 못하고 추락했다. AI가 이 모든 법칙을 어떻게 다시 쓰고 있는지를 이해하기 위해서는, 먼저 우리가 오랫동안 따라왔던 혁신 확산의 고전적인 지도를 펼쳐볼 필요가 있다.

혁신은 어떻게 우리 삶에 스며드는가: 로저스의 확산 이론

혁신 확산에 대한 가장 근본적이고 영향력 있는 이론은 1962년 에버렛 로저스(Everett Rogers) 교수가 제시한 '혁신 확산 이론(Diffusion of Innovations Theory)'이다. 그는 새로운 아이디어나 기술이 사회 시스템에 전파되는 과정이 예측 가능한 패턴을 따른다는 것을 발견했다(Rogers, 1962). 이 과정은 마치 잔잔한 호수에 돌을 던졌을 때 물결이 퍼져나가는 모습과 같다. 처음에는 소수의 사람들이 새로운 것을 받아들이고, 이들의 영향력이 점차 주변으로 퍼져나가면서 임계점(Critical Mass)을 넘어서면 확산 속도가 폭발적으로 증가하고, 결국 사회 전체로 퍼져나가 포화 상태에 이르게 된다.

로저스는 이 과정에서 사람들을 새로운 것을 받아들이는 성향에 따라 다음의 다섯 가지 유형으로 분류했다. 이 다섯 집단은 혁신이 퍼져나가는 S자 모양의 채택 곡선(S-curve of adoption) 위에서 순차적으로 등장한다.

1) **혁신가(Innovators):** 전체의 2.5%를 차지하는 이들은 모험을 즐기는 기술 애호가들이다. 이들은 새로운 기술이 주는 불확실성과 위험을 기꺼이 감수하며, 누구보다 먼저 새로운 것을 시도하는 데서 만족감을 얻는다. 이들이 바로 혁신의 불씨를 처음 지피는 사람들이다.
2) **조기 수용자(Early Adopters):** 전체의 13.5%를 차지하는 이들은 사회적 지위가 높고 다른 사람들에게 큰 영향을 미치는 '오피니언 리더'들이다. 이들은 혁신가들처럼 무모하지는 않지만, 새로운 기술이 가져다줄 경쟁 우위나 비전을 보고 신중하게 채택을 결정한다. 이들의 선택은 다음 단계의 대중들에게 강력한 신호가 된다.
3) **전기 다수(Early Majority):** 전체의 34%를 차지하는 이들은 신중하고 실용적인 사람들이다. 이들은 새로운 기술이 실제로 유용하고 안정적이라는 확신이 들기 전까지는 움직이지 않는다. 조기 수용자들이 성공적으로 사용하는 것을 보고 나서야 비로소 마음을 열기 시작한다. 이들이 움직여야 혁신은 비로소 주류 시장으로 진입할 수 있다.
4) **후기 다수(Late Majority):** 전체의 34%를 차지하는 이들은 보수적이고 회의적인 사람들이다. 이들은 사회적 압력이나 필요에 의해 마지못해 새로운 기술을 받아들인다. 대부분의 사람들이 이미 사용하고 있다는 사실이 확인되어야만 움직이는, 변화에 대한 저항이 큰 집단이다.

5) 지각 수용자(Laggards): 전체의 16%를 차지하는 이들은 가장 보수적이고 전통에 얽매여 있는 사람들이다. 이들은 변화 자체를 거부하며, 기존의 방식이 완전히 사라질 때까지 새로운 것을 받아들이지 않는다.

로저스는 어떤 혁신이 더 빨리 확산되는지를 결정하는 다섯 가지 핵심 속성도 제시했다. 바로 상대적 이점(기존보다 얼마나 더 나은가), 호환성(기존의 가치나 경험과 얼마나 잘 맞는가), 복잡성(사용하기 얼마나 어려운가), 시험 가능성(미리 경험해 볼 수 있는가), 그리고 관찰 가능성(다른 사람이 사용하는 것을 쉽게 볼 수 있는가)이다. 이 속성들이 긍정적일수록 혁신은 더 빠르고 넓게 퍼져나간다.

혁신 확산의 두 가지 엔진: 배스 확산 모델

로저스의 이론이 혁신 확산의 사회학적 패턴을 설명했다면, 1969년 프랭크 배스(Frank Bass) 교수는 이를 수학적 모델로 정교하게 다듬었다(Bass, 1969). 배스 확산 모델은 새로운 제품이 시장에 퍼져나가는 과정을 두 가지 핵심 동력, 즉 '혁신 효과'와 '모방 효과'로 설명한다.

혁신 효과는 다른 사람의 영향과 관계없이 스스로의 판단으로 새로운 제품을 구매하는 혁신가들의 영향을 나타낸다. 이들은 주로 대중 매체 광고나 언론 보도와 같은 외부 정보에 영향을 받으며, 확산 곡선 초기의 완만한 구간을 만들어낸다. 반면 모방 효과는 이미 제품을 구매한 사람들의 입소문이나 사회적 압력에 의해 새로운 구매가 일어나는 것을 의미한다. 이미 구매한 사람이 많을수록 잠재 구매자에게 미치는 영향력은 더욱 커지며, 이 모방 효과가 바로 확산 곡선을 가파르게 끌어올리는 폭발적인 엔진 역할을 한다. 이 모델은 수많은 신제품의 판매량을 놀라울 정도로 정확하게 예측하며, 마케팅 전략 수립에 있어 가장 중요한 도구 중 하나로 자리 잡았다.

건널 수 없는 강: 무어의 캐즘 이론

로저스와 배스의 모델은 혁신이 비교적 순조롭게 퍼져나가는 것처럼 묘사했지만, 현실의 첨단 기술 시장은 그렇게 녹록지 않았다. 실리콘밸리의 저명한 컨설턴트인 제프리 무어(Geoffrey Moore)는 1991년 그의 저서 『캐즘을 넘어서(Crossing the Chasm)』를 통해 이 순탄한 확산 곡선에 숨겨진 거대한 단절, 즉 '캐즘(Chasm)'의 존재를 세상에 알렸다.

무어는 로저스의 다섯 가지 수용자 집단이 연속적으로 연결되어 있지 않다고 주장했다. 특히 조기 수용자(Early Adopters)와 전기 다수(Early Majority) 사이에는 그들의 근본적인 가치관과 구매 동기의 차이로 인해 쉽게 건널 수 없는 깊은 협곡, 즉 캐즘이 존재한다는 것이다(Moore, G. A., 1991).

- **조기 수용자(Early Adopters, Visionaries, 비전가):** 이들은 기술 그 자체와 그것이 가져올 혁명적인 변화에 매료된다. 이들은 불완전한 제품의 위험을 감수하고서라도 남들보다 앞서 나가는 '경쟁 우위'를 얻는 것을 중요하게 생각한다. 이들은 "이 기술로 무엇을 할 수 있을까?"를 묻는다.
- **전기 다수(Early Majority, Pragmatists, 실용주의자):** 이들은 기술 자체에는 관심이 없다. 이들은 오직 검증되고 안정적인 '완전한 해결책'을 원한다. 다른 성공 사례를 충분히 확인하고, 신

뢰할 수 있는 기업이 제공하는 편리하고 완성도 높은 제품을 구매하길 원한다. 이들은 "이 기술이 내 문제를 어떻게 해결해 주는가?"를 묻는다.

이 서로 다른 가치관을 두 집단의 존재로 인해 수많은 첨단 기술 기업들이 혁신가와 비전가들의 열광적인 지지를 받으며 초기 시장을 열었지만, 실용주의자들로 구성된 거대한 주류 시장의 문턱을 넘지 못하고 그 두집단사이의 캐즘에 빠져 사라져 갔다.

무어는 이 캐즘을 건너기 위한 유일한 방법으로 '볼링 핀 전략(Bowling Pin Strategy)'을 제시했다. 이는 주류 시장 전체를 한 번에 공략하려 하지 말고, 아주 작고 구체적인 하나의 '틈새시장(Niche Market)'을 선택하여 그들의 문제를 완벽하게 해결해 주는 '완전한 제품(Whole Product)'을 제공하는 데 집중하는 것이다. 이 첫 번째 핀(틈새시장)을 쓰러뜨려 확실한 성공 사례를 만들면, 그 성공이 인접한 다른 틈새시장으로 입소문을 타고 퍼져나가 연쇄적으로 다음 핀들을 쓰러뜨리고, 결국 주류 시장 전체를 장악하는 발판을 마련할 수 있다는 것이다.

조기 수용자는 혁신성과 새로운 기술 그 자체에 매력을 느끼며 남들보다 먼저 경험하는 것을 중요하게 생각한다. 반면, 실용주의적인 전기 다수는 제품이 실제로 얼마나 유용한지, 그리고 다른 많은 사람들이 이미 사용하고 검증했는지를 훨씬 더 중요하게 여긴다. 이들은 스스로 위험을 감수하며 판단하기보다, 먼저 제품을 사용해 본 조기 수용자들의 의견과 추천을 신뢰할 수 있는 구매 근거로 삼는다. 이러한 특성 때문에 최근 가장 일반적인 마케팅 방식은 영향력 있는 조기 수용자, 즉 인플루언서를 활용하는 것이다. 기업은 인플루언서들이 제품을 먼저 사용해보고 긍정적인 구매 후기나 추천 영상, SNS 콘텐츠를 만들도록 지원한다. 이렇게 생성된 콘텐츠는 스스로 판단을 망설이는 전기 다수에게 강력한 '사회적 증거'로 작용하며, "신뢰할 수 있는 사람이 추천하니 나도 사도 되겠다"는 확신을 주어 구매를 유도하는 핵심적인 다리 역할을 한다.

TO-BE | 광속 확산과 사라지는 캐즘, AI가 다시 쓰는 확산의 법칙

수십 년간 혁신의 확산을 지배해 온 로저스의 채택곡선과 무어의 캐즘 이론은 산업 시대의 단단한 법칙과도 같았다. 그러나 인공지능(AI)의 등장은 이 모든 법칙을 근본적으로 뒤흔들고 있다. 과거 수십 년이 걸렸던 기술의 확산은 이제 단 몇 달, 몇 주 만에 전 세계를 휩쓸고 있으며, 기술 애호가와 일반 대중을 갈라놓았던 거대한 캐즘은 눈에 띄게 얇아지거나 아예 사라지는 현상까지 나타나고 있다. AI는 어떻게 이토록 극적인 변화를 만들어 냈을까? 그 비밀은 AI가 기술과 사용자를 연결하는 방식 자체를 재창조하고 있기 때문이다.

인류 역사상 가장 빠른 확산: ChatGPT가 증명한 새로운 속도

과거의 기술들이 대중에게 퍼져나가는 데는 상당한 시간이 걸렸다. 전화기가 5,000만 명의 사용자를 확보하는 데는 50년이 걸렸고, 텔레비전은 13년, 인터넷은 4년이 걸렸다. 그러나 2022년 11월에 출시된 OpenAI의 ChatGPT는 이 모든 기록을 무의미하게 만들었다. ChatGPT는 출시 단 5일 만에 100만 명의 사용자를 돌파했고, 두 달 만에 월간 활성 사용자 1억 명을 달성했으며, 2025년 7월에는 전 세계 성인 인구의 약 10%에 해당하는 7억 명의 사용자가 매주 180억 개의 메시지를 보내는 경이적인 기록을 세웠다. 이는 인류 역사상 전례 없는 속도의 기술 확산이다.

이러한 '광속 확산(Supersonic Diffusion)' 현상은 AI 기술, 특히 생성형 AI가 가진 본질적인 특성에서 비롯된다. 쉽게 말해, AI는 과거의 기술들이 넘어야 했던 다음 세 가지의 장벽들을 스스로 허물어 버린다.

먼저, 사용법을 배울 필요가 없다는 것이다. 과거의 혁신 기술들은 대부분 사용자가 새로운 기계를 사거나, 복잡한 프로그램을 설치하고, 두꺼운 설명서를 읽으며 사용법을 익혀야 했다. 하지만 ChatGPT는 어떤가? 그냥 웹사이트에 접속해서 우리가 평소에 친구와 대화하듯 질문을 던지기만 하면 된다. 별도의 학습이 전혀 필요 없는 '자연어' 인터페이스는 기술 사용의 가장 큰 장벽이었던 '복잡성'을 거의 제로 수준으로 낮췄다. 누구나 한번쯤 시험 삼아 써볼 수 있게 된 것이다(시험 가능성).

둘째, 쓰는 즉시 이득을 보게된다. ChatGPT는 질문을 던지는 순간, 몇 초 만에 나만을 위한 글, 코드, 번역, 요약문을 만들어준다. 사용자는 기술을 사용하는 그 즉시 '와, 이거 정말 편하네'라는 가치를 직접 느낄 수 있다. 과거의 기술처럼 오랜 시간 적응하고 기다릴 필요 없이 즉각적인 효용을 제공하는 것이다. 이는 혁신이 기존 방식보다 얼마나 더 나은지를 보여주는 '상대적 이점'을 매우 명확하고 빠르게 체감하게 만든다.

셋째, AI는 스스로 홍보하고 사람을 끌어 모은다. 생성형 AI가 만들어내는 결과물(재미있는 시, 멋진 그림, 놀라운 코드)은 그 자체로 매우 흥미로운 콘텐츠다. 사용자들은 AI와 나눈 신기한 대화나 AI가 그려준 독특한 그림을 자신의 소셜 미디어에 자랑하고 싶어 한다. "이거 AI가 만들어줬어!"라는 글과 함께 공유된 게시물은 그 자체로 가장 강력한 광고가 된다. 이를 본 다른 사람들이 "나도 한번 해볼까?"라는 호기심을 느끼고 새로운 사용자로 유입된다. 이 새로운 사용자들이 다시 새로운 콘텐츠를 만들어 공유하면서, 확산은 눈덩이처럼 불어난다. 이것이 바로 '바이럴 루프(Viral Loop)'다. AI가 스스로 입소문의 재료를 끊임없이 만들어내며, 배스 모델의 '모방 효과'를 극대화시키는 것이다.

이처럼 AI는 기술이 퍼져나가는 데 가장 중요했던 변수들을 극적으로 개선하고, 스스로를 홍보하는 엔진까지 갖춤으로써 과거에는 상상할 수 없었던 초가속 확산을 현실로 만들고 있다.

캐즘은 어떻게 사라지는가: AI가 놓는 다리

ChatGPT의 경이로운 확산 속도는 또 다른 중요한 질문을 던진다. "캐즘은 어디로 갔는가?" 전통적인 캐즘 이론에 따르면, ChatGPT와 같은 혁신적인 기술은 먼저 기술 애호가(혁신가)와 비전가(조기 수용자) 그룹에게 채택된 후, 실용주의자(전기 다수)라는 거대한 주류 시장 앞에서 깊은 협곡에 직면해야 했다. 그러나 ChatGPT는 출시와 거의 동시에 기술 전문가부터 학생, 작가, 마케터, 일반 주부에 이르기까지 사회의 모든 계층을 단숨에 파고들었다. 이는 AI가 캐즘을 건너는 방식 자체를 바꾸고 있음을 시사한다.

AI가 캐즘을 무너뜨리는 원리는 간단하다. AI는 모든 사람에게 각기 다른 '맞춤형 제품'을 제공하고, 스스로 '진화'하며 모두를 만족시키는 법을 배운다는 것이다.

먼저 AI가 캐즘을 무너뜨리는 첫 번째 원리는 모두에게 다른 얼굴을 보여주는 초개인화 능력이다. 캐즘이 생기는 근본적인 이유는 기술을 사랑하는 비전가와 실용적인 해결책을 원하는 실용주의자의 요구가 너무나 다르기 때문이다. 과거의 기업들은 이 두 그룹을 하나의 제품으로 동시에 만족시키기 어려웠다. 하지만 AI는 사용자의 행동 데이터를 실시간으로 분석하여 이 사람이 전문가인지, 초보자인지, 어떤 목적을 가지고 있는지를 파악하고 그에 맞춰 제품의 기능과 인터페이스를 실시간으로 바꿔서 보여준다. 이는 마치 한 명의 고객을 위해 수천 개의 맞춤형 제품을 동시에 만들어내는 것과 같아, 여러 시장을 동시에 공략하는 것을 가능하게 한다.

두 번째 원리는 스스로 똑똑해지는 제품의 진화 능력이다. 과거의 제품은 한번 출시되면 그 기능이 고정되어 있었다. 그러나 AI 기반 제품은 수많은 사용자와의 상호작용 데이터를 끊임없이 학습하며 스스로를 개선하고 진화한다. 초기 AI 제품을 먼저 사용하는 혁신가와 비전가들이 남긴 데이터를 통해 AI는 무엇이 불편하고 사람들이 무엇을 더 원하는지를 학습한다. 이렇게 똑똑해진 AI는 점차 실용주의자들이 요구하는 안정성과 완성도를 갖춘 모습으로 스스로를 바꿔나가며, 말 그대로 제품이 사용자 데이터를 먹고 성장하며 스스로 캐즘을 건너는 것이다.

Strategy | 초가속 시대의 생존 전략: 틈새가 아닌 전체를 공략한다.

AI가 만들어 낸 광속 확산과 캐즘의 붕괴는 기업들에게 새로운 기회와 위협을 동시에 안겨준다. 과거처럼 점진적으로 시장을 넓혀가던 방식은 더 이상 유효하지 않다. 이제는 출시와 동시에 전 세계적인 주류 시장을 공략하거나, 혹은 순식간에 경쟁에서 도태될 수 있는 극단적인 환경이 펼쳐지고 있다. 이러한 '초가속 확산' 시대에 기업이 살아남고 승리하기 위해서는 과거의 성공 방정식을 버리고 새로운 전략적 사고로 무장해야 한다.

전략 1

출시는 끝이 아닌 데이터 수집의 시작: AI 기반 제품 주도 성장(AI-Powered PLG)

과거에는 제품을 출시하는 것이 마케팅과 영업 활동의 최종 목표에 가까웠다. 그러나 AI 시대에는 제품 출시가 고객과의 관계를 시작하고 데이터를 수집하는 첫 단계일 뿐이다. 이러한 새로운 환경에 가장 적합한 전략이 바로 '제품 주도 성장(Product-Led Growth, PLG)'이며, AI는 이 전략을 전례 없는 수준으로 강화한다.

PLG는 제품 자체가 마케팅, 영업, 고객 서비스의 중심이 되어 사용자를 유치하고, 활성화하며, 유지하는 전략이다. 사용자가 무료 체험(Free Trial)이나 부분 유료화(Freemium) 모델을 통해 제품을 직접 경험하고 가치를 느끼게 되면, 자연스럽게 유료 고객으로 전환된다는 개념이다. AI는 다음과 같이 이 PLG의 모든 단계를 지능화하고 가속화한다.

- **지능형 온보딩(Intelligent Onboarding):** AI는 신규 사용자의 행동과 특성을 분석하여 가장 적합한 온보딩 경로를 개인화하여 제공한다. 예를 들어, AI는 사용자가 특정 기능에서 어려움을 겪는 것을 감지하면, 그 순간에 맞춰 맞춤형 튜토리얼이나 툴팁을 제공하여 이탈을 막고 '아하 모먼트(Aha Moment, 사용자가 제품의 핵심 가치를 깨닫는 순간)'를 빠르게 경험하도록 돕는다.
- **예측 기반 사용자 관리(Predictive User Management):** AI는 제품 사용 데이터를 분석하여 어떤 사용자가 유료로 전환할 가능성이 높은지, 혹은 어떤 사용자가 이탈할 위험이 있는지를 예측한다. 이를 통해 영업팀은 가장 유망한 '제품 인증 리드(PQL, Product-Qualified Lead)'에만 집중하여 효율을 극대화할 수 있고, 고객 성공팀은 이탈 위험이 있는 고객에게 선제적으로 다가가 문제를 해결해 줄 수 있다.
- **자동화된 사용자 경험 최적화:** AI는 A/B 테스트를 포함한 수많은 실험을 자동으로 수행하여 어떤 기능, 디자인, 메시지가 사용자 참여를 가장 높이는지 끊임없이 학습하고 제품을 최적화한다.

이처럼 AI 기반 PLG 전략은 인간의 개입을 최소화하면서도 수백만 명의 사용자에게 개인화된 경험을 제공하여, 제품 스스로가 사용자를 고객으로 만들고 충성도를 높이는 강력한 성장 엔진을 구축한다. 이는 캐즘을 건너기 위해 막대한 영업 및 마케팅 비용을 쏟아부었던 과거의 방식과는 근본적으로 다른, 훨씬 더 효율적이고 확장 가능한 성장 모델이다.

전략 2

입소문을 설계하라: 생성형 AI를 활용한 바이럴 마케팅

배스 모델이 보여주었듯이, 혁신 확산의 가장 강력한 동력은 '모방 효과', 즉 입소문이다. 과거에는 입소문이 자연 발생적으로 퍼져나가기를 기대해야 했지만, 이제 기업은 생성형 AI를 활용하여 입소문을 다음과 같은 방법으로 의도적으로 설계하고 증폭시킬 수 있다.

- **개인화된 공유 가능 콘텐츠 생성:** 생성형 AI는 각 사용자의 특성과 취향에 맞춰 개인화된 이미지, 영상, 텍스트, 밈(Meme)과 같은 '공유하고 싶은' 콘텐츠를 대량으로 생성할 수 있다. 예를 들어, 사용자가 자신의 사진을 업로드하면 AI가 그 사진을 특정 스타일의 예술 작품으로 변환해 주거나, 사용자의 관심사에 맞는 짧은 유머 영상을 만들어주는 식이다. 이러한 콘텐츠는 사용자의 정체성을 표현하는 수단이 되기 때문에 소셜 미디어를 통해 자발적으로 공유될 가능성이 매우 높다(Patil, 2024).
- **'토크 트리거(Talk Trigger)'의 자동화:** '토크 트리거'란 고객이 다른 사람에게 이야기할 수밖에 없도록 만드는 의도적이고 차별화된 경험을 의미한다. AI는 고객 여정의 모든 단계에서 개인화된 토크 트리거를 만들어낼 수 있다. 예를 들어, AI 챗봇이 고객의 문제를 해결해 준 뒤, 그 고객의 관심사를 반영한

재치 있는 농담이나 격려의 메시지를 보내는 것은 긍정적인 경험을 만들어내고 이를 공유하고 싶게 만든다.

- **AI 기반 입소문 분석 및 최적화:** AI는 소셜 미디어와 온라인 커뮤니티의 대화를 실시간으로 분석하여 자사 제품에 대한 입소문이 어떻게 퍼져나가고 있는지, 어떤 메시지가 가장 큰 반향을 일으키는지 파악할 수 있다. 이 데이터를 기반으로 기업은 가장 효과적인 바이럴 메시지를 찾아내고, 영향력 있는 커뮤니티에 집중하여 마케팅 활동을 최적화할 수 있다.

이처럼 생성형 AI는 기업이 사용자와 함께 콘텐츠를 공동 창작하고, 긍정적인 경험을 대규모로 확산시키며, 그 과정을 데이터로 분석하여 최적화하는 '바이럴 마케팅 엔진'을 구축할 수 있게 해준다. 이는 제품이 시장에 퍼져나가는 속도를 기하급수적으로 높이는 강력한 전략이다.

전략 3

'틈새시장'이 아닌 '전체 시장'을 조준하라: 출시 첫날부터 주류가 되는 법

제프리 무어의 캐즘 이론이 제시한 핵심 전략은 '볼링 핀'처럼 하나의 작은 틈새시장을 완벽하게 공략한 뒤, 그 성공을 발판 삼아 점진적으로 주류 시장으로 나아가는 것이었다. 하지만 AI가 캐즘을 허물어버린 지금, 이 전략은 오히려 위험할 수 있다. 하나의 틈새시장에 집중하는 동안, 경쟁자는 AI의 힘을 빌려 곧바로 전체

주류 시장을 장악해 버릴 수 있기 때문이다.

따라서 초가속 확산 시대의 기업은 '출시 첫날부터 주류 시장을 공략(Go Broad from Day One)'하는 새로운 사고방식을 가져야 한다. 이는 과거의 점진적인 확산 전략과는 완전히 다른 다음의 접근법을 요구한다.

- **모두를 위한 가치 제안(Universal Value Proposition):** 제품의 핵심 가치는 더 이상 소수의 기술 전문가나 비전가만을 위한 것이어서는 안 된다. 처음부터 기술에 익숙하지 않은 일반 대중, 즉 '전기 다수'가 즉시 이해하고 공감할 수 있는 쉽고 보편적인 메시지를 전달해야 한다. "이 기술은 복잡한 문제를 해결해 줍니다"가 아니라, "이것만 쓰면 당신의 일상이 이렇게 편해집니다"와 같이 직관적이고 명확한 가치를 제시해야 한다.
- **대규모 동시 접속을 견디는 기술(Scalability for the Masses):** 제품이 입소문을 타기 시작하면 사용자는 하루아침에 수백만 명으로 폭증할 수 있다. 만약 이때 서버가 다운되거나 서비스가 느려진다면, 초기의 긍정적인 관심은 순식간에 실망과 불만으로 바뀔 것이다. 따라서 기업은 출시 초기부터 대규모 사용자를 감당할 수 있는 확장 가능한 클라우드 인프라와 아키텍처를 준비해야 한다. 소수의 초기 사용자를 위한 베타 테스트 수준이 아니라, 전 세계적인 동시 접속이라는 최악의 시나리오를 대비해야 한다.
- **단순함의 미학(The Art of Simplicity):** 주류 시장의 사용자는 복잡한 기능을 원하지 않는다. 그들은 자신의 문제를 가장 간단하고 빠르게 해결해 줄 직관적인 도구를 원한다. 따라서 제품 설계의 최우선 순위는 '기능의 풍부함'이 아니라 '사용의 단순

함'이 되어야 한다. AI를 활용해 복잡한 내부 프로세스는 자동화하되, 사용자에게 보이는 인터페이스는 극도로 단순하고 명확하게 유지하는 것이 핵심이다.

결론적으로, AI 시대의 혁신 확산은 더 이상 순차적인 계단 오르기가 아니다. 그것은 출시와 동시에 거대한 파도에 올라타는 서핑과 같다. 첫 파도를 놓치면 다음 파도는 오지 않을 수 있다. 따라서 기업은 더 이상 작은 틈새시장에서 안전하게 시작하려 해서는 안 된다. 처음부터 거대한 주류 시장이라는 바다를 향해 과감하게 뛰어들 준비를 해야만 초가속 확산의 시대에서 살아남을 수 있다.

4장

연결될수록 학습하는 지능형 네트워크. 하이퍼네트워크 효과

AS-IS | 전통적 네트워크 효과: 연결이 가치를 낳는 세상

혁신적인 제품이나 서비스가 어떻게 시장의 지배자가 되는지를 설명하는 가장 강력한 개념 중 하나는 '네트워크 효과(Network Effects)'다. 이는 특정 제품이나 서비스를 사용하는 사람의 수가 늘어날수록 그 제품이나 서비스의 가치가 모든 사용자에게 기하급수적으로 증가하는 현상을 말한다. 이 보이지 않는 힘은 지난 세기 동안 수많은 기업을 왕좌에 올리거나 역사 속으로 사라지게 만들었다. AI가 이 오래된 법칙을 어떻게 근본적으로 바꾸고 있는지를 이해하기 위해서는, 먼저 네트워크 효과가 무엇이며 어떻게 작동해 왔는지를 이해해야 한다

전화기 한 대는 고철, 두 대는 혁명

기업 경영자라면 누구나 한 번쯤 들어봤을 법한 개념이 있다. 바로 네트워크 효과(Network Effect)이다. 네트워크 효과란 간단히 말해, 제품이나 서비스의 가치가 그것을 사용하는 사람의 수에 따라 증가하는 현상을 의미한다.

전화기를 예로 들어보자. 1876년 알렉산더 그레이엄 벨이 전화기를 발명했을 때, 세상에 단 한 대의 전화기만 존재했다면 그 전화기는 정교한 기술의 집약체일지라도, 그 자체로는 아무런 가치가 없다. 통화할 상대방이 없기 때문이다. 그러나 두 번째 전화기가 설치되고 두 기기 사이에 첫 연결이 이루어지는 순간, 마법이 시작된다. 비로소 '네트워크'가 탄생하고, 두 전화기 소유자 모두에게 이전에는 없던 '소통'이라는 가치가 생긴다. 세 번째 전화기

를 가진 사람은 두명에게 연락할 수 있는 연결이 생기게 되고 네 번째 전화기를 구매하는 사람은 단 한대의 전화기를 구매했지만, 연결가능한 사람이 세 사람이 되는 효과를 누릴 수 있게 된다. 이처럼 전화기가 늘어날수록 각 전화기의 가치는 기하급수적으로 증가하게 되고, 이것이 바로 네트워크 효과의 출발점이다. 1900년대 초 전화 시스템이 확산되면서 경제학자들은 흥미로운 현상을 발견했다. 전화망에 연결된 사용자 수가 두 배로 늘어나면, 네트워크의 전체 가치는 두 배 이상 증가한다는 것이었다. 이는 전통적인 경제학 법칙과는 다른 새로운 원리였다. 이 원리는 전화망뿐만 아니라 팩스, 이메일, 그리고 현대 사회의 근간을 이루는 인터넷과 소셜 미디어에 이르기까지 모든 연결 기반 기술의 성장을 설명하는 핵심 열쇠가 되었다.

경제학적 관점에서 네트워크 효과는 '긍정적 외부성(positive externality)'의 한 형태로 설명된다. 한 사용자의 참여가 다른 사용자들에게 보상 없이 이익을 주는 현상을 의미한다. 내가 소셜 미디어에 가입하는 행위는 나의 친구들에게 '나와 소통할 수 있는' 추가적인 가치를 제공하며, 이는 다시 더 많은 사람들을 네트워크로 끌어들이는 강력한 유인이 된다. 이 자기 강화적인 성장 사이클은 네트워크가 한번 임계점을 넘어서면 폭발적으로 성장하는 이유를 설명해 준다.

네트워크 가치를 측정하다 - 메트칼프의 법칙

네트워크 효과의 힘이 명확해지면서, 사람들은 그 가치를 어떻게 측정할 수 있을지 고민하기 시작했다. 이 질문에 대한 가장 유명하고 영향력 있는 답은 이더넷(Ethernet) 기술의 창시자 중 한 명인 로버트 메트칼프(Robert Metcalfe)에게서 나왔다. 1980년 그는 이더넷 네트워크를 설계하면서 이 현상을 수학적으로 정리했다. 그는 네트워크의 가치가 연결된 노드(사용자) 수의 제곱에 비례한다고 주장했다. 즉, n명의 사용자가 있는 네트워크의 가치는 n^2에 비례한다는 것이다. 이 법칙의 수학적 직관은 간단하다. 네트워크에 n명의 사용자가 있을 때, 두 명씩 짝을 지어 만들 수 있는 잠재적 연결의 수는 n(n-1)/2개다. 사용자가 늘어남에 따라 이 연결의 수는 제곱에 가깝게 증가한다. 예를 들어, 사용자가 10명이면 45개의 연결이 가능하지만, 100명이 되면 4,950개로 늘어난다. 만약 모든 연결이 동일한 가치를 지닌다고 가정하면, 네트워크의 총 가치는 사용자 수의 제곱에 비례하여 폭발적으로 커지는 것이다(Odlyzko & Tilly, 2005).

메트칼프의 법칙은 1990년대 후반 닷컴 버블 시기에 인터넷 기업의 가치를 설명하는 핵심 논리로 자리 잡았다. 페이스북과 같은 소셜 미디어의 등장은 사용자의 증가와 더불어 더 많은 콘텐츠와 관계가 형성되고, 이는 플랫폼의 가치를 기하급수적으로 높여 더 많은 사용자를 끌어들이는 '눈덩이 효과(snowball effect)'를 만들어 냈다.

그룹 네트워크의 힘 - 리드의 법칙

메트칼프의 법칙이 네트워크의 가치를 '일대일 연결'의 관점에서 설명했다면, 인터넷의 발전은 또 다른 차원의 가치를 드러냈다. 바로 '그룹 형성'의 힘이다. 이 통찰을 바탕으로 컴퓨터 과학자 데이비드 리드(David P. Reed)는 더 급진적인 법칙을 제안했다.

'리드의 법칙(Reed's Law)'으로 알려진 이 주장은 '그룹 형성 네트워크(Group Forming Network, GFN)의 가치는 사용자 수(n)에 대해 지수적으로 증가한다($V \propto 2^n$)'라는 것이며, 이러한 논리는 n명의 사용자가 있는 네트워크에서는 두 명, 세 명, 혹은 그 이상의 사용자들이 모여 무수히 많은 하위 그룹을 형성할 수 있다면, 수학적으로 가능한 모든 하위 그룹의 수는 2^n개에 달한다는 것을 의미한다. 동창회 모임, 취미 동호회, 프로젝트 팀, 가족 채팅방 등 인터넷은 이러한 그룹들이 쉽게 형성되고 소통할 수 있는 기반을 제공한다. 리드는 개별 그룹의 가치가 아무리 작더라도, 잠재적으로 형성될 수 있는 그룹의 수가 기하급수적으로 많기 때문에, 그 총합의 가치는 결국 일대일 연결의 가치를 압도하게 된다고 주장했다.

리드의 법칙은 현대 소셜 네트워크와 협업 플랫폼의 가치를 설명하는 데 중요한 시사점을 던진다. 이들 플랫폼의 진정한 힘은 단순히 많은 사용자를 연결하는 데 있는 것이 아니라, 사용자들이 자발적으로 관심사와 목적에 따라 수많은 커뮤니티를 형성하고 상호작용하며 새로운 가치를 창출하는 능력에 있다는 것이다. 쉽게 말하면 "10명이 있는 채팅방에서, 1:1 대화뿐 아니라 3명, 5명, 10명이 참여하는 스터디·동호회·토론방 등 세상에 존재 가능한 모든 조합이 만들어질 수 있다면, 이 채팅방의 가치는 메트칼프의 네트워크 가치 이상으로 커진다."는 의미이다.

모든 연결은 평등하지 않다: 고전 이론의 균열

메트칼프의 법칙과 리드의 법칙은 네트워크의 폭발적인 성장 잠재력을 이해하는 데 강력한 이론적 틀을 제공했다. 그러나 현실 세계의 네트워크가 복잡해질수록, 이 법칙들의 근본적인 가정에 균열이 보이기 시작했다. 이러한 균열은 이들 이론이 공통적으로 갖는 '모든 노드(사용자)와 모든 연결(또는 그룹)이 동등한 가치를 가진다'는 가정에서 시작된다. 현실에서는 그렇지 않기 때문에 다음의 몇 가지 핵심적인 비판이 제기되었다.

첫째, 품질과 참여도의 문제다. 이 법칙들은 단순히 사용자 수(n)만을 계산할 뿐, 그들의 참여도나 연결의 질을 고려하지 않는다. 가족이나 가까운 친구와의 연결은 거의 매일 사용되는 반면, 수백 번째 친구와의 연결은 거의 가치를 창출하지 않을 수 있다.

둘째, 인지적 한계의 문제다. 영국의 인류학자 로빈 던바(Robin Dunbar)가 제안했듯이, 한 사람이 안정적으로 유지할 수 있는 사회적 관계의 수에는 인지적 한계(약 150명)가 있다. 이는 n^2이나 2^n개의 모든 잠재적 연결과 그룹이 실제로 의미 있게 형성되고 유지될 것이라는 가정을 비현실적으로 만든다.

셋째, 네트워크 혼잡과 부정적 외부성이다. 사용자가 많아지는 것이 항상 긍정적인 것만은 아니다. 네트워크가 과도하게 커지면 스팸, 사기, 악성 콘텐츠, 정보 과부하와 같은 부정적 외부성이 발생하여 오히려 네트워크의 전체 가치를 감소시킬 수 있다.

이러한 비판에 직면하여, 스탠퍼드 대학의 앤드류 오들리츠코(Andrew Odlyzko)와 같은 연구자들은 더 현실적인 대안 모델을 제시했다. 그는 네트워크의 가치가 n^2보다는 완만하게, 그러나 단순한 n보다는 빠르게 증가하는 $n \cdot \log(n)$에 비례한다고 주장했다. 이는 네트워크가 성장함에 따라 개별 사용자가 얻는 가치에 '수확 체감'이 발생한다는 점을 반영한 것이다(Odlyzko & Tilly, 2005).

이 모든 논의는 결국 고전 이론들의 가장 근본적인 한계로 귀결된다. 이 이론들은 네트워크의 구성 요소인 '노드(node)'를 단순히 연결을 위한 수동적이고 정적인 '접속점'으로 간주한다. 노드의 지능, 성능, 능력은 불변이라는 전제가 깔려 있다. 그러나 만약 노드 자체가 정적인 존재가 아니라, 연결을 통해 스스로 학습하고 진화하는 지능적인 존재라면 어떻게 될까? 이 질문이야말로 우리가 탐구할 새로운 시대의 서막을 여는 질문이다. 인공지능(AI)의 등장은 네트워크의 모든 노드를 단순한 접속점에서 '학습하는 행위자'로 바꾸어 놓았고, 이는 네트워크 효과의 패러다임을 근본적으로 뒤흔들고 있다.

사례로 이해하기 | 승자독식의 법칙: 페이스북에서 우버까지

네트워크 효과가 강력하게 작용하는 시장은 종종 '승자독식(Winner-Takes-All)'의 구조로 귀결된다. 일단 한 기업이 가장 큰 네트워크를 구축하게 되면, 그 가치가 다른 경쟁자들을 압도하게 되어 사용자들이 지배적인 플랫폼으로 몰리는 쏠림 현상이 발생하기 때문이다. 다음의 사례들은 이러한 현상을 극적으로 보여준다.

- **페이스북(소셜 네트워크):** 페이스북은 직접 네트워크 효과의 가장 강력한 사례다. 마이스페이스(MySpace)와 같은 경쟁자들이 있었지만, 페이스북이 친구 관계망을 기반으로 빠르게 성장하며 임계점을 넘어서자, 사용자들은 친구들이 모두 있는 페이스북으로 이동할 수밖에 없었다. 일단 지배적인 소셜 그래프(Social Graph)를 확보한 페이스북은 강력한 고착 효과(Lock-in Effect)를 통해 시장을 장악했다.
- **우버(차량 공유):** 우버는 '지역적 네트워크 효과(Local Network Effects)'의 대표적인 사례다. 우버의 가치는 전 세계 사용자 수가 아니라, 내가 현재 있는 '지역'의 운전자와 승객 수에 의해 결정된다. 특정 지역에 운전자가 많아지면 승객의 대기 시간이 줄어들고, 승객이 많아지면 운전자의 수입이 늘어난다. 이 지역 단위의 강력한 양면 네트워크 효과를 통해 우버는 도시별로 시장을 빠르게 장악해 나갔다.

- **아마존(전자상거래):** 아마존은 구매자와 판매자를 연결하는 양면 네트워크 효과를 기반으로 성장했다. 더 많은 판매자가 입점할수록 상품 구색이 다양해져 구매자를 끌어들이고, 늘어난 구매자 트래픽은 다시 더 많은 판매자를 유치했다. 여기에 더해, 구매자들이 남긴 상품 리뷰 데이터는 새로운 구매자에게 중요한 정보가 되어 구매 전환율을 높이는 또 다른 형태의 가치를 창출했다.

이처럼 네트워크 효과는 한번 구축되면 강력한 해자(Moat)가 되어 후발 주자의 진입을 막고 시장 지배력을 공고히 하는 힘을 발휘한다. 하지만 AI의 등장은 이 견고해 보였던 승자독식의 법칙에 새로운 변수를 던지고 있다.

TO-BE | 하이퍼네트워크 효과 - 연결될수록 학습하는 지능형 노드

전통적인 네트워크 효과가 '사람과 사람의 연결'에서 가치를 창출했다면, AI 시대의 네트워크 효과는 '사람과 데이터, 그리고 AI의 연결'이라는 새로운 차원에서 가치를 만들어낸다. AI는 단순히 기존 네트워크를 강화하는 보조 도구가 아니라, 네트워크 효과의 작동 방식 자체를 근본적으로 바꾸는 새로운 엔진이다. 이 변화의 핵심에는 '데이터 네트워크 효과'와, 이를 넘어선 'AI 하이퍼네트워크 효과'[1]라는 새로운 개념이 자리 잡고 있다.

1 인공지능 분야 기술 용어인 '하이퍼네트워크(Hypernetwork)'는 한 신경망이 다른 신경망의 가중치(weights)를 생성하는 특정 AI 아키텍처를 지칭하는 매우 기술적인 용어이고, 본서에서의 하이퍼네트워크 효과(Hypernetwork Effect)는 'AI 기반 피드백 루프를 통해 네트워크 전체의 가치와 개별 노드의 지능이 상호 증폭되는 현상'으로 새로운 경제 현상을 설명하기 위한 개념적 은유임

단순한 접속점에서 지능형 행위자로

전통적인 네트워크 이론에서 '노드'는 전화기, 컴퓨터, 혹은 소셜 미디어 계정과 같이 데이터를 주고받는 수동적인 단말기였다. 그 자체의 성능이나 기능은 고정되어 있으며, 네트워크의 가치는 이러한 고정된 노드들이 얼마나 많이 연결되어 있느냐에 따라 결정되었다. 그러나 인공지능(AI)의 시대는 '노드'의 정의를 근본적으로 바꾸어 놓았다.

오늘날의 AI 노드는 단순한 접속점이 아니라, 데이터를 처리하고 그로부터 학습하여 스스로의 행동과 성능을 개선하는 '지능형 행위자(Intelligent Agent)'다. 이 새로운 노드의 핵심에는 인공 신경망(Artificial Neural Network)이 있다. 인간의 뇌 신경세포(뉴런) 구조에서 영감을 받은 이 모델은 수많은 인공 뉴런(노드)들이 계층적으로 연결된 형태를 띤다. 각 노드는 입력 신호를 받아 가중치를 적용하고, 활성화 함수를 통해 계산된 결과를 다음 노드로 전달한다. 이 과정에서 AI는 데이터 속의 패턴을 학습하고, 예측이나 결정을 내리는 능력을 갖추게 된다.

가장 중요한 차이점은 AI 노드가 정보를 단순히 통과시키는 것이 아니라, 그 정보를 바탕으로 자신의 내부 상태, 즉 연결된 뉴런들 사이의 '가중치'를 스스로 수정한다는 점이다. 이것이 바로 '학습'이다. AI 노드는 경험을 통해 변화하고 성장하는 동적인 존재이며, 이 특성이 네트워크 전체의 역학을 완전히 새로운 차원으로 끌어올린다.

사례로 이해하기 | 우리 곁의 스스로 강화되는 AI 노드들

이러한 지능형 노드의 개념은 더 이상 이론 속에만 머물지 않는다. 이미 우리 일상 깊숙이 들어와 있으며, 세 가지 대표적인 사례를 통해 그 작동 방식을 명확히 이해할 수 있다.

- **스마트 스피커**

가정의 거실에 놓인 스마트 스피커(Amazon Alexa, Google Home 등)는 우리 집의 AI 노드다. 처음 사용할 때, 스피커는 사용자의 억양이나 불분명한 명령을 잘 알아듣지 못할 수 있다. 하지만 사용자와의 모든 상호작용-성공한 명령이든 실패한 명령이든—은 익명화된 데이터 형태로 클라우드 서버로 전송된다. 그곳에서 수백만 명의 다른 사용자들로부터 수집된 방대한 음성 데이터와 함께 중앙의 거대 언어 모델을 학습시키는 데 사용된다.

이 집단 학습의 결과로 개선된 모델은 다시 네트워크에 연결된 모든 개별 스피커에 적용된다. 그 결과, 나의 스마트 스피커는 내가 더 많이 사용할수록, 그리고 다른 사람들이 그들의 스피커를 더 많이 사용할수록 나의 말을 더 정확하게 알아듣게 된다. 즉, 개별 노드(스피커)의 성능이 네트워크 전체의 경험을 통해 지속적으로 향상되는 것이다.

- **자율주행차**

테슬라(Tesla)의 전기차는 바퀴 달린 정교한 AI 노드다. 이 차량들은 단순한 이동 수단이 아니라, 8개의 카메라와 각종 센서를 통해 주변 환경에 대한 방대한 시각 데이터를 실시간으로 수집하는 데이터 수집 장치다. 운전자가 자율주행 기능(Autopilot 또는 Full Self-Driving)을 사용하는 동안 발생하는 모든 상황, 특히 운전자가 개입해야만 했던 예외적인 '에지 케이스(edge case)'들은 가장 귀중한 학습 데이터가 된다.

이 데이터는 테슬라의 중앙 AI 슈퍼컴퓨터 '도조(Dojo)'로 전송되어, 전 세계 수백만 대의 차량(플릿, fleet)이 축적한 수십억 마일의 주행 데이터와 함께 분석된다. 이를 통해 테슬라의 자율주행 알고리즘은 도로 위에서 발생할 수 있는 거의 모든 시나리오에 대처하는 방법을 학습한다. 그리고 이 집단 지능의 결과물은 '무선 소프트웨어 업데이트(Over-the-Air, OTA)'를 통해 네트워크에 연결된 모든 차량에 배포된다. 그 결과, 어제까지는 대처하지 못했던 까다로운 도로 상황을 오늘 내 차가 능숙하게 처리할 수 있게 된다. 각 차량은 다른 모든 차량의 경험으로부터 학습하며, 네트워크 전체가 함께 더 안전하고 유능한 운전자로 진화한다.

• AI 코파일럿

깃허브 코파일럿(GitHub Copilot)은 개발자의 코딩 환경 안에 존재하는 AI 노드다. 이 AI 비서는 깃허브에 공개된 수십억 줄의 오픈소스 코드를 학습하여, 개발자가 작성하려는 코드의 맥락을 이해하고 다음 코드를 추천해준다. 여기서 더 나아가, 코파일럿은 개별 사용자와의 상호작용을 통해 학습한다. 개발자가 어떤 제안을 채택하고 어떤 제안을 거부하는지, 어떤 방식으로 코드를 수정하는지에 대한 데이터를 통해 사용자의 코딩 스타일과 선호도를 파악하고, 시간이 지날수록 더욱 개인화되고 정확한 추천을 제공하게 된다.

수백만 개발자들의 집단적인 코딩 경험이 중앙 AI 모델을 정교하게 다듬고, 그 결과가 다시 각 개발자의 코파일럿 성능을 향상시키는 선순환 구조가 만들어진다. 개발자 네트워크가 커질수록, 각 개발자가 사용하는 AI 노드는 더욱 유능한 '페어 프로그래머(pair programmer)'로 성장한다.

규모의 경제에서 지능의 경제로

이 세 가지 사례는 우리가 중대한 패러다임 전환의 한가운데에 있음을 명확히 보여준다.

전통적인 네트워크는 '규모의 경제(economy of scale)' 원리에 따라 작동했다. 이는 곧 사용자가 많아질수록 네트워크의 가치가 커지고, 이는 더 많은 사용자를 유치하는 힘이 되었다. 가치의 원천은 '연결의 수' 그 자체였다.

반면, AI 네트워크는 '지능의 경제(economy of intelligence)'라는

새로운 원리를 따른다. 이 네트워크에서 사용자의 증가는 단순히 연결의 수를 늘리는 것을 넘어, 중앙 AI를 학습시킬 '데이터의 양과 다양성'을 폭발적으로 증가시킨다. 이렇게 똑똑해진 AI는 다시 네트워크에 속한 모든 노드의 개별적인 성능과 지능을 향상시킨다. 여기서 가치의 핵심 원천은 '복리처럼 쌓이는 집단 지능'이다.

이러한 변화는 제품의 본질마저 재정의한다. 전통적인 자동차는 공장을 떠나는 순간 최고의 성능을 가지며, 시간이 지남에 따라 마모되고 가치가 하락한다. 그러나 테슬라와 같은 AI 네트워크 제품은 판매되는 순간이 성능의 최저점이며, 네트워크에 연결되어 데이터를 주고받으며 시간이 지날수록 그 성능과 가치가 오히려 '증가'하도록 설계되었다. 소비자는 더 이상 정적인 하드웨어를 구매하는 것이 아니라, 지속적으로 학습하고 발전하는 네트워크에 대한 '접근권'을 구매하는 셈이다. 이는 비즈니스 모델, 고객의 기대, 그리고 제품 수명 주기와 가치 하락에 대한 기존의 모든 통념을 뒤엎는 혁신이다.

결론적으로, 네트워크 상에서 AI 노드의 등장은 네트워크의 가치 창출 방식을 양적인 팽창에서 질적인 성장으로 바꾸고 있다. 이제 중요한 것은 단순히 얼마나 많은 노드가 연결되어 있느냐가 아니라, 그 노드들이 얼마나 빠르게 학습하고 네트워크 전체의 지능을 얼마나 효과적으로 증폭시키느냐이다(E.Kim & W.Lee, 2026).

이중 강화(Dual Amplification) – 네트워크와 노드가 함께 성장하는 마법

AI 노드의 등장이 가져온 가장 혁신적인 변화는 네트워크와 개별 노드 간의 관계를 근본적으로 재편했다는 점이다. 전통적인 네트워크 효과가 단방향적인 가치 증가, 즉 '노드 수의 증가 → 네트워크 가치 상승'이라는 하나의 축으로 설명되었다면, AI 시대의 네트워크는 두 개의 축이 서로를 증폭시키는 동적인 시스템으로 진화했다. 이 새로운 현상을 우리는 '이중 강화(Dual Amplification)'라고 정의한다.

이중 강화 현상이란, "네트워크의 확장(더 많은 노드의 추가)이 개별 노드의 성능 향상을 촉진하고, 동시에 향상된 노드들이 다시 네트워크 전체의 가치와 학습 속도를 가속화하는 상호 강화적인 선순환 고리"를 의미한다. 이 현상은 다음의 두 가지 동시적인 프로세스로 나눌 수 있다(E.Kim & W.Lee, 2026).

- **네트워크 → 노드 강화(Network-to-Node Enhancement):** 네트워크 전체가 수집한 방대한 데이터와 집단적 경험이 중앙 AI 모델을 통해 분석되고, 그 학습 결과가 네트워크에 속한 모든 개별 노드의 핵심 기능과 지능을 직접적으로 향상시킨다. 즉, 네트워크가 각 노드를 더 똑똑하게 만든다.
- **노드 → 네트워크 강화(Node-to-Network Enhancement):** 개별 노드의 성능이 향상됨에 따라, 노드는 더 복잡하고 다양한 환경에서 활동하며 이전보다 더 높은 품질의 데이터를 생성하게 된다. 이렇게 질적으로 우수해진 데이터는 다시 네트워크의 중앙 AI 모델에 공급되어, 전체 시스템의 학습 효율과 성장 속도를 더욱 빠르게 만든다. 즉, 똑똑해진 노드들이 네트워크를 더 강력하게 만든다.

이 두 프로세스는 서로의 꼬리를 무는 뱀처럼 끊임없이 순환하며, 네트워크의 가치와 노드의 지능을 동시에, 그리고 기하급수적으로 증폭시킨다.

사례로 이해하기 | 자율주행 네트워크

이중 강화 현상을 가장 명확하게 보여주는 사례는 앞서 언급한 자율주행차 네트워크다. 테슬라의 플릿(fleet)을 통해 이 효과가 실제로 어떻게 작동하는지 심층적으로 분석해 보면 다음과 같다.

- **네트워크 → 노드 강화의 실제:**

미국 캘리포니아의 어느 도로에서 한 테슬라 차량이 예기치 못한 비포장 공사 구간을 마주쳤다고 가정하자. 현재의 자율주행 시스템은 이 상황을 완벽하게 처리하지 못해 운전자가 개입하여 수동으로 운전한다. 바로 이 '운전자의 개입'이 가장 중요한 데이터가 된다. 차량의 센서는 운전자가 어떻게 핸들을 조작하고 속도를 조절했는지를 기록하여 테슬라의 중앙 서버로 전송한다. 서버에서는 이 데이터를 포함하여 전 세계 수백만 대의 차량이 겪은 수천, 수만 가지의 독특한 '에지 케이스(edge case)' 데이터를 종합하여 자율주행 AI 모델을 재학습시킨다.

몇 주 후, 개선된 알고리즘이 포함된 새로운 소프트웨어 업데이트가 무선으로(OTA) 배포된다. 이제 노르웨이의 오슬로를 주행하던 다른 테슬라 차량은 비슷한 공사 구간을 만났을 때, 캘리포니아에서 수집된 데이터를 통해 학습한 덕분에 운전자의 개입 없이도 능숙하게 해당 구간을 통과한다. 노르웨이의 차량(노드)은 단 한 번도 그런 경험을 한 적이 없지만, 네트워크를 통해 캘리포니아 차량의 경험을 전수받아 더 똑똑해진 것이다. 이것이 바로 '네트워크가 노드를 강화'하는 과정이다.

- **노드 → 네트워크 강화의 실제:**

초기의 자율주행 시스템은 고속도로와 같이 단순하고 예측 가능한 환경에서만 제한적으로 사용되었다. 그러나 소프트웨어 업데이트를 통해 시스템의 성능이 점차 향상되면서, 운전자들은 더 복잡한 도심 주행이나 악천후 상황에서도 자율주행 기능을 신뢰하고 사용하기 시작한다.

이는 네트워크에 엄청난 변화를 가져온다. 이전에는 수집할 수 없었던 '복잡한 도심 교차로에서의 비보호 좌회전'이나 '폭설이 내리는 도로에서의 차선 유지'와 같은 매우 희소하고 가치 높은 데이터가 대량으로 유입되기 시작한다. 즉, 똑똑해진 노드들이 이제는 네트워크의 '더 훌륭한 교사'

역할을 하게 되는 것이다. 이 고품질 데이터는 중앙 AI의 학습 곡선을 더욱 가파르게 만들어, 전체 네트워크의 발전 속도를 비약적으로 끌어올린다. 이것이 '노드가 네트워크를 강화'하는 과정이다(Wirthmüller, F., et al., 2020).

하이퍼네트워크 효과의 엔진: 학습, 데이터, 알고리즘의 재귀적 순환

이중 강화 현상을 가능하게 하는 내부 엔진은 학습, 데이터, 그리고 알고리즘이 서로 맞물려 돌아가는 '재귀적 순환(Recursive Loop)'구조에 있다. 이 구조야말로 이 장의 핵심 개념인 '하이퍼네트워크 효과(Hypernetwork Effect)'를 구동하는 심장부다. 하이퍼네트워크 효과는 시스템의 결과물(더 똑똑해진 노드)이 다시 시스템의 다음 사이클을 위한 핵심 입력값(더 좋은 데이터)이 되는 구조를 통해 재귀적으로 작동한다. 이 재귀적 순환 구조는 다음과 같은 4단계로 설명할 수 있다.

1) **데이터 생성(Data Generation):** 네트워크의 수많은 지능형 노드들이 현실 세계와 상호작용하며 방대한 양의 데이터를 생성한다.
2) **중앙 집중식 학습(Centralized Learning):** 생성된 데이터는 클라우드를 통해 중앙 인프라로 집결되어 거대한 글로벌 AI 모델을 훈련시킨다.
3) **알고리즘 강화(Algorithmic Enhancement):** 집단 학습을 통해 중앙 AI 모델 자체가 더 나은 버전으로 '진화'한다.

4) 분산형 배포(Decentralized Deployment): 강화된 최신 버전의 알고리즘은 다시 네트워크를 통해 모든 개별 노드에 배포되어 즉각적으로 성능을 업그레이드한다.

이 4단계의 순환 고리가 빠르고 효율적으로 반복될수록, 하이퍼네트워크의 지능은 눈덩이처럼 불어난다. 이 엔진을 구동하는 핵심 연료는 바로 '데이터'다. 하이퍼네트워크는 단순히 데이터를 많이 모으는 것을 넘어, 스스로 '학습에 가장 유용한 데이터'를 생성해내는 시스템이다.

하이퍼네트워크 효과의 가치 공식 : 연결 × 학습

지능을 갖고 스스로 학습하며 진화하는 AI 노드들로 구성된 '하이퍼 네트워크'의 가치는 어떻게 표현해야 할까? 그 가치는 두 가지 핵심 요소의 곱으로 결정된다. 첫째는 전통적인 네트워크 효과의 원천인 '연결의 가치'이며, 둘째는 AI 시대의 새로운 가치 증폭기인 '노드 자체의 성능 강화'다. 이를 반영하여, '네트워크 효과 2.0' 시대를 위한 새로운 가치 공식을 다음과 같이 제안할 수 있다.

네트워크 가치(Network Value) $\propto$ $n^2 \times f$(노드 성능 강화율)

이 공식에서 n^2은 메트칼프의 법칙에서 가져온 항으로, 네트워크의 규모가 커질수록 잠재적 상호작용이 늘어나는 전통적인 네트워크 가치를 나타낸다. f(노드 성능 강화율) 항이 바로 하이퍼네트워크 효과의 핵심을 담고 있는 새로운 변수다. 여기서 f는 함수를 의미하며, '노드 성능 강화율'은 네트워크를 통해 각 노드의 지능이나 효율성이 얼마나 빠르게 향상되는지를 나타내는 지표다. 이 강화율은 데이터의 양과 질, 알고리즘의 학습 효율, 그리고 재귀적 순환의 속도에 의해 결정된다.

이 공식이 시사하는 바는 명확하다. AI 시대의 네트워크 가치는 단순히 사용자 수(n)를 늘리는 것만으로는 극대화될 수 없다. 사용자 수를 늘리는 동시에, 그들로부터 얻는 데이터를 통해 각 노드의 성능을 얼마나 효과적으로, 그리고 빠르게 강화시키느냐에 따라 전체 네트워크의 가치가 곱셈으로 증폭된다. 만약 노드의 성능 강화율이 0이라면(f=1), 이 공식은 전통적인 메트칼프의 법칙으로 회귀한다. 그러나 이 강화율이 0보다 크고 계속해서 증가한다면, 네트워크의 가치는 n^2을 훨씬 뛰어넘는 폭발적인 성장을 보이게 된다(E.Kim & W.Lee, 2026).

● 표 네트워크 가치 법칙의 진화

법칙	핵심 가치	공식	주요 한계
사노프의 법칙 (Sarnoff's Law)	방송 가치	$V \propto n$	일대다 방송, 수동적 사용자
메트칼프의 법칙 (Metcalfe's Law)	연결 가치	$V \propto n^2$	모든 연결이 동등하다고 가정, 정적 노드
리드의 법칙 (Reed's Law)	그룹 가치	$V \propto 2n$	모든 그룹 동등 가정, 인지적 한계 무시
하이퍼네트워크 법칙 (Hypernetwork Law)	연결가치 및 학습 가치	$V \propto n^2$ ×f(노드학습)	지능을 갖춘 학습하는 노드 증폭 효과 포함

● **그림 하이퍼네트워크 효과**

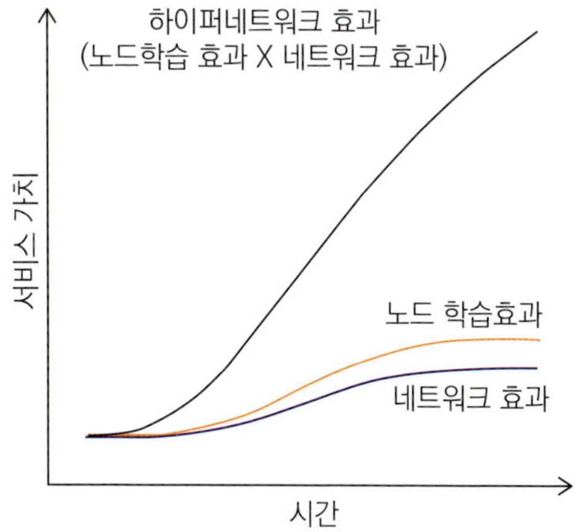

Strategy | 네트워크의 확대와 노드 강화

하이퍼네트워크 효과는 기업의 경쟁 우위를 결정하는 공식을 다시 쓰고 있다. 이제 기업의 가치는 단순히 연결된 사용자 수에 비례하는 것이 아니라, 그 사용자 네트워크를 통해 얼마나 빠르게 학습하고 진화하는지에 따라 결정된다. 과거의 승자독식 법칙이 가장 큰 네트워크를 먼저 구축하는 기업에게 유리했다면, 이제는 가장 빠르게 학습하는 기업이 시장을 지배하게 될 것이다. 이러한 새로운 경쟁 환경에서 살아남고 승리하기 위해서는 과거의 성공 방정식을 버리고, 하이퍼네트워크의 본질인 '학습'과 '강화'를 중심으로 전략을 재설계해야 한다.

전략 1

제품을 단순한 서비스가 아닌 '학습 탐침'으로 설계하라

하이퍼네트워크 효과의 핵심 동력은 '이중 강화' 루프, 특히 똑똑해진 노드가 네트워크 전체의 학습 속도를 가속하는 '노드 → 네트워크 강화' 과정에 있다. 이 과정을 극대화하기 위한 첫 번째 전략은 제품에 대한 관점을 근본적으로 바꾸는 것이다. 즉, 제품을 단순히 고객에게 특정 기능을 제공하는 완성된 서비스로 볼 것이 아니라, 네트워크의 중앙 AI를 학습시키기 위한 데이터를 수집하는 능동적인 '학습 탐침(Learning Probe)'으로 설계해야 한다. 이는 2장의 데이터 주도 전략이 이미 존재하는 데이터를 활용하는 수동적 관점이라면, 한 걸음 더 나아가 제품 기획 단계부터 데이터 수집 자체를 핵심 기능으로 내재화하는 능동적이고 의도적인 접근이다.

이를 실행하기 위해 기업은 제품의 모든 사용자 인터페이스와 상호작용을 데이터 수집의 기회로 재정의해야 한다. 예를 들어, AI 코딩 비서인 깃허브 코파일럿은 개발자가 AI의 코드 추천을 채택하는지, 거부하는지, 혹은 어떻게 수정하는지에 대한 모든 데이터를 수집한다. 이 데이터는 단순한 사용 기록이 아니라, 어떤 추천이 유용하고 어떤 추천이 그렇지 않은지에 대한 가장 가치 있는 정보다. 이처럼 제품은 사용자의 모든 선택과 행동을 통해 무엇이 효과적이고 무엇이 그렇지 않은지를 끊임없이 질문하고 배우는 탐침의 역할을 수행해야 한다.

더 나아가, 기업은 사용자가 '가장 가치 있는 데이터'를 제공하도록 유도하는 메커니즘을 설계해야 한다. 테슬라의 자율주행 시스템에서 가장 중요한 데이터는 운전자가 개입해야만 했던 예외적인 상황, 즉 '에지 케이스(edge case)'에서 나온다. 이러한 데이터는 AI가 아직 학습하지 못한 미지의 영역을 보여주기 때문에 평범한 주행 데이터 수백만 건보다 훨씬 가치가 높다. 따라서 기업은 사용자가 이러한 예외 상황을 적극적으로 보고하도록 장려하는 시스템을 구축할 수 있다. 예를 들어, 자율주행 중 시스템이 실수했을 때 운전자가 간단한 버튼 조작이나 음성 명령으로 해당 상황을 '오답 노트'처럼 기록하고 전송하게 하는 것이다. 이러한 데이터 제공 행위에 대해 보상을 제공하는 것도 효과적인 전략이 될 수 있다. 이처럼 제품을 학습 탐침으로 설계하는 것은 사용자를 수동적인 소비자에서 AI 모델을 훈련시키는 능동적인 파트너로 전환시키며, 이는 하이퍼네트워크의 학습 속도를 비약적으로 향상시키는 가장 강력한 엔진이 된다.

전략 2

실시간 집단 학습을 위한 '디지털 신경망'을 구축하라

하이퍼네트워크 효과의 또 다른 축은 네트워크 전체의 집단 지능이 개별 노드의 성능을 실시간으로 향상시키는 '네트워크 → 노드 강화' 과정이다. 이 과정을 원활하게 만들기 위한 두 번째 전략은 네트워크의 중앙 AI와 수백만 개의 분산된 노드(제품)를 끊김없이 연결하여, 학습과 배포가 거의 실시간으로 이루어지는 '디지털 신경망(Digital Nervous System)'을 구축하는 것이다. 이는 단순히 소프트웨어를 업데이트하는 기술적 차원을 넘어, 데이터 수집,

중앙 학습, 그리고 알고리즘 배포의 전 과정을 하나의 유기적인 폐쇄 루프(Closed-loop) 시스템으로 통합하는 아키텍처 전략이다.

이러한 디지털 신경망의 가장 대표적인 사례는 테슬라의 무선 소프트웨어 업데이트(Over-the-Air, OTA) 시스템이다. 전 세계 수백만 대의 차량이 주행하며 수집한 데이터는 중앙 AI 슈퍼컴퓨터로 전송되어 자율주행 알고리즘을 재학습시키는 데 사용된다. 그리고 이렇게 개선된 알고리즘은 다시 OTA를 통해 네트워크에 연결된 모든 차량에 배포되어 성능을 향상시킨다. 이 과정이 불과 몇 주 만에 이루어지면서, 네트워크 전체가 하나의 거대한 학습 유기체처럼 함께 진화한다. 이는 전통적인 자동차 산업에서는 상상조차 할 수 없었던 속도다.

디지털 신경망을 구축하기 위해 기업은 몇 가지 핵심 역량을 확보해야 한다. 첫째, 강력한 클라우드 기반 데이터 및 AI 인프라가 필수적이다. 수백만 개의 노드로부터 실시간으로 쏟아지는 방대한 데이터를 수집, 저장, 처리하고, 거대한 AI 모델을 효율적으로 학습시킬 수 있는 컴퓨팅 파워를 갖추어야 한다. 둘째, 안전하고 신뢰할 수 있는 대규모 소프트웨어 배포 시스템이 필요하다. OTA 업데이트는 단순히 새로운 기능을 추가하는 것을 넘어, 차량의 제어와 같이 안전에 직결되는 핵심 기능을 수정할 수 있으므로, 배포 과정의 모든 단계에서 철저한 검증과 보안이 보장되어야 한다. 셋째, 제품의 하드웨어와 소프트웨어 아키텍처를 처음부터 이러한 지속적인 업데이트를 염두에 두고 설계해야 한다. 제품의 핵심 기능이 소프트웨어에 의해 정의되고 제어될 수 있도록 유연한 모듈식 구조를 채택해야 한다. 이처럼 잘 구축된 디지털 신경망은 하이퍼네트워크의 학습 결과를 모든 사용자에게 즉각적으로 전파하여 '네트워크 → 노드 강화' 루프의 속도를 극대화하고, 이는 다시 더 좋은 데이터를 생성하는 선순환으로 이어진다.

전략 3

'승자독식'에서 '학습자 독식'으로 경쟁의 패러다임을 전환하라

하이퍼네트워크 효과는 경쟁의 본질을 바꾸어 놓는다. 전통적인 네트워크 효과가 사용자 수를 극대화하여 시장을 선점하는 '승자독식(Winner-Takes-All)'의 논리를 따랐다면, 하이퍼네트워크는 학습 루프의 속도와 효율성을 극대화하여 경쟁자보다 빠르게 똑똑해지는 '학습자 독식(Learner-Takes-All)'의 논리를 따른다. 따라서 세 번째 전략은 기업의 핵심 성공 지표(KPI)와 경쟁 전략의 초점을 단순히 사용자 수(n)의 확대에서 학습 속도, 즉 '노드 성능 강화율(f)'의 극대화로 전환하는 것이다.

이를 위해 기업은 먼저 학습 속도를 측정하고 관리할 수 있는 새로운 지표를 개발해야 한다. 예를 들어, '단위 시간당 수집되는 에지 케이스 데이터의 수', 'AI 모델의 성능 개선 주기(업데이트 빈도)', '새로운 기능에 대한 사용자 채택률 및 피드백 수집 속도' 등이 새로운 핵심 성과 지표가 될 수 있다. 이러한 지표를 중심으로 조직의 목표를 재정렬하고 자원을 배분함으로써, 기업의 모든 활동이 하이퍼네트워크의 학습 루프를 더 빨리 돌리는 데 집중되도록 해야 한다.

또한, 비즈니스 모델 자체를 학습 속도를 가속하는 방향으로 설계해야 한다. OpenAI가 ChatGPT를 전 세계 수억 명의 사용자에게 무료로 공개한 것은 단순히 사용자 수를 늘리기 위한 전략이 아니었다. 이는 전 세계 사용자들과의 상호작용을 통해 인간의 언어와 의도에 대한 방대한 데이터를 수집하고, 이를 통해 모델을 개선하려는 거대한 데이터 수집 및 학습 전략이었다. 즉, 초기 시장에서는 수익성보다 학습 기회를 우선시하는 과감한 투자가 필요할 수 있다. 이는 제품의 가치가 판매 시점에 고정되는 것이 아니라, 판매 이후 네트워크를 통해 지속적으로 증가한다는 하이퍼네트워크의 본질적 특성에 기반한 전략이다.

결론적으로, AI는 네트워크의 모든 노드를 단순한 접속점에서 학습하는 행위자로 바꾸어 놓았다. 이는 네트워크의 가치 창출 방식을 양적인 팽창에서 질적인 성장으로 전환시켰다. 이제 중요한 것은 단순히 얼마나 많은 노드가 연결되어 있느냐가 아니라, 그 노드들이 얼마나 빠르게 학습하고 네트워크 전체의 지능을 얼마나 효과적으로 증폭시키느냐이다. 제품을 학습 탐침으로 설계하고, 실시간 학습을 위한 디지털 신경망을 구축하며, 경쟁의 목표를 학습 속도 자체에 두는 기업만이 하이퍼네트워크 시대의 진정한 승자가 될 것이다.

5장

제품혁신 vs 공정혁신: AI가 파괴한 혁신의 이분법

AS-IS | 산업 시대의 성공 공식: 제품과 공정 혁신의 정해진 릴레이

모든 산업의 발전사에는 보이지 않는 질서가 있다. 바로 무엇을 만들 것인가(제품 혁신)와 어떻게 만들 것인가(공정 혁신) 사이의 역동적인 관계이다. 이 두 가지 혁신은 마치 계주(Relay Race)의 주자들처럼, 한 주자가 전력 질주를 마친 뒤 다음 주자에게 바통을 넘겨주며 산업 전체의 발전을 이끌어왔다. 1970년대, 제임스 어터백(James Utterback)과 윌리엄 애버내시(William Abernathy)는 이 질서 정연한 바통 터치의 패턴을 분석하여 산업이 어떻게 태동하고, 성장하며, 성숙해 가는지를 설명하는 강력한 모델을 제시했다. 이 어터백-애버내시 모델은 지난 수십 년간 산업 시대의 혁신을 이해하는 가장 중요한 청사진 역할을 해왔다. AI가 이 모든 규칙을 어떻게 다시 쓰고 있는지를 이해하기 위해서는, 먼저 이 고전적인 모델이 그려낸 혁신의 릴레이를 이해해야 한다.

산업은 어떻게 자라나는가?: 제품혁신과 공정혁신의 릴레이

어터백-애버내시 모델은 신생 산업이 시간이 지남에 따라 예측 가능한 세 가지 단계를 거치며 진화한다고 설명한다. 각 단계는 제품 혁신과 공정 혁신의 상대적 중요성, 경쟁의 성격, 그리고 시장 구조에 따라 뚜렷한 특징을 보인다(Abernathy & Utterback, 1978).

• 1단계: 유동적 단계(The Fluid Phase) – '무엇이든 가능한' 실험의 시대

모든 산업의 시작은 혼돈과 가능성으로 가득 찬 유동적 단계에서 비롯된다. 이 시기에는 기술적으로나 시장으로 보나 모든 것이 불확실하다. 아직 시장이 무엇을 원하는지 명확하지 않고, 기술의 잠재력도 완전히 검증되지 않았다. 비유하자면, 수많은 요리사가 각자 다른 레시피로 세상에 없던 새로운 요리를 만들어 손님들의 반응을 살피는 것과 같다.

따라서 수많은 작은 신생 기업들이 각기 다른 아이디어와 디자인을 들고나와 치열한 경쟁을 벌인다. 이 단계의 핵심 동력은 단연 급진적 제품 혁신(Radical Product Innovation)이다. 기업들은 "어떻게 하면 더 싸게 만들까?"를 고민하기보다 "어떻게 하면 완전히 새로운 기능과 성능을 가진 제품을 만들까?"에 모든 역량을 집중한다. 생산 방식은 아직 표준화되지 않았고, 대부분 손으로 만들거나 여러 용도로 쓸 수 있는 범용 장비에 의존하는 유연한 형태를 띤다. 제품의 디자인이 계속해서 바뀌기 때문에, 특정 제품에 최적화된 대규모 생산 라인을 미리 만드는 것은 오히려 위험하기 때문이다. 이 시기에는 새로운 제품을 만들어내는 혁신의 속도가 그것을 만드는 방법을 개선하는 혁신의 속도를 압도한다.

• 2단계: 과도적 단계(The Transitional Phase) – '승자의 등장'과 표준의 탄생

치열한 실험과 경쟁이 계속되면서, 시장은 서서히 특정 제품 형태와 기능의 조합에 대한 선호를 보이기 시작한다. 여러 경쟁 디자인 중에서 시장의 가장 폭넓은 지지를 받는 하나의 표준, 즉 지배적 디자인(Dominant Design)이 등장하면서 산업은 전환적 단계로 진입한다.

지배적 디자인의 등장은 산업의 경쟁 구도를 근본적으로 바꾼다. 이제 기업들은 완전히 새로운 제품을 만드는 데 집중하기보다, 정해진 표준 디자인을 기반으로 제품을 개선하고 더 효율적으로 생산하는 방법을 고민하기 시작한다. 제품 혁신의 빈도는 점차 줄어드는 반면, 주요 공정 혁신(Major Process Innovation)이 활발하게 일어나기 시작한다. 표준화된 제품을 대량으로 생산하기 위한 전문 설비가 도입되고, 생산 공정은 점차 체계화된다. 이 단계에서 살아남지 못한 수많은 기업들이 시장에서 퇴출당하면서, 소수의 기업들이 시장을 주도하는 구조의 기반이 마련된다.

- **3단계: 경화기 단계(The Specific Phase) – '효율성'과 가격 경쟁의 시대**

지배적 디자인이 확고하게 자리 잡으면, 산업은 안정과 성숙을 의미하는 고정적 단계에 들어선다. 이 단계에서 제품의 형태는 거의 변하지 않으며, 혁신의 초점은 거의 전적으로 점진적 공정 혁신(Incremental Process Innovation)으로 이동한다. 기업들의 유일한 목표는 "어떻게 하면 1원이라도 더 싸게, 1초라도 더 빠르게 만들 것인가"가 된다.

생산 공정은 고도로 자동화되고, 특정 제품 생산에만 최적화된 전용 설비들로 가득 찬다. 대량 생산을 통한 원가 절감, 즉 규모의 경제가 경쟁의 가장 중요한 무기가 되며, 가격 경쟁이 시장을 지배한다. 시장은 소수의 거대 기업들이 지배하는 과점(Oligopoly) 또는 독점 형태로 굳어진다. 이 고도로 최적화된 시스템은 변화에 대한 저항이 매우 커져, 새로운 파괴적 제품 혁신이 등장했을 때 제대로 대응하지 못하고 몰락의 길을 걷기도 한다.

● **그림 제품혁신, 공정혁신**

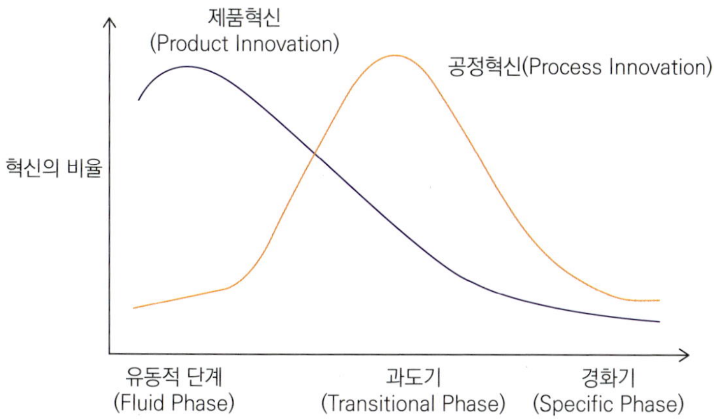

게임의 규칙을 정하다: '지배적 디자인'의 막강한 힘

어터백-애버내시 모델의 심장에는 지배적 디자인이라는 개념이 있다. 지배적 디자인이란, 기술적으로 가장 뛰어난 디자인이 아니라, 시장의 가장 폭넓은 지지를 얻어 사실상의 산업 표준(de facto standard)이 된 제품의 기본 설계(아키텍처)를 의미한다.

지배적 디자인의 등장은 산업에 다음과 같은 안정성과 예측 가능성을 부여하는 중요한 전환점이다.

1) **불확실성 감소:** 소비자들은 더 이상 어떤 기술 방식이 살아남을지 고민할 필요 없이 안심하고 제품을 구매할 수 있다.

2) **경쟁의 방향 전환:** 기업들은 제품의 기본 형태를 놓고 싸우는 것을 멈추고, 가격, 품질, 생산 효율성과 같은 다른 차원에서 경쟁을 시작한다.

3) **규모의 경제 실현:** 제품이 표준화되면서 대량 생산이 가능해지고, 이는 생산 비용의 급격한 하락으로 이어진다.

4) 보완재 시장의 성장: 지배적 디자인을 중심으로 소프트웨어, 액세서리, 부품, 서비스 등 관련 산업 생태계가 형성되고 함께 성장한다.

역사적으로 QWERTY 키보드, 마이크로소프트의 윈도우 운영체제, 그리고 비디오테이프 시장의 VHS 방식은 모두 기술적 우월성보다는 다양한 시장 요인에 의해 지배적 디자인으로 자리 잡은 대표적인 사례다. 이처럼 지배적 디자인은 한번 확립되면 강력한 고착 효과(Lock-in effect)를 만들어내며, 이후 수십 년간 산업의 기술 발전 경로를 결정짓는 역할을 한다.

사례로 이해하기 | 세상을 바꾼 자동차, 모델T: 혁신 릴레이의 완벽한 교과서

어터백-애버내시 모델의 역동적인 과정을 보여주는 대표적인 사례는 20세기 초 자동차 산업의 역사, 특히 포드(Ford)의 모델T(Model T)의 등장이다. 1900년대 초반의 자동차 산업은 그야말로 유동적 단계의 혼돈 그 자체였다. 증기, 전기, 가솔린 등 다양한 동력 방식이 경쟁했고, 자동차의 형태도 마차와 비슷한 것부터 오늘날과 유사한 것까지 수백 가지 디자인이 난립했다. 당시 자동차는 소수의 부유층을 위한 사치품이었고, 대부분의 자동차 회사는 소량의 맞춤형 자동차를 생산하는 작은 공방 수준이었다. 이 시기 모든 기업의 관심은 "어떻게 하면 더 멀리, 더 빨리 가는 자동차를 만들까"라는 제품 혁신에 집중되어 있었다.

이러한 혼돈 속에서 1908년, 헨리 포드는 모델T를 세상에 내놓았다. 모델T는 당시 가장 빠르거나 가장 화려한 자동차는 아니었다. 하지만 포드는 대중이 원하는 것이 무엇인지를 정확히 꿰뚫어 보았다. 바로 저렴한 가격, 단순한 구조, 뛰어난 내구성, 그리고 쉬운 운전이었다. 모델T는 가볍고 튼튼한 바나듐강을 사용했고, 높은 차체로 비포장도로를 잘 달렸으며, 조작이 간편한 변속기를 갖추는 등 대중 시장의 요구를 완벽하게 충족시키는 기능들의 조합을 제시했다.

모델T는 폭발적인 인기를 끌며 자동차 산업의 지배적 디자인으로 빠르게 자리 잡았다. 사람들은 더 이상 '어떤 형태의 자동차를 사야 할까'를 고민하지 않았다. '자동차'는 곧 '모델T'와 동의어가 되었다. 제품 혁신의 릴레이는 이제 끝났고, 바통은 공정 혁신으로 넘어갔다.

모델T라는 지배적 디자인이 확립되자, 헨리 포드의 관심은 제품 혁신에서 공정 혁신으로 완전히 이동했다. 그의 유일한 목표는 모델T를 '어떻게 하면 더 싸고 더 많이 만들 수 있을까'가 되었다. 그 해답이 바로 1913년에 도입된 이동식 조립 라인(Moving Assembly Line), 즉 컨베이어 벨트 시스템이었다.

이 혁명적인 공정 혁신은 자동차 생산성을 극적으로 끌어올렸다. 조립 라인 도입 이전 12시간이 넘게 걸렸던 섀시 조립 시간은 단 90분으로 단축되었다. 생산성이 높아지자 가격은 급격히 하락했다. 1908년 850달러였던 모델T의 가격은 1920년대 중반에는 300달러 이하로 떨어졌다. 이로써 자동차는 부유층의 전유물에서 평범한 중산층도 소유할 수 있는 대중적인 제품으로 거듭났다. 포드는 "어떤 색상이든 원하는 대로 가질 수 있습니다. 단, 그것이 검은색이기만 하다면"이라는 유명한 말을 남겼는데, 이는 제품의 다양성을 희생하는 대신 공정의 효율성을 극대화하여 가격 경쟁력을 확보하겠다는 고정적 단계의 철학을 상징적으로 보여준다.

이처럼 자동차 산업의 역사는 어터백-애버내시 모델이 예측한 대로, 유동적 단계의 급진적 제품 혁신에서 출발하여, 지배적 디자인의 등장을 거쳐, 고정적 단계의 점진적 공정 혁신으로 무게 중심이 이동하는 전형적인 패턴을 보여주었다.

TO-BE | 디지털과 AI가 파괴한 제품혁신과 공정혁신의 분리

어터백-애버내시 모델은 자동차, 철강, 가전제품 등 20세기 제조업의 혁신 동역학을 설명 하는 데 매우 강력한 틀을 제공했다. 이 모델의 핵심 전제는 제품 혁신과 공정 혁신이 비교적 명확하게 구분되고, 시간의 흐름에 따라 순차적으로 우위가 바뀐다는 것이었다. 그러나 소프트웨어와 인터넷이 세상을 집어삼키고, 인공지능(AI)이 모든 산업에 스며들기 시작하면서 이 오래된 청사진은 심각한 도전에 직면하게 되었다. 디지털 세계에서는 제품과 공정의 경계가 흐려지고, 두 혁신은 더 이상 순차적으로 릴레이를 하지 않는다. 대신, 서로를 끊임없이 강화하며 함께 진화하는 새로운 융합의 시대를 열고 있다.

'완성품'의 종말: 소프트웨어가 바꾼 혁신의 규칙

어터백-애버내시 모델이 그려낸 세상과 오늘날 디지털 세상의 가장 근본적인 차이는 '제품'의 본질이 바뀌었다는 점이다. 포드의 모델T는 공장 문을 나서는 순간 완성된 고정된 실체였다. 시간이 지나면서 낡고 마모될 뿐, 그 기능이 저절로 향상되지는 않는다. 그러나 오늘날 우리가 사용하는 소프트웨어, 특히 서비스형 소프트웨어(SaaS)는 정반대의 특성을 가진다.

SaaS 제품은 결코 완성되지 않는다. 오히려 출시되는 순간이 가장 낮은 성능의 상태이며, 이후 지속적인 업데이트를 통해 끊임없이 진화하고 개선된다. 마이크로소프트 오피스나 어도비 포토샵과 같은 소프트웨어는 이제 CD로 구매하는 패키지가 아니라, 매달 구독료를 내고 사용하는 서비스다. 개발자들은 '지속적 통합/지속적 배포(CI/CD)'라는 개발 프로세스를 통해 거의 매일 또는 매주 새로운 기능, 버그 수정, 보안 패치를 사용자에게 제공한다(Ståhl, D. et al., 2014).

이러한 지속적인 혁신(Continuous Innovation) 모델은 어터백-애버내시 모델의 단계 구분을 무의미하게 만든다(Alt, Auth, & Kögler, 2021). 소프트웨어 산업에서는 '지배적 디자인'이 등장한 후에도 제품 혁신이 멈추지 않는다. 오히려 사용자 피드백과 데이터 분석을 통해 제품은 끊임없이 새로운 기능과 개선점을 추가하며 진화한다. 여기서 제품 혁신은 공정 혁신(CI/CD와 같은 효율적인 개발 및 배포 프로세스)과 분리될 수 없는 하나의 통합된 활동이 된다. 효율적인 공정이 더 빠른 제품 혁신을 가능하게 하고, 새로운 제품 기능에 대한 사용자 데이터가 다시 공정을 개선하는 데 사용되는 선순환 구조가 만들어진다.

AI, 제품이자 과정이 되다: 혁신의 새로운 정의

인공지능은 제품과 공정의 경계를 허무는 현상을 극단으로 밀어붙인다. AI는 그 자체로 혁신적인 '제품'인 동시에, 다른 제품과 프로세스를 혁신하는 강력한 과정이기 때문이다. 이러한 이중성은 AI 기반 제품의 핵심적인 특징인 '데이터 피드백 루프'에서 비롯된다(Katsamakas & Pavlov, 2020). 사용자가 AI 제품을 사용하면 그 상호작용이 데이터로 수집되고, 이 데이터는 AI 모델을 학습시키는 공정에 투입되어 알고리즘을 더 똑똑하게 만든다. 더 똑똑해진 AI는 사용자에게 더 정확하고 개인화된 경험을 제공하며, 이는 다시 제품의 가치를 높인다.

이처럼 AI 시대에는 제품의 사용이 곧 공정의 개선으로 이어지고, 개선된 공정이 다시 제품의 가치를 높이는 과정이 실시간으로, 그리고 끊임없이 반복된다. 제품 혁신과 공정 혁신은 더 이상 분리된 채 순차적으로 일어나는 것이 아니라, 하나의 닫힌 고리 안에서 서로를 강화하며 동시에 일어나는 동시적 진화(Concurrent Evolution)의 형태를 띤다.

왜 AI는 '지배적 디자인' 이후의 규칙을 바꾸는가?

어터백-애버내시 모델의 핵심은 '지배적 디자인'이 등장하면, 혁신의 무게 중심이 '제품'에서 '공정'으로 넘어간다는 것이었다. 왜냐하면 물리적 제품의 시대에는 일단 표준이 정해지면 제품 자체를 바꾸는 것이 매우 어렵고 비용이 많이 들었기 때문이다. 포드가 모델T의 색상을 검은색으로 통일한 이유는, 검은색 페인트가 가장 빨리 마르기 때문에 컨베이어 벨트의 속도를 높일 수 있었기 때문이다. 즉, 공정의 효율성을 위해 제품의 다양성(제품 혁신)을 희생한 것이다.

하지만 AI와 소프트웨어는 다음과 같은 이유로 이 규칙을 완전히 파괴한다.

첫째, 디지털 제품의 변경 비용은 거의 '0'에 가깝다. 새로운 기능을 추가하거나 디자인을 바꾸기 위해 공장을 새로 지을 필요가 없다. 소프트웨어 업데이트는 거의 즉각적으로, 그리고 전 세계 모든 사용자에게 동시에 배포될 수 있다. 이는 지배적 디자인이 등장한 후에도 '제품 혁신'을 멈출 이유가 전혀 없다는 것을 의미한다. 오히려 끊임없이 제품을 개선하지 않으면 순식간에 경쟁에서 뒤처지게 된다.

둘째, AI 시대의 '공정'은 '학습'이다. AI 제품의 핵심 공정은 더 이상 컨베이어 벨트가 아니라, 데이터를 통해 AI 모델을 학습시키고 개선하는 과정이다. 그런데 이 학습 과정은 제품의 사용과 분리될 수 없다. 사용자가 제품을 많이 사용할수록 더 많은 데이터가 쌓이고, 이 데이터는 AI라는 '공정'을 더 효율적으로 만든다. 그리고 더 똑똑해진 AI는 다시 더 나은 '제품' 경험을 제공한다.

결론적으로, 산업 시대에는 제품 혁신이 멈추고 나서야 공정 혁신이 본격화되었다. 하지만 AI 시대에는 제품 혁신과 공정 혁신(학습)이 서로를 먹이로 삼아 함께 성장하는 공생 관계가 되었다. 제품이 개선되어야 더 좋은 데이터가 나오고, 더 좋은 데이터가 있어야 공정이 개선되어 다시 제품을 개선할 수 있다. 이 둘의 관계는 더 이상 순서가 정해진 릴레이가 아니라, 서로를 끌어안고 함께 회전하며 끝없이 가속하는 학습 루프(Learning Loop)와 같다.

사례로 이해하기 | 테슬라와 자라, 새로운 혁신 공식을 증명한다.

테슬라와 자라는 이러한 새로운 혁신의 공식을 잘 보여준다. 테슬라는 물리적인 하드웨어 제품에 동시적 진화의 패러다임을 성공적으로 구현한 대표적인 사례다. 테슬라의 기가 프레스(Giga Press)는 수십 개의 개별 부품을 용접하여 만들던 자동차의 차체 하부를 거대한 알루미늄 주조물 하나로 찍어내는 혁명적인 공정 혁신이다. 전통적인 모델에 따르면, 이러한 급진적인 공정 혁신은 고정적 단계에서나 나타나야 한다. 그러나 테슬라는 전기차 시장이 아직 유동적 단계에 가까운 시점에 이 혁신을 감행했다. 더 중요한 것은, 이 공정 혁신이 제품 혁신과 분리되지 않았다는 점이다. 차체를 통째로 찍어내는 방식은 자동차의 구조 설계를 완전히 바꾸어야만 가능하기에, 테슬라는 새로운 제품을 만들기 위해 새로운 공정을 개발했고, 동시에 새로운 공정의 잠재력을 극대화하기 위해 제품을 새롭게 설계했다. 또한 테슬라 자동차는 무선 소프트웨어 업데이트(Over-the-Air, OTA)를 통해 지속적으로 새로운 기능을 추가하고 성능을 개선한다. 이는 OTA라는 효율적인 공정을 통해 끊임없는 제품 혁신이 이루어지는 것이다. 더 나아가, 전 세계 수백만 대의 테슬라 차량이 주행하며 수집하는 데이터는 자율주행 AI 모델을 학습시키는 데 사용되며, 이 학습 공정은 다시 소프트웨어 업데이트를 통해 모든 차량의 자율주행 제품 성능을 향상시킨다.

패스트 패션의 대명사 자라(Zara)는 전통적인 의류 산업의 혁신 역학을 파괴한 또 다른 사례다. 전통적인 패션 산업은 1년에 두 번 컬렉션을 발표하는 계절적 사이클을 따르며, 제품 혁신(디자인)이 먼저 일어나고 그 후 효율적인 대량 생산 공정이 뒤따르는 어터백 모델의 전형적인 모습이다. 그러나 자라는 이 선형적이고 느린 모델을 데이터 기반의 순환 모델로 바꾸었다. 전 세계 매장의 판매 데이터와 고객 피드백이 실시간으로 본사로 전송되면, 디자이너들은 이 데이터를 즉시 분석하여 시장의 반응에 따라 새로운 디자인을 기획한다(Caro & Gallien, 2010). 그리고 생산의 상당 부분을 본사 인근에 집중하여 디자인부터 매장 진열까지의 시간을 2~3주로 단축했다.

자라의 모델에서 제품(디자인)과 공정(데이터 수집, 빠른 생산)은 분리할 수 없다. 실시간 데이터 수집이라는 공정이 없으면 시장의 요구를 반영한 제품 혁신이 불가능하고, 빠른 생산 및 유통이라는 공정이 없으면 새로운 디자인을 신속하게 시장에 내놓을 수 없다. 이처럼 제품과 공정이 하나의 유기적인 시스템으로 융합되어 끊임없이 순환하는 것이 바로 자라의 핵심 경쟁력이며, 이는 어터백-애버내시 모델의 선형적 단계를 뛰어넘는 새로운 혁신 다이내믹스를 보여준다.

Strategy | 학습루프 설계와 지속적 혁신

어터백-애버내시 모델이 지배하던 산업 시대의 혁신은 제품과 공정이라는 두 주자가 순서대로 달리는 명확한 릴레이 경주였다. 그러나 AI와 디지털 기술은 이 둘의 경계를 허물고, 서로가 서로의 원인이자 결과가 되는 '동시적 진화(Concurrent Evolution)'의 시대를 열었다. 제품의 사용 경험이 데이터를 통해 실시간으로 공정(학습)을 개선하고, 개선된 공정은 다시 제품의 성능을 즉각적으로 향상시키는 끊임없는 학습 루프(Learning Loop)가 새로운 경쟁의 본질이 되었다. 이러한 패러다임의 전환 속에서 기업이 생존하고 번영하기 위해서는 과거의 순차적 사고방식을 버리고, 제품과 공정의 융합을 가속화하는 새로운 전략적 원칙을 수립해야 한다.

전략 1
제품과 공정을 융합하는 '학습 루프'를 설계하라

AI 시대 혁신의 가장 근본적인 변화는 제품 혁신과 공정 혁신이 더 이상 분리된 활동이 아니라는 점이다. 제품의 사용(고객 경험)이 곧 공정(AI 모델 학습)의 개선으로 이어지고, 개선된 공정이 다시 제품의 가치를 높이는 선순환 구조, 즉 '데이터 피드백 루프(Data Feedback Loop)'가 기업의 핵심 엔진이 되었다(Katsamakas & Pavlov, 2020). 따라서 기업의 첫 번째 전략적 과제는 이 학습 루프를 비즈니스 모델의 중심에 의도적으로 설계하고 내재화하는 것이다. 이는 단순히 데이터를 수집하는 것을 넘어, 제품의 기획 단계부터 '어떻게 사용자의 경험을 학습 데이터로 전환할 것인가'와 '어떻게 학습의 결과를 다시 사용자 경험으로 되돌려줄 것인가'를 치밀하게 고려해야 함을 의미한다.

이를 실행하기 위해 기업은 제품과 서비스를 사용하는 고객을 수동적인 소비자가 아닌, AI 공정을 개선하는 능동적인 파트너로 인식해야 한다. 예를 들어, AI 기반 소프트웨어는 사용자가 특정 기능을 어떻게 활용하는지, 어떤 추천을 채택하고 어떤 것을 무시하는지, 어떤 부분에서 불편함을 느끼는지에 대한 모든 상호작용을 데이터로 수집해야 한다. 이 데이터는 단순히 제품 개선을 위한 참고 자료가 아니라, AI 모델이라는 핵심 생산 설비를 고도화하는 가장 중요한 원재료다. 테슬라가 운전자의 개입 데이터를 수집하여 자율주행 알고리즘을 개선하고, 이를 무선 소프트웨어 업데이트(OTA)를 통해 모든 차량에 다시 배포하는 것이 바로 이 학습 루프가 완벽하게 작동하는 사례다.

성공적인 학습 루프를 구축하기 위해서는 기술적 인프라와 조직적 역량이 동시에 요구된다. 기술적으로는 제품 사용 데이터를 실시간으로 수집하고, 중앙 AI 모델로 전송하여 학습시키며, 그 결과를 다시 제품에 신속하게 배포할 수 있는 MLOps(Machine Learning Operations) 파이프라인과 같은 '디지털 신경망'을 구축해야 한다. 조직적으로는 제품 기획, 개발, 데이터 분석, 운영팀이 하나의 목적을 위해 긴밀하게 협력하는 통합된 팀 구조를 만들어야 한다. 과거처럼 각 부서가 분리되어 순차적으로 업무를 전달하는 방식으로는 실시간 학습 루프의 속도를 감당할 수 없다. 이처럼 제품과 공정을 하나의 학습 루프로 통합하여 설계하는 것은 AI 시대에 지속 가능한 경쟁 우위를 확보하기 위한 가장 근본적인 출발점이다.

전략 2

미래 학습을 위한 '적응형 제품 아키텍처'를 구축하라

AI 시대의 제품은 공장에서 출고되는 순간 완성되는 고정된 실체가 아니라, 출시 이후에도 소프트웨어 업데이트를 통해 끊임없이 진화하고 새로운 가치를 창출하는 살아있는 유기체다. 이러한 '완성품의 종말' 시대에 대응하기 위한 두 번째 전략은 제품의 물리적, 기술적 구조, 즉 아키텍처(Architecture)를 미래의 학습과 진화를 염두에 두고 설계하는 것이다(Ulrich, 1995). '적응형 제품 아키텍처(Adaptive Product Architecture)'는 하드웨어와 소프트웨어의 역할을 재정의하고, 이들 간의 관계를 유연하게 만들어 지속적인 제품 및 공정 혁신을 가능하게 하는 핵심 기반이다.

과거의 제품 아키텍처는 특정 기능에 최적화된 하드웨어 중심으로 설계되었다. 한번 설계가 확정되면 변경이 어렵고, 새로운 기능을 추가하기 위해서는 완전히 새로운 제품을 출시해야 했다. 그러나 적응형 아키텍처는 제품의 핵심 기능을 하드웨어에 고정시키는 대신, 소프트웨어를 통해 정의하고 제어할 수 있도록 설계된다. 이는 마치 스마트폰의 하드웨어는 그대로 둔 채, 앱 업데이트만으로 새로운 기능을 추가하는 것과 같은 원리다. 이를 위해서는 제품 설계 초기부터 충분한 컴퓨팅 성능, 메모리, 그리고 데이터 통신 능력을 갖춘 하드웨어를 탑재하여 미래의 소프트웨어 업데이트를 감당할 수 있도록 해야 한다. 또한, 각 기능이 독립적으로 업데이트될 수 있도록 소프트웨어 아키텍처를 모듈화하는 것이 중요하다.

테슬라의 차량이 대표적인 사례다. 테슬라는 자율주행에 필요한 모든 센서와 강력한 컴퓨터를 모든 차량에 기본적으로 탑재하여 판매한다. 초기에는 소프트웨어를 통해 일부 기능만 활성화하지만, 이후 AI 모델(공정)이 발전함에 따라 OTA 업데이트를 통해 새로운 기능(제품 혁신)을 추가하거나 기존 기능의 성능을 향상시킨다. 심지어 고객이 추가 비용을 지불하면 더 높은 수준의 자율주행 기능을 소프트웨어적으로 활성화해 주기도 한다. 이는 하드웨어를 미래의 학습과 진화를 위한 '플랫폼'으로 설계했기 때문에 가능한 비즈니스 모델이다. 이처럼 적응형 제품 아키텍처를 구축하는 것은 제품 혁신과 공정 혁신이 동시적으로 일어나는 학습 루프를 물리적으로 구현하는 전제 조건이며, 기업이 한번 판매한 제품으로부터 지속적으로 새로운 가치를 창출하고 수익을 얻을 수 있게 만드는 핵심 전략이다.

전략 3

학습-개발-배포 사이클의 압축을 위한 '지속적 혁신(CI/CD)' 문화를 내재화하라

어터백-애버내시 모델의 고정적 단계에서 혁신의 초점이 공정 혁신으로 이동했던 이유는 '규모의 경제'를 통한 원가 절감이 가장 중요한 경쟁 우위였기 때문이다. 그러나 AI 시대의 새로운 경쟁 우위는 원가 절감이 아니라 '학습의 속도'에서 나온다. 경쟁사보다 더 빨리 고객의 요구를 파악하고(학습), 더 빨리 제품에 반영하며(개발), 더 빨리 고객에게 전달하는(배포) 능력이 시장의 승자를 결정한다. 따라서 세 번째 전략은 이 '학습-개발-배포' 사이클의 속도를 극단적으로 높이는 '지속적 혁신(Continuous Innovation)' 체계를 조직 문화와 프로세스에 내재화하는 것이다 (Alt et al., 2021).

지속적 혁신은 소프트웨어 개발 분야의 '지속적 통합/지속적 배포(Continuous Integration/Continuous Deployment, CI/CD)' 문화에서 비롯된 개념이다(Ståhl, D. et al., 2014). 이는 몇 달 혹은 몇 년 단위로 대규모 업데이트를 진행하던 과거의 방식에서 벗어나, 작고 빈번한 업데이트를 통해 거의 매일 또는 매주 새로운 가치를 고객에게 전달하는 방식이다. 이러한 접근은 변화에 대한 리스크를 줄이고, 고객의 피드백을 훨씬 더 빠르게 제품에 반영할 수 있게 해준다.

패스트 패션 기업 자라(Zara)는 이러한 지속적 혁신의 원리를 물리적 제품의 세계에 성공적으로 적용한 사례다. 자라는 1년에 두 번 시즌별 컬렉션을 출시하는 전통적인 패션 산업의 관행을 파괴했다. 대신, 전 세계 매장에서 수집되는 실시간 판매 데이터와 고객 피드백을 분석하여 시장에서 가장 인기 있는 디자인을 즉시 파악한다(Caro & Gallien, 2010). 이 데이터를 바탕으로 스페인 본사의 디자인팀은 2~3주 만에 새로운 디자인을 완성하고, 인접한 생산 기지에서 소량 생산하여 전 세계 매장으로 항공 운송한다. 이처럼 자라의 비즈니스 모델 전체가 '시장 데이터 수집(학습) → 신속한 디자인 및 생산(개발) → 매장 출시(배포)'라는 초고속 사이클을 중심으로 설계되어 있다.

이러한 지속적 혁신 체계를 구축하기 위해서는 기술적 자동화뿐만 아니라 조직 문화의 근본적인 변화가 필수적이다. 실패를 처벌하는 대신 빠른 학습의 기회로 여기는 문화, 부서 간의 장벽을 허물고 작은 단위의 다기능 팀이 자율적으로 의사결정하고 실행하는 문화가 뒷받침되어야 한다. 이처럼 학습-개발-배포 사이클을 압축하는 지속적 혁신 문화를 내재화하는 것은, 제품과 공정이 융합된 AI 시대에 기업이 시장의 변화에 민첩하게 대응하고 경쟁에서 앞서 나갈 수 있게 하는 핵심적인 운영 전략이다.

6장

학계와 산업계 간 경계가 무너졌다.

AS-IS | 발견과 발명의 지도: 파스퇴르 쿼드란트의 탄생

과학적 발견과 기술적 발명은 인류 발전의 양대 축이다. 하지만 이 둘의 관계는 오랫동안 명확하게 구분된, 심지어 단절된 영역으로 여겨져 왔다. 한쪽에는 우주의 근본 원리를 탐구하는 순수한 지적 호기심의 세계가 있고, 다른 한쪽에는 당장의 문제를 해결하고 돈을 버는 실용적인 기술의 세계가 있었다. 이 두 세계는 어떻게 연결되고, 또 어떻게 서로에게 영향을 미치는가? 이 질문에 대한 가장 통찰력 있는 지도를 제시한 것이 바로 정치학자 도널드 스톡스(Donald Stokes)가 1997년 그의 저서 『파스퇴르 쿼드란트(Pasteur's Quadrant)』를 통해 제안한 연구 분류 모델이다(Stokes, 1997). 이 모델은 순수 과학과 응용 기술이라는 낡은 이분법을 넘어, 지식 탐구의 동기를 입체적으로 이해하는 새로운 틀을 제공했다. AI가 이 오래된 지도를 어떻게 다시 그리고 있는지를 이해하기 위해서는, 먼저 이 지도가 왜 필요했고 어떻게 세상을 설명했는지를 알아야 한다.

과학의 두 얼굴: 순수 과학자 보어 vs 발명가 에디슨

전통적으로 우리는 과학 연구를 두 가지 극단적인 형태로 이해하는 데 익숙했다. 하나는 '기초 과학(Basic Science)'이고, 다른 하나는 '응용 과학(Applied Science)'이다. 이 이분법적 시각은 이전 장에서 다루었던 바네바 부시(Vannevar Bush)의 선형 모델에 깊이 뿌리내리고 있다(Godin, 2006). 이 모델에 따르면, 정부가 순수한 기초 연구에 투자하면 그 지식이 자연스럽게 응용 연구와 기술 개발로 이어져 사회 발전에 기여한다는 것이다(Leyden & Menter, 2018).

도널드 스톡스는 이 단순한 구분을 더 명확하게 보여주기 위해 두 명의 상징적인 인물을 소환했다. 바로 덴마크의 물리학자 닐스 보어(Niels Bohr)와 미국의 발명가 토머스 에디슨(Thomas Edison)이다.

- **보어의 사분면(Bohr's Quadrant): 순수한 기초 연구**

닐스 보어는 원자의 구조를 밝히는 데 일생을 바친 위대한 이론물리학자다. 그의 연구 동기는 오직 하나, "세상은 근본적으로 어떻게 작동하는가?"라는 순수한 지적 호기심이었다. 그가 양자역학의 토대를 마련할 때, 그 지식이 훗날 반도체나 레이저 기술로 이어져 인류의 삶을 바꿀 것이라고는 전혀 예상하지 못했다. 이처럼 실용적 응용에 대한 고려 없이, 오직 근본적인 이해를 추구하는 연구가 바로 '보어의 사분면'에 속하는 '순수 기초 연구(Pure Basic Research)'다. 이곳은 상아탑에 비유되는 대학과 국립연구소의 전통적인 영역이었다.

- **에디슨의 사분면(Edison's Quadrant): 순수한 응용 연구**

토머스 에디슨은 인류 역사상 가장 위대한 발명가 중 한 명이다. 그는 "나는 돈이 되는 것만 발명한다"고 공언할 만큼 철저히 실용적인 목적을 추구했다. 그가 백열전구를 발명할 때, 전자의 움직임이나 저항의 물리적 원리에 대한 근본적인 이해에는 큰 관심이 없었다. 그의 유일한 목표는 기존의 가스등을 대체할 수 있는, 더 안전하고 편리하며 상업적으로 성공할 수 있는 조명 시스템을 만드는 것이었다. 이처럼 근본적인 원리에 대한 탐구보다는, 당장의 문제를 해결하고 유용한 제품을 만드는 데만 초점을 맞춘 연구가 바로 '에디슨의 사분면'에 속하는 '순수 응용 연구(Pure Applied Research)'다. 이곳은 기업의 R&D 연구소와 산업 현장의 영역이었다.

이 두 사분면은 오랫동안 과학과 기술의 세계를 양분하는 기준으로 작동했다. 하나는 '이해'를 위한 연구, 다른 하나는 '사용'을 위한 연구였다. 이 둘 사이에는 명확한 경계가 있는 것처럼 보였다.

새로운 대륙의 발견: 파스퇴르의 사분면

도널드 스톡스는 보어와 에디슨으로 대표되는 이분법이 현실의 많은 중요한 과학적 활동을 설명하지 못한다고 주장했다. 그는 이 낡은 지도의 빈틈을 메우기 위해 세 번째 상징적인 인물, 프랑스의 미생물학자 루이 파스퇴르(Louis Pasteur)를 등장시켰다.

파스퇴르의 연구는 매우 실용적인 문제에서 시작되었다. 그는 당시 프랑스 와인과 맥주 산업의 골칫거리였던 '술이 시어지는 문제'를 해결해달라는 요청을 받았다. 이는 에디슨의 연구처럼 명백한 '사용'을 목적으로 한 응용 연구였다. 하지만 파스퇴르는 이 문제를 해결하는 과정에서 멈추지 않았다. 그는 "왜 술이 시어지는가?"라는 근본적인 질문을 던졌고, 끈질긴 연구 끝에 눈에 보이지 않는 미생물이 발효와 부패의 원인임을 밝혀냈다. 이는 인류의 질병에 대한 이해를 완전히 뒤바꾼 '세균설(Germ Theory)'이라는 위대한 기초 과학적 발견으로 이어졌다.

파스퇴르의 연구는 순수한 기초 연구도, 순수한 응용 연구도 아니었다. 그것은 실용적인 목적을 추구하면서 동시에 근본적인 이해를 탐구한 '사용자 주도 기초 연구(Use-inspired Basic Research)'였다. 스톡스는 이 새로운 유형의 연구를 '파스퇴르의 사분면(Pasteur's Quadrant)'이라고 명명했다.

이 발견은 혁신에 대한 우리의 이해를 한 차원 높였다. 기초 연구와 응용 연구는 서로 반대편에 있는 것이 아니라, 서로 다른 두 개의 축(근본적 이해 추구, 실용적 응용 고려) 위에 존재하며, 이 두 가지 동기를 모두 가질 수 있다는 것을 보여주었다. 파스퇴르의 사분면은 상아탑과 산업 현장 사이에 존재하던 거대한 미지의 영역을 밝혀내고, 두 세계가 어떻게 만날 수 있는지를 보여주는 새로운 나침반이 되었다.

• 그림 파스퇴르 사분면

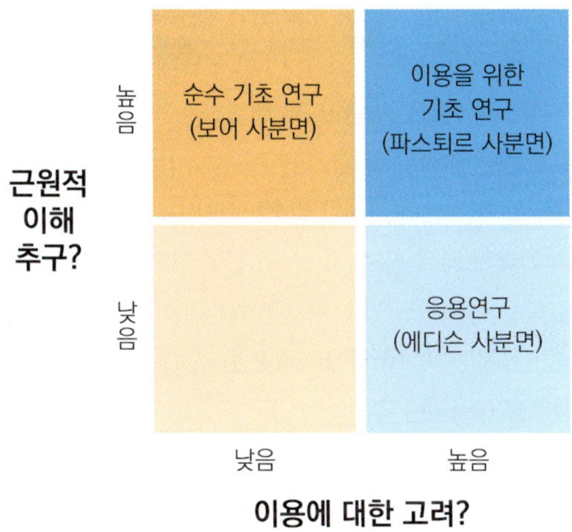

출처: (Stokes, 1997) 재구성

사례로 이해하기 | 코로나19 백신 개발

'파스퇴르 사분면(Pasteur's Quadrant)'을 연구 활동을 '기초 과학적 이해의 추구'와 '실용적 사용의 고려'라는 두 가지 축으로 분류하는 모델이라는 관점에서 볼 때, 코로나19 시기, 특히 mRNA 백신의 개발 과정은

'파스퇴르 사분면'의 가장 현대적인 사례에 해당한다.

파스퇴르 사분면은 순수한 호기심에 기반한 기초 연구(보어 사분면)나, 원리에 대한 깊은 이해 없이 시도와 실패를 반복하는 순수 응용 연구(에디슨 사분면)와는 구별된다. 이는 루이 파스퇴르가 프랑스 와인 산업의 문제를 해결(사용)하려는 과정에서 질병의 '미생물 이론'이라는 근본적인 과학적 원리(이해)를 정립한 것처럼, 두 가지 목표를 동시에 추구하는 '사용자 중심 기초 연구(Use-Inspired Basic Research)' 영역이다.

코로나19 백신 개발은 '전 세계적 팬데믹의 종식'이라는 매우 명확하고 시급한 '실용적 목적(사용)'에서 출발했다. 이것이 연구의 강력한 동기였다.

하지만 이 문제를 해결한 핵심 기술인 mRNA 백신은 2020년에 갑자기 발명된 것이 아니다. 이는 수십 년간 축적된 '근본적인 과학적 이해(이해)'가 있었기에 가능했다. 카탈린 카리코와 같은 과학자들은 당장의 상업적 성공이 불투명함에도 불구하고, mRNA가 인체 내에서 면역 거부 반응 없이 안정적으로 단백질을 생성하도록 변형하는 방법을 연구해왔다. 이는 본래 암 치료제 등을 목표로 한 기초 연구(보어 사분면) 영역에 가까웠다.

코로나19라는 미증유의 사태가 발생하자, 이처럼 기초 연구 영역에 머물던 mRNA 기술과 지질나노입자(LNP) 전달 기술이 '감염병 예방'이라는 명확한 응용 목표와 결합되었다. 즉, 팬데믹 해결(사용)이라는 강력한 동기가 근본적인 과학적 이해(mRNA 작동 원리)를 바탕으로 전례 없는 속도의 백신 개발을 이끌어낸 것이다.

결론적으로, 코로나19 백신 개발은 인류의 시급한 문제를 해결했을 뿐만 아니라, mRNA라는 새로운 과학 플랫폼의 가능성을 전 세계적으로 입증하고 관련 기초 과학 분야를 한 단계 도약시키는 계기가 되었다. 이는 실용적 목적과 과학적 탐구가 완벽하게 결합된 파스퇴르 사분면의 핵심을 보여주는 사례이다.

왜, 4분면(쿼드란트) 모델이 중요했는가?: 학계와 산업계의 역할 분담

파스퇴르 쿼드란트 모델이 중요한 이유는 이 모델이 단순히 과학 연구를 분류하는 학문을 위한 유형화에 그치지 않는다는데 있다. 이 모델은 20세기 후반 과학 기술 생태계에서 대학, 정부, 기업이 다음과 같이 각각 어떤 역할을 수행해야 하는지에 대한 강력한 이론적 틀을 제공했다.

- **대학과 정부의 역할:** 대학과 정부 출연 연구소는 주로 '보어의 사분면'을 책임졌다. 이들의 주된 임무는 당장의 경제적 성과와 무관하게 인류의 지식 지평을 넓히는 순수 기초 연구를 수행하는 것이었다. 정부는 세금을 통해 이러한 장기적이고 불확실성이 큰 연구를 지원하며 미래를 위한 씨앗을 뿌리는 역할을 했다.
- **기업의 역할:** 기업의 R&D 부서는 주로 '에디슨의 사분면'에 집중했다. 이들의 목표는 대학에서 나온 기초 과학 지식을 활용하거나, 시장의 요구에 부응하여 상업적으로 성공할 수 있는 제품과 서비스를 개발하는 것이었다.
- **협력의 공간, 파스퇴르의 사분면:** 파스퇴르의 사분면은 이 두 세계가 만나는 접점이자 협력의 공간이었다. 때로는 기업이 해결하기 어려운 근본적인 문제(예: 신소재 개발)를 대학에 의뢰하고, 때로는 대학의 연구자가 자신의 기초 연구에서 상업적 가능성을 발견하여 기업과 손을 잡는 일이 이곳에서 일어났다.

이러한 역할 분담은 비교적 명확하고 안정적으로 작동하는 것처럼 보였다. 학계는 지식의 원천을 제공하고, 산업계는 그 지식을 부가가치로 전환하는 분업 체계였다. 그러나 AI의 등장은 이 명확했던 경계선을 지우고, 모든 플레이어가 모든 사분면에서 동시에 경쟁하고 협력하는 완전히 새로운 게임의 시대를 열고 있다.

TO-BE | 4분면의 붕괴: AI가 허무는 학계와 산업계의 벽

파스퇴르 쿼드란트가 제시한 지도는 오랫동안 과학과 기술의 세계를 이해하는 유용한 틀이었다. 그러나 인공지능(AI)이라는 거대한 지각 변동은 이 지도의 경계선을 지우고, 대륙(학계와 산업계)을 충돌시키며, 새로운 지형을 만들어 내고 있다. AI는 단순히 연구를 돕는 도구를 넘어, 연구가 수행되고 지식이 창출되는 방식 자체를 근본적으로 바꾸고 있다. 그 결과, 과거에는 명확했던 학계와 산업계의 역할 구분은 흐려지고, 두 세계는 전례 없는 방식으로 융합되고 있다.

AI, 모든 지식을 연결하는 거대한 다리

과거 학계와 산업계 사이의 가장 큰 장벽 중 하나는 '지식의 단절'이었다. 특정 분야의 기초 과학 논문이 다른 분야의 산업적 문제 해결에 사용되기까지는 수년, 혹은 수십 년이 걸리는 것이 보통이었다. 그러나 AI, 특히 거대 언어 모델(LLM)과 같은 기술은 이 장벽을 허무는 강력한 다리 역할을 하고 있다.

AI는 전 세계의 수십억 건에 달하는 학술 논문, 특허, 기술 보고서, 임상 데이터 등 인류가 축적한 거의 모든 지식을 순식간에 읽고, 이해하며, 연결할 수 있다. 이는 인간 연구자가 평생에 걸쳐도 불가능한 일이다. AI는 물리학의 최신 이론이 신소재 개발에 어떻게 적용될 수 있는지, 혹은 희귀 질병에 대한 유전학 연구가 새로운 신약 타겟을 어떻게 제시하는지를 인간이 미처 발견하지 못한 패턴을 통해 찾아낼 수 있다.

이러한 능력은 과학적 발견에서 상업적 응용까지의 거리를 극적으로 단축시킨다. 순수한 호기심에서 출발한 '보어의 사분면'의 연구 결과가 AI를 통해 즉시 '에디슨의 사분면'의 실용적인 문제와 연결될 수 있게 된 것이다. AI는 더 이상 지식이 선형적으로 흐르기를 기다리지 않고, 모든 지식의 영역을 동시에 탐색하여 가장 유망한 연결점을 찾아내는 '지식의 내비게이션' 역할을 한다.

기초 과학의 새로운 주역 : 보어의 사분면으로 들어간 빅테크

전통적으로 순수 기초 연구는 대학의 고유 영역으로 여겨졌다. 그러나 AI 시대에 가장 급진적인 변화 중 하나는 구글 딥마인드(DeepMind), 메타 AI(Meta AI), 마이크로소프트 리서치(Microsoft Research)와 같은 거대 기술 기업들이 세계 최고 수준의 기초 과학 연구를 직접 수행하기 시작했다는 점이다. 이들은 더 이상 대학의 연구 결과를 기다리는 수동적인 입장이 아니라, 스스로 지식의 최전선을 개척하는 주도적인 플레이어가 되었다.

왜 이런 변화가 일어났을까? 이유는 간단하다. 이들 기업은 자신들의 상업적 목표(에디슨의 사분면)를 달성하기 위해 인류 지식의 근본적인 한계(보어의 사분면)를 직접 돌파해야만 하는 상황에 직면했기 때문이다. 예를 들어, 더 뛰어난 AI 비서나 자율주행 시스템을 만들기 위해서는, 인공 신경망이 어떻게 학습하고 추론하는지에 대한 근본적인 이해를 심화시켜야만 한다. 이는 곧 뇌과학, 인지과학, 컴퓨터 과학의 경계를 넘나드는 기초 연구를 필요로 한다.

이러한 기업 연구소들은 명확한 응용 목표를 가지고 기초 연구를 수행한다는 점에서, 그 존재 자체가 '파스퇴르의 사분면'을 완벽하게 구현하고 있다. 이들은 막대한 자본과 컴퓨팅 파워, 그리고 전 세계에서 끌어모은 최고의 인재들을 바탕으로, 이제는 많은 영역에서 대학 연구소의 역량을 뛰어넘는 성과를 내고 있다.

실험실에서 태어난 스타트업: 에디슨의 사분면으로 나온 학계

반대 방향의 흐름도 동시에 나타나고 있다. 과거 대학 연구자들의 주된 성과는 학술지에 논문을 게재하는 것이었다. 그러나 AI와 디지털 기술은 다음과 같이 학자들이 자신의 연구 결과를 직접 상업화할 수 있는 강력한 도구를 제공하고 있다. AI는 복잡한 소프트웨어 코드를 자동으로 생성해주거나 3D 모델링을 도와주는 등 연구자가 자신의 아이디어를 빠르게 프로토타입으로 구현할 수 있게 돕는다. 또한 시장 데이터를 분석하여 특정 기술의 상업적 잠재력을 예측하고, 잠재 고객을 찾아내는 데 도움을 준다. 대학 내 기술이전 조직(TLO)과 주변의 벤처 캐피탈 생태계는 교수와 학생들이 자신의 연구를 기반으로 스타트업을 창업하는 것을 적극적으로 지원한다

그 결과, 오늘날의 많은 대학 연구실은 더 이상 순수한 지식 탐구의 공간에만 머물지 않는다. 그곳은 새로운 기술과 비즈니스 모

델이 탄생하는 '혁신의 인큐베이터' 역할을 동시에 수행하고 있다. 성공적인 교수들은 저명한 학자인 동시에, 여러 스타트업의 창업자이거나 기술 고문인 경우가 많다. 이처럼 학계와 산업계의 경계는 양방향에서 허물어지고 있다.

사례로 이해하기 | 세기의 난제를 푼 AI: 알파폴드(AlphaFold)가 보여준 새로운 과학

학계와 산업계의 경계 붕괴가 만들어 낸 가장 상징적인 사건은 구글 딥마인드가 개발한 단백질 구조 예측 AI '알파폴드'의 등장이다.

단백질의 3차원 구조를 예측하는 것은 지난 50년간 생물학계의 가장 큰 난제 중 하나였다. 이는 생명의 근본 원리를 이해하기 위한 순수한 기초 과학의 영역, 즉 '보어의 사분면'에 속하는 문제였다. 전 세계 수많은 대학 연구실들이 이 문제를 풀기 위해 경쟁해왔다.

그런데 이 문제를 해결한 것은 대학이 아닌, 구글 딥마인드라는 기업 연구소였다. 딥마인드의 목표는 '범용 인공지능(AGI)'을 개발하는 것이라는 매우 실용적인(혹은 야심 찬) 목표를 가지고 있다. 그들은 단백질 구조 예측 문제를 자신들의 AI 기술을 시험하고 발전시킬 수 있는 좋은 시험대로 보았다. 즉, 응용 목표(AI 기술 개발)를 위해 기초 과학의 난제(단백질 구조 예측)에 도전한 것이다(Jumper et al., 2021).

알파폴드는 전 세계 연구자들이 공개한 수십만 개의 단백질 구조 데이터를 학습하여, 놀라운 정확도로 새로운 단백질의 구조를 예측하는 데 성공했다. 그리고 딥마인드는 이 예측 결과를 전 세계 모든 과학자들이 무료로 사용할 수 있도록 공개했다. 그 결과, 신약 개발(에디슨의 사분면)을 연구하는 수많은 과학자들이 이전에는 수년이 걸렸을 연구를 단 몇 분 만에 수행할 수 있게 되었다. 알파폴드의 사례는 기업이 기초 과학의 난제를 해결하고, 그 동기는 응용 목표에서 비롯되었으며, 그 결과물은 다시 전 세계의 기초 및 응용 연구를 가속화하는 강력한 도구가 되는 새로운 과학 패러다임을 명확하게 보여주었다. 이처럼 AI는 보어, 에디슨, 파스퇴르의 사분면을 넘나들며 지식 창출과 활용의 속도를 비약적으로 높이고, 학계와 산업계의 경계를 무의미하게 만들고 있다.

Strategy | 새로운 지식 창출 조직으로서의 기업 전략

AI가 학계와 산업계의 벽을 허물면서, 기업이 혁신을 추구하고 경쟁 우위를 확보하는 방식 또한 근본적으로 바뀌어야 한다. 더 이상 기업 내부의 R&D 부서에만 의존하거나, 대학에서 완성된 기술이 이전되기를 기다리는 수동적인 자세로는 생존할 수 없다. 이제 기업은 기업 스스로가 실용적 목표를 가지면서도 근본적인 이해를 추구하는 '사용자 주도 기초 연구(Use-inspired Basic Research)'의 주체, 즉 '파스퇴르 조직'이 되어야 한다.

전략 1

파스퇴르 연구의 엔진 확보: 파운데이션 모델 기반의 '지식 인프라' 구축

AI 시대의 혁신 속도는 단순히 지식을 얼마나 잘 탐색하는지에 달려 있는 것이 아니라, 지식을 창출하고 연결하는 근본적인 아키텍처를 누가 소유하고 통제하는가에 의해 결정된다. 과거에는 물리학의 기초 이론이 신소재 개발에 적용되기까지 수십 년이 걸리는 '지식의 단절'이 존재했지만, AI는 이 장벽을 허무는 강력한 '지식의 다리' 역할을 한다. AI, 특히 거대 언어 모델(LLM)은 전 세계의 학술 논문, 특허, 기술 보고서 등 방대한 기초 지식과 기업 내부의 응용 데이터를 순식간에 통합하여, 기존에 인간 연구자가 발견하지 못했던 지식 영역 간의 유망한 연결점을 찾아낸다.

이러한 지식의 연결 기능을 극대화하기 위해 기업은 AI를 R&D 보조 도구가 아닌, 보어의 순수 과학적 이해와 에디슨의 실용적 응용을 통합하는 핵심 인프라로 내재화해야 한다. 첫째, 전사적 지식 모델(Enterprise Knowledge Model)의 개발 및 내재화가 필수적이다. 이는 단순한 정보 검색 시스템이나 데이터베이스를 넘어, 기업 내부의 고유한 응용 데이터(예: 생산 공정 데이터, 영업 기록, 고객 피드백 등 에디슨 사분면의 정보)와 외부의 기초 과학 데이터를 동시에 학습하고 추론할 수 있는 지능형 모델을 의미한다. 이 모델은 기업이 보유한 현실 세계의 문제를 기반으로 근본적인 과학적 질문(보어 사분면)을 도출하고 해답을 탐색할 수 있는, 자사만이 접근 가능한 '파스퇴르 엔진' 역할을 수행한다. 이러한 엔진의 내재화는 기업이 기술 경로의 통제권을 경쟁사의 플랫폼이나 외부 연구 동향에 의존하지 않고 스스로 확보하는 전략적 우위를 제공한다.

둘째, 기업은 데이터 선순환 구조 설계와 지식 플랫폼화를 통해 이 인프라의 가치를 지속적으로 높여야 한다. 파스퇴르 연구는 근본적 이해(이론)와 실용적 응용(데이터) 간의 지속적인 상호작용을 통해 이루어진다. 따라서 기업이 AI 모델을 활용한 응용 서비스(에디슨)를 시장에 제공하고, 이 서비스의 사용 과정에서 발생하는 새로운 데이터를 다시 지식 모델(보어/파스퇴르)의 개선에 활용하는 '데이터-학습 루프(Data-Learning Loop)'를 설계해야 한다. 이러한 선순환 구조는 지식 인프라가 시간이 지날수록 더욱 강력해지는 '데이터 네트워크 효과'를 창출하도록 하며, 이는 경쟁사가 단순한 기술 복제로는 모방할 수 없는 비즈니스 경쟁력의 핵심 요소로 자리 잡는다. 궁극적으로 이 전략은 지식의 탐색 속도를 넘어, 지식의 창출 및 연결 방식에 대한 아키텍처적 우위를 확보하는 데 초점을 맞춘다.

전략 2
'거래'가 아닌 '공동 연구'로 파트너십을 재정의하라

과거 기업과 대학의 협력은 주로 기업이 대학에 연구비를 지원하고 그 결과물(특허 등)을 이전받는 일방적인 '거래' 관계에 가까웠다. 그러나 이제 기업은 대학을 단순히 기술 공급처로 보는 시각에서 벗어나, 함께 근본적인 문제를 해결하는 '동등한 연구 파트너'로 인식해야 한다.

성공적인 산학 협력은 '파스퇴르의 사분면'에서 이루어진다. 즉, 기업이 가진 실질적인 문제와 대학이 가진 기초 과학 역량을 결합하여, 두 주체 모두에게 의미 있는 결과를 창출하는 공동의 연구 목표를 설정해야 한다. 이를 위해 기업은 해결하고자 하는 장기적인 비즈니스 문제를 대학과 공유하고, 이를 학문적으로 의미 있는 연구 문제로 함께 재정의하는 과정이 필요하다. 또한 보다 실효성 있는 교류를 위하여는 기업의 연구원들이 대학에서 강의하거나 공동 연구에 참여하고, 대학의 교수나 학생들이 기업에서 인턴십이나 안식년을 보내는 등 인적 교류를 통해 두 조직의 문화적 간극을 좁히고 상호 이해를 높여야 한다.

이러한 깊이 있는 파트너십을 통해 기업은 단기적인 문제 해결을 넘어, 미래를 선도할 수 있는 근본적인 기술 역량을 축적할 수 있다.

전략 3

'시장 반응'이 아닌 '전략적 난제'에 도전하라: 기업 주도형 과학적 그랜드 챌린지 설정

AI와 디지털 기술은 아이디어의 확산 속도를 극적으로 높여, 경쟁사들이 시장의 미세한 요구에 기반한 혁신(Demand Pull)을 빠르게 모방하고 따라잡는 초가속 확산의 시대를 만들었다(3장 AI가 무너뜨린 캐즘, 초가속 확산의 시대). 기업이 단순한 후발 주자에 머무르지 않고 혁신의 주도권을 잡기 위해서는, 시장의 수요를 따라가는 것을 넘어 기업의 미래 생존과 직결되는 거대하고 근본적인 과학적 난제(Grand Challenges, GC)를 설정하고 이를 돌파해야 한다. 이러한 난제 설정은 기업이 미래 지식의 방향 자체를 규정하겠다는 의지의 표명이며, 가장 강력한 지식 창출의 동인이 된다. 이를 위하여 다음의 세 가지 전략적 방향성 재정립이 필요하다.

첫째, 장기적 가치 동인 식별 및 난제 정의를 통해 전략적 기회를 탐색해야 한다. 이 그랜드 챌린지는 해결될 경우 기존 비즈니스 모델을 파괴적으로 혁신하는 동시에, 인류 지식의 지평을 넓히는 '파스퇴르적 목표'여야 한다. 예를 들어, 제약 회사가 '인공 장기 배양의 원천 기술 확보'를, 정유 회사가 '탄소 포집 및 자원화의 근본적인 효율성 해명'을 난제로 설정하는 것이다. 딥마인드가 AGI 개발이라는 응용 목표를 위해 단백질 구조 예측이라는 기초과학의 난제(보어의 영역)에 도전하여 성공했듯이, 기업의 GC 설정은 실용적 응용 목표와 과학적 난제의 교차점에 위치해야 한다.

둘째, 설정된 그랜드 챌린지는 단일 기술 개발 프로젝트가 아니라, 난제를 풀기 위한 여러 개의 '파스퇴르 프로젝트'와 이를 상업적으로 응용하는 '에디슨 프로젝트'로 구성된 난제 기반의 포트폴리오로 관리되어야 한다. 이 과정에서 연구팀은 문제 해결에 필요한 다양한 과학적 분야를 융합하는 초학제적 접근 방식을 취하게 된다. 난제 해결 과정에서 파생되는 근본적인 기술 역량은 기업이 미래 시장의 기술적 한계를 정의하고, 결과적으로 산업 표준을 주도할 수 있는 기반을 마련한다. 이는 단순한 기술 확보를 넘어, 기업이 미래 혁신의 방향타를 쥐는 고도의 전략이다.

셋째, 난제 해결 과정의 '전략적 공개(Strategic Disclosure)'를 통해 주도권을 확보해야 한다. 기업이 과학적 난제를 해결한 결과물(예: 알파폴드가 예측한 단백질 구조 데이터베이스)이나 이를 가능하게 한 핵심 도구를 전 세계 과학자들과 개발자들이 활용할 수 있도록 전략적으로 공개해야 한다. 이는 단기적인 기술 유출처럼 보일 수 있으나, 장기적으로는 해당 분야에서 기업이 설정한 기술이 '사실상의 표준(Standard)'으로 자리 잡게 만드는 효과가 있다. 또한, 전 세계의 가장 뛰어난 인재(과학자, 개발자)들을 자사의 생태계와 난제 해결 과정으로 끌어들이는 강력한 인센티브가 된다. 기업이 이끄는 과학적 난제 해결은 기업의 혁신 의지와 사회적 기여를 동시에 증명하며, 혼자만의 노력으로는 달성할 수 없는 빠르고 광범위한 혁신을 가능하게 하는 핵심적인 파스퇴르 전략이다.

7장

AI가 단축하는 산업혁명의 사이클

AS-IS | 산업혁명에도 패턴이 있다.

인류의 역사는 거대한 파도와 같다. 잔잔한 시기가 이어지다가도, 모든 것을 뒤바꾸는 거대한 기술의 물결이 밀려와 사회와 경제의 지형을 완전히 새로 그린다. 증기기관이 그랬고, 전기와 자동차가 그랬으며, 인터넷이 그랬다. 이 거대한 전환에는 과연 일정한 패턴이 있을까? 베네수엘라 출신의 저명한 경제학자 카를로타 페레즈(Carlota Perez)는 이 질문에 대한 가장 통찰력 있는 답을 제시했다. 그녀는 기술과 금융, 그리고 사회 변화의 관계를 수백 년에 걸쳐 분석한 끝에, 자본주의 경제가 약 50~60년 주기로 반복되는 거대한 기술혁명의 사이클에 따라 발전한다는 사실을 밝혀냈다.

페레즈의 이론은 단순히 과거를 설명하는 역사서가 아니다. 그것은 우리가 현재 AI 혁명의 어느 지점에 서 있으며, 앞으로 어떤 미래를 맞이하게 될지를 예측하게 해주는 강력한 나침반이다. AI가 이 거대한 주기를 어떻게 압축하고 있는지 이해하기 위해서는, 먼저 페레즈가 그려낸 기술혁명의 장대한 리듬을 이해해야 한다.

세상을 바꾸는 힘, 기술혁명이란 무엇인가

우리는 흔히 '산업혁명'이라는 용어를 사용한다. 18세기 영국의 증기기관에서 시작된 1차 산업혁명, 19세기 후반 전기를 동력으로 한 2차 산업혁명 등이 그것이다. 카를로타 페레즈는 이러한 개별적인 사건들을 포괄하는 더 큰 패턴을 설명하기 위해 '기술혁명(Technological Revolution)'이라는 개념을 사용했다. 그녀에게 기술

혁명은 단순히 하나의 뛰어난 발명이 아니라, 서로 연관된 새로운 기술, 산업, 그리고 인프라가 한꺼번에 등장하여 경제 전체를 뒤흔드는 '혁신의 묶음(cluster of clusters)'이다. 산업혁명과 기술혁명 두 용어는 세상을 근본적으로 바꾸는 거대한 기술적 전환이라는 동일한 현상을 가리킨다.[2]

페레즈에 따르면, 지난 250년간 인류는 다섯 번의 기술혁명을 경험했다. 1771년부터 시작된 기계와 운하 중심의 1차 산업혁명, 1829년부터 이어진 증기기관과 철도의 시대, 1875년부터 본격화된 철강, 전기, 중화학 공업의 시대, 1908년 포드 모델T의 등장으로 상징되는 석유와 자동차, 대량생산의 시대, 그리고 1971년 인텔의 마이크로프로세서 출시로 시작된 정보통신기술(ICT)과 전자의 시대가 그것이다.

각 혁명은 세상을 바꾸는 몇 가지 공통된 속성을 가진다. 첫째, 새로운 기술과 산업의 등장이다. 철도, 자동차, 컴퓨터와 같이 이전에는 존재하지 않았던 새로운 제품과 서비스가 경제의 중심 무대로 떠오른다. 둘째, 새로운 인프라의 구축이다. 운하, 철도망, 고속도로, 인터넷 통신망과 같이 새로운 기술이 확산될 수 있는 물리적, 사회적 기반이 전국적으로, 나아가 전 세계적으로 깔린다. 셋째, 핵심 투입 요소(Key Factor)의 등장이다. 각 혁명은 저렴하고 풍부하며 어디에나 적용 가능한 핵심 자원의 등장에 의해 촉발된다. 1차 혁명에서는 '물', 2차에서는 '석탄', 3차에서는 '철강', 4차에서는 '석유', 그리고 5차 혁명에서는 '마이크로칩'이 바로 그 주인공이었다. 이 핵심 요소의 가격 하락은 새로운 기술의 폭발적인

2 본서에서는 역사적 맥락을 강조할 때 산업혁명이라는 용어를 사용하되, 페레즈의 이론적 틀을 설명할 때는 기술혁명이라는 용어를 중심으로 사용하고자 한다.

확산을 가능하게 하는 기폭제 역할을 한다(Perez, C., 2002).

새로운 '상식'의 탄생: 테크노-경제 패러다임

기술혁명의 가장 심오한 영향은 단순히 새로운 제품이 등장하는 것을 넘어, 사회 전체의 상식을 바꾸는 데 있다. 페레즈는 이를 '테크노-경제 패러다임(Techno-economic Paradigm)'의 전환이라고 불렀다. 이는 새로운 기술혁명이 가져온 가장 효율적이고 합리적인 생산 및 경영 방식이 사회 전체의 '모범 답안' 또는 '새로운 상식'으로 자리 잡는 현상을 의미한다.

자동차의 등장을 예로 들어보자. 자동차라는 새로운 기술이 등장하자, 단순히 마차를 대체하는 것을 넘어 사회 전체가 바뀌었다. 도시 외곽에 주거지가 생겨나고, 전국적인 도로망이 깔렸으며, 주유소, 정비소, 모텔과 같은 새로운 산업이 생겨났다. 공장에서는 포드의 컨베이어 벨트 시스템으로 대표되는 '대량 생산' 방식이 새로운 표준이 되었고, 이는 다른 모든 산업으로 퍼져나갔다. 이처럼 제품 설계, 생산 방식, 조직 구조, 경영 전략에 이르기까지 모든 것을 지배하는 새로운 원칙의 집합이 바로 테크노-경제 패러다임이다.

5차 정보통신 혁명이 가져온 패러다임은 '네트워크화', '유연성', '글로벌화'로 요약할 수 있다. 기업들은 더 이상 거대한 수직 계열화 조직을 고집하지 않고, 전 세계의 파트너들과 유연한 네트워크를 형성하여 협력한다. 생산 방식은 소품종 대량생산에서 다품종 소량생산, 나아가 개인화된 맞춤 생산으로 변화했다. 이처럼 새로운 패러다임은 경제 활동의 모든 참여자가 따라야 하는 새로운 '게임의 규칙'을 제시한다.

거품과 황금기: 기술혁명의 두 가지 국면

페레즈 이론의 가장 흥미로운 부분은 모든 기술혁명이 약 50~60년의 주기 동안 비슷한 패턴의 두 국면을 거친다는 발견이다. 바로 '도입 국면(Installation Period)'과 '전개 국면(Deployment Period)'이다. 이 두 국면의 전환점에는 항상 거대한 금융 위기, 즉 '거품 붕괴'가 자리 잡고 있다.

• 1 국면: 도입 국면 – 거품, 광기, 그리고 창조적 파괴

기술혁명의 초기 20~30년은 '도입 국면'이다. 이 시기는 새로운 기술의 잠재력에 대한 흥분과 투기적 광기가 지배하는 격동의 시기다. 새로운 기술(철도, 자동차, 인터넷 등)이 등장하면, '금융 자본'은 이 새로운 기회에 막대한 돈을 쏟아붓는다. 수많은 신생 기업들이 우후죽순처럼 생겨나고, 주식 시장은 과열되어 거대한 거품(Bubble)을 만들어낸다. 1840년대의 '철도 광풍'이나 1990년대 후반의 '닷컴 버블'이 대표적인 예다.

이 시기는 슘페터가 말한 '창조적 파괴'가 가장 활발하게 일어나는 때다. 새로운 기술과 기업들이 낡은 산업을 파괴하며 등장하고, 사회는 부의 불평등이 심화되는 등 극심한 혼란을 겪는다. 이 광란의 파티는 결국 거대한 금융 위기와 함께 막을 내린다. 거품이 터지면서 수많은 기업이 파산하고, 시장은 냉각기에 접어든다.

• 2 국면: 전개 국면 – 안정, 성장, 그리고 황금기

거품 붕괴라는 거대한 전환점을 지나면, 산업은 '전개 국면'이라는 새로운 시기로 진입한다. 이 시기는 투기적 광기가 사라지고, '생산 자본'이 경제의 주도권을 잡는 안정적인 성장기다. 도입 국면에서 깔린 새로운 인프라(철도망, 인터넷 등)와 확립된 새로운 패러다임(대량생산, 네트워크화 등)을 바탕으로, 사회 전체가 새로운 기술의 혜택을 본격적으로 누리기 시작한다.

이 시기에는 급진적인 혁신보다는 점진적인 개선이 주를 이루며, 경제는 안정적인 성장을 구가하고 부의 분배도 개선되는 경향을 보인다. 페레즈는 이 시기를 '황금기(Golden Age)'라고 부른다. 1950~60년대 미국과 유럽이 누렸던 전후 호황기는 4차 기술혁명(자동차와 대량생산)의 전개 국면에 해당한다.

하지만 이 황금기도 영원하지 않다. 기술이 성숙기에 접어들고 시장이 포화 상태에 이르면 성장률은 점차 둔화되고, 사회는 다시 침체기에 빠져든다. 그리고 이 침체기 속에서 다음 시대를 열 새로운 기술혁명의 싹이 자라나면서, 거대한 사이클은 다시 반복된다.

• 그림 기술혁명 진행 패턴

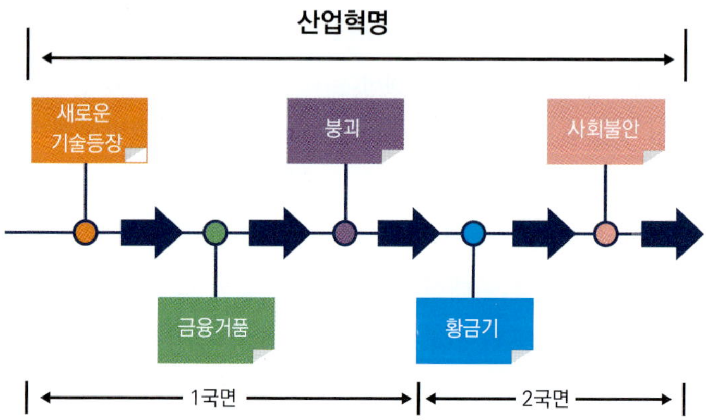

출처: Perez(2003)에서 수정

TO-BE | 압축된 혁명: AI가 다시 쓰는 기술혁명의 시간표

카를로타 페레즈가 제시한 50~60년 주기의 거대한 기술혁명 사이클은 지난 250년간의 산업혁명 역사를 놀라울 정도로 정확하게 설명해왔다. 그러나 인공지능(AI)의 등장은 이 장엄하고 예측 가능했던 리듬을 근본적으로 뒤흔들고 있다. AI는 단순히 새로운 산업혁명의 시작을 알리는 신호탄이 아니다. AI는 산업혁명이 전개되는 속도와 방식 자체를 바꾸는 '메타 기술(Meta-technology)'로서, 과거 수십 년에 걸쳐 일어났던 변화를 단 몇 년으로 압축시키는 전례 없는 힘을 발휘하고 있다.

혁명의 가속 페달: AI는 어떻게 주기를 압축하는가

과거의 산업혁명 주기가 50년 이상 지속되었던 이유는 명확하다. 새로운 기술이 물리적인 인프라(철도, 도로, 통신망)를 필요로 했고, 그 인프라를 전국적으로, 나아가 전 세계적으로 구축하는 데는 막대한 시간과 자본이 필요했기 때문이다. 또한, 새로운 테크노-경제 패러다임이 사회 전체의 '상식'으로 자리 잡는 데는 한 세대에 가까운 시간이 걸렸다. 그러나 다음과 같은 AI가 가져온 변화들은 이 모든 과정을 극적으로 단축시킨다.

첫째, 인프라의 즉시성이다. AI 혁명은 새로운 물리적 인프라를 처음부터 구축할 필요가 없다. AI는 이미 전 세계에 깔려 있는 새로운 산업혁명의 유산, 즉 인터넷과 클라우드 컴퓨팅이라는 강력한 인프라 위에서 작동한다. 이는 마치 새로운 고속 열차를 위해 선로를 새로 까는 것이 아니라, 이미 존재하는 고속도로 위를 달리는 것과 같다. 이 디지털 인프라 덕분에 새로운 AI 서비스는 개발과 동시에 전 세계 수십억 명의 사용자에게 즉시 배포될 수 있다.

둘째, 확산의 즉시성이다. 3장에서 살펴보았듯이, ChatGPT와 같은 생성형 AI는 인류 역사상 가장 빠른 속도로 확산되었다. 이는 AI가 소프트웨어의 형태로 존재하며, 사용 장벽이 극도로 낮고, 그 자체로 바이럴 콘텐츠를 생성하기 때문이다. 과거의 기술이 사회 전체에 스며드는 데 수십 년이 걸렸다면, AI는 단 몇 달 만에 글로벌 임계점을 돌파할 수 있다.

셋째, 혁신 과정의 가속화이다. AI는 단순히 혁신의 결과물이 아니라, 혁신을 만들어내는 과정 자체를 가속화하는 도구다. AI는 신약 개발, 신소재 발견, 소프트웨어 코딩 등 R&D의 모든 단계를 자동화하고 최적화한다. 과거에는 수년이 걸렸을 연구개발 사이클이 이제는 몇 주, 며칠 단위로 단축될 수 있다. AI가 새로운 AI를 개발하는 시대가 도래하면서, 혁신의 속도는 자기 강화적으로 빨라지고 있다.

이 세 가지 요인이 결합되면서, 페레즈가 제시한 50년 주기의 사이클은 전례 없는 속도로 압축되고 있다. 과거 수십 년에 걸쳐 진행되었던 '도입 국면'의 혼란과 '전개 국면'의 안정화 과정이 이제는 10년, 혹은 그보다 더 짧은 시간 안에 동시에, 그리고 반복적으로 일어날 수 있는 시대가 된 것이다.

영원한 도입 국면: 거품과 붕괴의 상시화

AI가 압축시킨 기술혁명 사이클은 페레즈 모델의 두 국면 사이의 경계를 허물어뜨린다. 특히, 투기적 광기와 창조적 파괴가 특징인 '도입 국면'이 일시적인 현상이 아니라, 상시적으로 반복되는

'뉴 노멀(New Normal)'이 될 가능성이 높다.

과거의 산업혁명에서는 철도, 자동차, PC와 같이 명확한 '지배적 디자인'이 등장하면서 도입 국면이 끝나고 안정적인 전개 국면으로 넘어갔다. 그러나 AI 기술은 특정한 하드웨어에 얽매여 있지 않다. AI는 끊임없이 진화하는 알고리즘과 모델의 집합체이며, '지배적 디자인'이 고정되기보다는 여러 모델과 플랫폼이 끊임없이 경쟁하고 명멸하는 양상을 보인다.

2022년 생성형 AI의 폭발적인 등장은 전형적인 '도입 국면'의 광기를 보여주었다. 수많은 AI 스타트업이 생겨나고, 막대한 투자금이 몰리며 거대한 거품이 형성되었다. 하지만 이 거품이 꺼지고 안정적인 '전개 국면'이 오기를 기다리는 것은 과거의 사고방식일 수 있다. 오히려 이 거품이 꺼지기도 전에, 'AI 에이전트', '양자 AI' 등 또 다른 파괴적인 AI 기술이 등장하여 새로운 '도입 국면'을 촉발할 수 있다.

이는 마치 거대한 파도가 한번 치고 지나가는 것이 아니라, 여러 개의 파도가 끊임없이 중첩되어 밀려오는 것과 같다. 기업들은 이제 안정적인 '황금기'를 기대하기보다, 상시적인 불확실성과 격변 속에서 생존하고 성장하는 법을 배워야 한다. 거품의 형성과 붕괴, 그리고 그 속에서 일어나는 창조적 파괴는 더 이상 수십 년에 한 번 오는 이벤트가 아니라, 비즈니스의 일상이 될 것이다.

새로운 패러다임의 심화: 지능이 모든 것을 결정한다

AI 혁명이 가져오는 새로운 테크노-경제 패러다임은 최근까지 전개되었던 ICT 혁명의 연장선에 있지만, 그 깊이와 범위는 차원이 다르다. ICT 혁명의 패러다임이 '정보'와 '네트워크'를 중심으로

했다면, AI 혁명의 패러다임은 '지능'과 '자율성'을 중심으로 재편된다. 새로운 패러다임의 핵심 원칙은 다음과 같다.

1) **모든 것의 지능화:** 제품, 서비스, 공장, 도시 등 모든 것이 데이터를 학습하고 스스로를 최적화하는 지능을 갖게 된다. 자동차는 더 이상 단순한 이동 수단이 아니라, 데이터를 수집하고 학습하며 스스로 운전하는 '바퀴 달린 컴퓨터'가 된다.
2) **인지 노동의 자동화:** 과거의 자동화가 육체노동을 대체했다면, AI는 글을 쓰고, 분석하고, 의사결정을 내리는 등 인간의 '인지 노동'을 자동화하고 증강시킨다. 이는 지식 노동자의 역할과 생산성을 근본적으로 재정의한다.
3) **초개인화:** AI는 수억 명의 개별 사용자에게 완전히 개인화된 제품, 서비스, 경험을 제공하는 것을 가능하게 한다. 대량생산(Mass Production)과 대량 맞춤화(Mass Customization)를 넘어, 이제는 '대량 개인화(Mass Personalization)'의 시대가 열린다.
4) **예측과 시뮬레이션:** AI는 방대한 데이터를 기반으로 미래를 예측하고, 수많은 가상 시나리오를 시뮬레이션하여 최적의 의사결정을 내리는 것을 돕는다. 이는 기업 경영을 '사후 대응'에서 '사전 예측'으로 전환시킨다.

이 새로운 '상식'은 과거의 경영 원칙들을 빠르게 낡은 것으로 만들고 있다. 이 패러다임에 얼마나 빨리 적응하고 내재화하느냐가 기업의 생존을 결정하는 가장 중요한 요소가 될 것이다.

Strategy | 압축된 미래에 대응하라: 초가속 시대를 위한 기업 전략

산업혁명의 주기가 수십 년에서 수년으로 압축되는 '초가속 시대'는 기업에게 전례 없는 도전과 기회를 동시에 제시한다. 카를로타 페레즈가 제시했던 거대한 사이클의 '도입 국면'과 '전개 국면'이 중첩되고 반복되면서, 과거의 장기 계획이나 안정적인 시장 지위는 더 이상 생존을 보장하지 않는 시대가 되었다. 기업은 상시적인 불확실성과 격변 속에서 중심을 잃지 않고, 오히려 그 변화의 파도를 타고 더 멀리 나아갈 수 있는 새로운 수준의 전략적 역량을 갖추어야 한다. 특히, AI가 주도하는 새로운 테크노-경제 패러다임의 핵심 원칙인 '지능'과 '자율성'을 내재화하는 구체적인 실행 전략이 필요하다

전략 1
전략적 민첩성을 넘어 '실시간 동적 역량' 시스템 구축

과거 기업이 추구했던 '전략적 민첩성(Strategic Agility)'은 주로 조직 구조와 문화의 유연성을 확보하여 변화에 대응하는 능력을 의미했다. 그러나 혁명의 주기가 수십 년에서 단 몇 년으로 압축된 초가속 시대에는 단순한 민첩성을 넘어, 환경 변화에 맞춰 기업의 자산, 역량, 가치 사슬을 실시간으로 재구성하고 재편성할 수 있는 근본적인 '동적 역량(Dynamic Capabilities)'을 시스템적으로 확보해야 한다. 이는 마치 새로운 기술의 파도가 밀려올 때마

다 스스로의 형질을 변이시킬 수 있는 유기체와 같다.

따라서 기업은 AI를 활용하여 시장의 미세한 변화를 감지(Sensing)하고, 이를 바탕으로 신속하게 의사결정(Seizing)하며, 기업의 자원을 재구성(Transforming)하는 이 세 가지 핵심 프로세스를 다음과 같이 자동화하고 지능화해야 한다.

첫째, AI 기반 '인지적 적응성(Perceptual Adaptability)' 강화가 필수적이다. 전통적인 시장 조사나 경영진의 직관만으로는 끊임없이 진화하고 명멸하는 AI 기술과 시장 동향의 미세한 '약한 신호(Weak Signal)'를 포착할 수 없다. 기업은 AI 기반 시장 인텔리전스 도구를 도입하여 전 세계의 기술 논문, 특허 동향, 소셜 미디어 데이터를 실시간으로 수집 및 분석하고, 이를 통해 미래의 위협이나 기회를 누구보다 먼저 인지하는 역량을 내재화해야 한다. 이러한 인지적 적응성은 기업이 AI 기술의 사용을 통해 혁신 역량과 효과를 높이는 데 중대한 영향을 미친다.

둘째, '적시 의사결정(Timely Decision)'의 시스템화를 통해 기회 포착을 극대화해야 한다. 초가속 시대에는 기회의 창이 순식간에 닫히므로, 완벽한 분석을 기다리느라 때를 놓치는 위험을 피해야 한다. 감지된 변화에 대해 신속하게 자원을 배분하고 실행을 결정할 수 있도록, 복잡한 보고 라인과 관료주의를 최소화하는 의사결정 구조가 요구된다. 이는 최고 경영진이 위험을 감수하고 권한을 위임하는 문화를 조성하는 한편, AI가 제시하는 예측적 통찰(Predictive Insights)을 바탕으로 리더들이 신속하게 '가설 설정 및 검증'을 할 수 있는 경영 시스템을 구축하는 것을 의미한다.

셋째, 자원의 유동적 재구성 능력을 확보해야 한다. 기업은 한 번 배분된 자원과 인력을 특정 사업부에 고정시키는 과거의 방식을 벗어나야 한다. 급변하는 시장 환경에 따라 인력, 자본, 기술 인프라를 유연하게 재배치할 수 있는 '자원 유동성(Resource Fluidity)'을 확보하는 것이 핵심이다. 이는 특정 기술 스택이나 사업 모델이 언제든 파괴될 수 있다는 전제 하에, 조직이 새로운 혁신 경로를 탐색하고 기존 핵심 역량을 확장하며 재형성(Reconfigure)하는 근본적인 능력을 갖추는 것을 의미한다.

전략 2

대량 맞춤화를 넘어 '초개인화 시스템'의 아키텍처 구축

AI가 압축시킨 혁명의 사이클은 시장 요구의 변화 속도를 따라잡지 못하는 기업을 도태시킨다. 새로운 테크노-경제 패러다임이 제시하는 궁극적인 시장 원칙은 '대량 개인화(Mass Personalization)'이다. 이는 과거 ICT 혁명이 목표했던 '대량 맞춤화(Mass Customization)'를 넘어, 수억 명의 개별 사용자에게 완전히 개인화되고 예측된 제품, 서비스, 경험을 제공하는 것을 의미한다. 기업의 전략은 이제 개별 제품을 판매하는 것에서 벗어나, 이러한 초개인화된 가치를 끊임없이 생성하고 전달하는 다음과 같은 '지능형 시스템'을 구축하는 것에 집중해야 한다.

첫째, 디지털-물리 융합을 통한 '지능형 학습 피드백 루프' 설계이다. 초개인화는 제품, 공정, 고객 경험 전반에 걸친 지능화를 요구하며, 이 모든 요소가 실시간으로 데이터를 교환하고 학습하는 아키텍처가 필수적이다. 기업은 제품(하드웨어 또는 소프트웨어)이 고객으로부터 데이터를 수집하고, 이 데이터가 중앙의 AI 모델로 흘러 들어가 모델을 즉시 개선하며, 개선된 모델이 다시 고객에게 초개인화된 서비스나 기능 업데이트 형태로 제공되는 선순환 구조를 비즈니스 모델의 핵심에 두어야 한다.

둘째, 제조 및 공급망의 '자율적 적응성' 확보가 필요하다. 초개인화된 수요는 생산 시스템에도 즉각적인 대응을 요구한다. 따라서 기업은 물리 공정의 디지털 트윈(Digital Twin) 기술을 발전시키고, 제조 공정 전반에 MES(Manufacturing Execution System), ERP(Enterprise Resource Planning) 등의 솔루션을 지능화하여 '자율제조(Autonomous Manufacturing)' 역량을 확보해야 한다. 이러한 자율적인 시스템은 급변하는 고객의 개인화된 요구에 맞춰 생산 계획, 자재 조달, 품질 관리를 인간의 개입 없이 스스로 최적화할 수 있도록 하여, 혁명의 가속 속도에 보조를 맞출 수 있게 한다.

셋째, AI 기반 예측과 시뮬레이션을 통한 '미래 지향적 의사결정' 내재화이다. 초개인화 시대에는 수요가 발생한 후에 대응하는 '사후 대응' 방식으로는 경쟁 우위를 가질 수 없다. AI는 방대한 고객 데이터를 기반으로 미래의 수요, 트렌드, 개별 고객의 다음 행동을 예측하고, 수많은 가상 시나리오를 시뮬레이션하여 최적의 제품 포트폴리오 및 마케팅 전략을 결정하는 것을 돕는다. 기업은 이러한 예측적 통찰을 의사결정 과정에 통합하여 경영을 '사전 예측' 중심으로 전환해야 하며, 이는 AI 기술 도입의 최종 목표이자 초가속 혁명 사이클에 대응하는 가장 강력한 무기가 된다.

전략 3

'제품 판매'를 넘어 '학습하는 생태계'를 구축하라

압축된 혁명의 시대에 개별 제품의 수명 주기는 극도로 짧아진다. 오늘 최고의 제품이 내일이면 낡은 것이 될 수 있다. 따라서 기업의 장기적인 경쟁 우위는 더 이상 개별 제품의 성능에서 나오지 않는다. 대신, 제품, 사용자, 파트너, 그리고 AI가 함께 학습하며 진화하는 다음과 같은 '학습 생태계(Learning Ecosystem)'를 구축하는 능력에서 나온다.

1) **데이터 선순환 구조의 설계:** 5장에서 논의했듯이, '더 나은 제품 → 더 많은 사용자 → 더 좋은 데이터 → 더 똑똑한 AI → 더 나은 제품'으로 이어지는 선순환 구조를 비즈니스 모델의 핵심에 설계해야 한다. 사용자가 제품을 사용할수록 제품이 더 똑똑해지고, 그 혜택이 다시 사용자에게 돌아가는 구조를 만들어야 한다.
2) **개방형 혁신과 파트너십:** 모든 것을 내부에서 해결하려는 폐쇄적인 사고에서 벗어나, 외부의 아이디어와 기술을 적극적으로 활용해야 한다. 대학, 스타트업, 심지어 경쟁사와도 협력하여 공동의 기술 플랫폼을 구축하거나, API를 공개하여 외부 개발자들이 자사의 생태계 위에서 새로운 가치를 창출하도록 장려해야 한다.
3) **커뮤니티 구축:** 제품을 중심으로 강력한 사용자 및 개발자 커뮤니티를 구축하는 것은 생태계를 활성화하는 가장 중요한 방법이다. 이들이 자발적으로 지식을 공유하고, 서로를 도우며, 새로운 아이디어를 제안하는 과정에서 생태계 전체의 학

습 속도는 기하급수적으로 빨라진다.

결론적으로, AI가 압축시킨 기술혁명의 시대는 과거의 질서정연한 릴레이 경주가 아니라, 여러 트랙에서 수많은 경주가 동시에 벌어지는 혼돈의 카오스 레이스와 같다. 이 새로운 경주에서 승리하기 위해서는 가장 빠른 차 한 대를 만드는 것이 아니라, 변화하는 경기장 전체의 지형을 읽고, 여러 대의 차를 동시에 운용하며, 다른 팀과도 기꺼이 협력하여 가장 먼저 새로운 결승선을 통과하는 지혜와 민첩성이 필요하다.

2부

AI 네이티브 기업으로의 전환

8장

파괴의 공식이 바뀐다: '저비용'이 아닌 '비즈니스 모델'

AS-IS | 거인을 쓰러뜨리는 돌멩이: 파괴적 혁신

왜 잘나가던 위대한 기업들은 한순간에 몰락하는가? 이 질문은 오랫동안 경영학의 가장 큰 미스터리 중 하나였다. 시장을 지배하던 거인들이 왜 작고 보잘것없는 신생 기업에게 속수무책으로 무너지는 것일까? 이 질문에 대한 가장 명쾌하고 충격적인 답을 제시한 인물이 바로 하버드 경영대학원의 클레이튼 크리스텐슨(Clayton M. Christensen) 교수다. 그는 그의 저서 『혁신가의 딜레마(The Innovator's Dilemma)』를 통해, 성공한 기업이 몰락하는 이유가 무능해서가 아니라, 역설적으로 너무나도 합리적이고 훌륭한 경영을 했기 때문이라는 통찰을 제시했다. 그가 정립한 파괴적 혁신(Disruptive Innovation) 이론은 다윗이 골리앗을 이기는 전략의 비밀을 파헤치며, 지난 수십 년간 혁신 전략의 가장 중요한 교과서가 되었다.

파괴적 혁신의 본질: 기술이 아닌 시장 공략법

파괴적 혁신이라는 용어는 오늘날 매우 흔하게 사용되지만, 그 본래 의미는 종종 오해받곤 한다. 많은 사람이 파괴적 혁신을 단순히 세상을 바꾼 획기적인 기술과 동일시하지만, 크리스텐슨 교수가 말한 핵심은 기술 그 자체가 아니다. 파괴적 혁신은 기술이 아니라, 시장을 공략하는 방식에 대한 이야기다.

크리스텐슨 교수는 혁신을 두 가지 유형으로 구분했다. 첫 번째는 대부분의 성공한 기업들이 주력하는 존속적 혁신(Sustaining Innovation)이다. 이는 기존 시장의 주류 고객들이 원하는 방향으로 제품의 성능을 꾸준히 개선해 나가는 활동을 말한다. 자동차 엔진의 연비를 높이거나 스마트폰 카메라의 화소를 높이는 것이 대표적인 예다. 존속적 혁신은 기존 시장의 강자들이 더 높은 수익을 내기 위해 끊임없이 추구하는 합리적인 활동이며, 경쟁에서 뒤처지지 않기 위해 반드시 필요하다.

두 번째가 바로 파괴적 혁신이다. 파괴적 혁신은 정반대의 길을 걷는다. 처음에는 기존 제품보다 성능이 현저히 떨어지는, 더 저렴하고 단순하며 편리한 제품이나 서비스를 가지고 시장의 변두리에서 시작한다. 이 혁신은 기존 시장의 주류 고객이 아닌, 다른 두 그룹의 고객을 목표로 한다. 하나는 저가 시장 파괴(Low-end Disruption)로, 기존 제품의 과도한 성능에 만족하지 못하고 비싼 가격에 불만을 느끼는 과잉 만족된 고객들을 공략한다. 다른 하나는 신시장 파괴(New-market Disruption)로, 기존 제품이 너무 비싸거나 복잡해서 아예 사용하지 못했던 비소비자들(Non-consumer)을 새로운 시장으로 끌어들인다.

파괴적 혁신의 진짜 무서움은 그 이후에 나타난다. 시장의 변두리에서 발판을 마련한 파괴적 혁신은 꾸준히 기술을 개선하며 점차 성능을 높여간다. 처음에는 무시했던 기존 시장의 강자들은, 어느 날 자신들의 주류 고객들마저 이 값싸고 단순했던 제품으로 옮겨가는 것을 속수무책으로 지켜보게 된다. 이것이 바로 파괴가 일어나는 순간이다.

혁신가의 딜레마: 합리적 경영이 부르는 비극

그렇다면 왜 시장을 지배하던 똑똑한 기업들은 이 파괴의 흐름을 보고만 있는 것일까? 크리스텐슨 교수는 그 이유를 혁신가의 딜레마라는 개념으로 설명했다. 이는 성공한 기업을 지탱하는 합리적인 경영 원칙들이 역설적으로 새로운 파괴적 혁신을 받아들이지 못하게 만드는 덫이 되는 현상이다.

성공한 기업들은 최고의 고객에게 귀를 기울이라는 원칙을 따른다. 기업은 가장 많은 돈을 지불하는 핵심 고객들의 요구에 집중하는데, 이 고객들은 더 좋은 성능, 더 많은 기능을 원하지, 성능이 떨어지는 값싼 제품을 원하지 않는다. 또한, 기업은 수익성 높은 시장에 집중하라는 원칙을 따른다. 더 높은 이윤을 남길 수 있는 고급 시장에 자원을 집중하는 것이다. 파괴적 혁신이 처음 등장하는 저가 시장이나 신시장은 규모가 작고 수익성이 낮아 매력적으로 보이지 않는다.

이 두 가지 합리적인 원칙 때문에, 성공한 기업의 경영진에게 파괴적 혁신은 기회가 아니라 무시해도 좋은 하찮은 것으로 인식된다. 성능도 조악하고, 돈도 안 되는 시장에 진출하자는 제안은 회사의 자원을 낭비하는 어리석은 짓으로 치부되기 십상이다. 기존의 성공을 이끈 조직 문화, 성과 평가 시스템, 자원 배분 프로세스 모두가 체계적으로 파괴적 혁신을 거부하도록 설계되어 있는 것이다. 이것이 바로 똑똑한 기업이 올바른 결정을 내렸음에도 불구하고 결국 실패하게 되는 비극, 혁신가의 딜레마의 본질이다(Christensen, C. M., 1997).

사례로 이해하기 | 철강 거인을 무너뜨린 미니밀

파괴적 혁신 이론을 가장 잘 보여주는 교과서적인 사례는 바로 철강 산업에서 일어난 통합제철소와 미니밀(전기로)의 경쟁이다. 20세기 중반까지 철강 산업은 US스틸, 베슬리헴스틸과 같은 거대한 통합제철소들이 지배하고 있었다. 이들은 철광석을 녹이는 거대한 용광로부터 시작하여 최종 철강 제품을 만드는 모든 공정을 수직적으로 통합한 거대 기업이었다. 이들의 핵심 고객은 자동차나 가전제품 회사처럼 아주 높은 품질의 강판을 요구하는 대기업들이었고, 이 고품질 시장에서 막대한 이윤을 남기고 있었다.

이때 뉴코(Nucor)와 같은 작은 미니밀 업체들이 등장했다. 이들은 고철을 전기로에 녹여 철강 제품을 만드는 방식을 사용했는데, 처음에는 품질이 매우 조악하여 철근과 같은 가장 저품질의 건설용 강재밖에 만들 수 없었다. 통합제철소의 주력 제품인 고품질 강판에 비하면 비교할 수 없을 정도로 낮은 성능이었다.

통합제철소들은 미니밀을 전혀 위협으로 여기지 않았다. 철근 시장은 마진이 너무 낮아 그들에게는 전혀 매력적이지 않은 시장이었기 때문이다. 오히려 그들은 수익성이 낮은 철근 시장에서 철수하며 미니밀에게 시장을 기꺼이 내주었고, 더 높은 마진을 남길 수 있는 고품질 시장에 집중했다. 이는 그들의 입장에서 매우 합리적인 결정이었다.

하지만 미니밀은 철근 시장에서 벌어들인 돈으로 기술을 꾸준히 개선해 나갔다. 점차 더 높은 품질의 철강 제품을 만들 수 있게 되면서, 그들은 철근 시장을 넘어 형강, 구조용 강재 등 점차 더 높은 부가가치를 가진 시장으로 한 단계씩 올라왔다. 통합제철소들은 여전히 그들의 기술력을 과소평가하며 자신들의 시장을 지키는 데만 집중했다. 그러나 결국 미니밀의 기술은 계속 발전하여 자동차용 강판까지 생산할 수 있는 수준에 이르렀고, 마침내 통합제철소들의 마지막 보루였던 고품질 시장마저 잠식하기 시작했다. 한때 철강 산업을 호령했던 수많은 거대 통합제철소들은 이 파괴의 흐름 속에서 파산하거나 쇠락의 길을 걸었다. 이 사례는 파괴적 혁신의 전형적인 패턴, 즉 파괴는 시장의 밑바닥에서, 아무도 주목하지 않는 곳에서 조용히 시작되어 기존 강자의 합리적인 외면을 자양분 삼아 성장하고 결국 시장 전체를 뒤엎는다는 것을 보여준다.

TO-BE | AI, 파괴의 공식을 다시 쓰다

클레이튼 크리스텐슨의 파괴적 혁신 이론은 산업 시대의 경쟁 구도를 설명하는 강력한 틀이었다. 그 핵심에는 더 저렴하고 더 간단한 제품으로 시장의 밑바닥이나 비어있는 공간을 공략한다는 명확한 공식이 있었다. 그러나 인공지능(AI)의 등장은 이 오래된 공식을 다시 쓰도록 요구하고 있다. AI 시대의 파괴는 단순히 더 저렴한 제품을 만드는 것을 넘어, AI를 활용하여 기존에는 불가능했던 새로운 비즈니스 모델을 창조하는 데서 비롯된다. 기술 그 자체가 아니라, 기술을 담는 비즈니스 모델의 혁신이 새로운 파괴의 진정한 동력이다.

AI 기술 자체는 파괴적이지 않다

생성형 AI가 등장했을 때, 많은 사람이 AI는 파괴적이라고 선언했다. 하지만 크리스텐슨 이론의 관점에서 보면, 이 말은 절반만 맞거나 혹은 틀린 말이다. AI 기술 그 자체는 파괴적이거나 존속적이지 않다. AI는 강력한 기술적 조력자일 뿐이며, 그 기술이 어떤 비즈니스 모델에 담겨 시장에 출시되느냐에 따라 그 역할이 결정된다.

현재 시장을 지배하는 거대 기술 기업들은 대부분 AI를 존속적 혁신의 도구로 활용하고 있다. 구글은 검색 엔진에 AI를 도입하여 더 나은 검색 결과를 제공하고, 마이크로소프트는 오피스 제품군에 AI 코파일럿을 탑재하여 기존 사용자들의 생산성을 높여준다. 이는 기존의 성공적인 제품과 비즈니스 모델을 더 좋게 만드는 활동이다. 이들 기업의 입장에서 이는 매우 합리적이고 예측 가능한 전략이다.

진정한 파괴는 AI를 활용하여 완전히 새로운 비즈니스 모델을 만들어낼 때 나타난다. 이는 단순히 기존 제품에 AI 기능을 추가하는 수준을 넘어, AI를 통해 비용 구조를 극적으로 바꾸거나, 새로운 가치 사슬을 창조하거나, 이전에는 서비스를 제공할 수 없었던 새로운 고객층에게 다가가는 것을 의미한다. 따라서 AI 시대에 파괴적 혁신을 논할 때, 우리는 기술의 성능에만 현혹되어서는 안 된다. 진짜 질문은 "AI가 어떤 새로운 비즈니스 모델을 가능하게 하는가?" 그리고 "그 비즈니스 모델이 기존 강자들이 무시할 수밖에 없는 방식으로 시장을 공략하는가?"이다.

파괴의 새로운 동력, 비즈니스 모델 혁신

AI 시대의 파괴적 혁신은 크리스텐슨이 제시한 고전적인 조건을 여전히 따르지만, 그 중심축이 제품의 가격과 성능에서 비즈니스 모델의 구조로 이동한다. AI 기반의 파괴적 비즈니스 모델은 여전히 기존 제품에 과잉 만족한 고객이나 기존 제품을 사용하지 못했던 비소비자를 목표로 한다. 처음에는 기존의 인간 전문가나 고가 솔루션이 제공하는 서비스 품질에 미치지 못할 수도 있다. 그러나 더 저렴하거나, 더 편리하거나, 더 간단한 방식으로 가치를 제공한다는 핵심은 동일하다.

가장 중요한 차이점은 AI라는 기술 조력자를 통해, 기존 강자들이 따라 할 수 없는 비용 구조와 확장성을 가진 새로운 가치 제안을 만들어 낸다는 점이다. 그리고 시간이 지남에 따라 성능을 개선하며 상위 시장으로 이동하는 경로를 밟는다. 결국 AI 시대의 파괴적 혁신은 AI 기술과 새로운 비즈니스 모델의 결합이다. AI는 기존 산업의 비용 구조를 파괴하고, 개인화된 서비스를 대규모로 제공하며, 인간 전문가의 역할을 자동화하는 등 새로운 비즈니스 모델을 가능하게 하는 핵심 동력이다.

사례로 이해하기 | AI 튜터, 값비싼 교육 시장을 파괴하다

AI가 어떻게 비즈니스 모델 혁신을 통해 파괴를 이끌어내는지를 보여주는 좋은 예는 바로 교육 시장이다. 전통적인 교육 시장, 특히 개인화된 학습 지원 시장은 소수의 부유층을 위한 고가의 일대일 과외나 학원이 지배하고 있었다. 이들은 높은 수준의 교육 서비스를 제공했지만, 비싼 가격 때문에 대다수의 학생들은 접근하기 어려웠다. 이들이 바로 비소비자다.

칸 아카데미의 칸미고나 듀오링고와 같은 AI 튜터 서비스가 등장하면서 상황이 바뀌고 있다. 이 서비스들은 처음에는 인간 교사의 정교하고 공감적인 지도 능력에 비하면 성능이 떨어졌다. 때로는 엉뚱한 답변을 하기도 하고, 학생의 복잡한 감정 상태를 이해하지도 못했다. 하지만 AI 튜터는 전통적인 과외와는 비교할 수 없는 파괴적인 비즈니스 모델을 가지고 있다.

가장 큰 특징은 극단적인 비용 절감이 가능하다는 점이다. 한번 개발된 AI 튜터는 거의 0에 가까운 한계 비용으로 수백만, 수천만 명의 학생들에게 동시에 서비스를 제공할 수 있다. 이는 인간 교사의 수가 학생 수에 비례하여 증가해야 하는 전통적인 교육 모델의 비용 구조를 완전히 파괴한다. 또한, AI 튜터는 각 학생의 학습 속도, 강점, 약점을 실시간으로 분석하여 완전히 개인화된 학습 경로와 맞춤형 문제를 제공함으로써 초개인화된 학습 경험을 제공한다. 이는 한 명의 교사가 수십 명의 학생을 가르치는 교실 환경에서는 불가능했던 수준의 개인화다.

AI 튜터는 처음에는 비싼 과외를 받을 수 없었던 비소비자 학생들에게 저렴하고 편리한 학습 보조 도구로 시작했다. 기존의 고가 과외 시장은 이를 위협으로 느끼지 않았다. 그러나 AI 기술이 발전하고, 더 많은 학생들의 학습 데이터를 통해 AI 튜터가 점점 더 똑똑해지면서, 그 성능은 점차 인간 교사의 수준에 가까워지고 있다. 미래에는 AI 튜터가 단순한 보조 도구를 넘어, 주류 교육 시장의 핵심 플레이어가 되어 기존의 교육 비즈니스 모델을 근본적으로 위협하게 될 것이다. 이 사례는 AI 시대의 파괴가 단순히 저렴한 제품이 아니라, AI를 통해 비용 구조, 가치 제안, 확장성을 근본적으로 재창조하는 비즈니스 모델 혁신에서 비롯됨을 명확히 보여준다.

Strategy | 파괴의 새로운 게임, 고객을 위한 비즈니스 모델에 집중하라

AI가 파괴의 공식을 저렴한 제품에서 혁신적인 비즈니스 모델로 바꾸면서, 기업들이 이 새로운 게임에서 살아남기 위한 전략 또한 근본적으로 수정되어야 한다. 더 이상 경쟁사의 신제품 가격표에만 신경 써서는 안 된다. 이제 기업은 경쟁사가 어떤 새로운 비즈니스 모델을 구축하고 있는지, 그리고 AI를 활용하여 어떻게 비용 구조와 가치 사슬을 재편하고 있는지를 꿰뚫어 보아야 한다.

전략 1
고객을 위해 더 나은 비즈니스 모델을 설계하라

파괴적 혁신 이론의 창시자인 크리스텐슨 교수가 말년에 강조했던 개념 중 하나가 바로 해야 할 일(Job to Be Done, JTBD) 이론이다. 이 이론은 고객이 제품을 구매하는 것이 아니라, 특정 상황에서 해야 할 일을 해결하기 위해 제품을 고용한다고 본다. AI 시대의 파괴적 기회는 바로 이 JTBD 이론을 새로운 렌즈로 바라보는 데서 시작된다. 과거의 파괴가 "고객의 일을 더 저렴하게 해결해 줄 수 있을까?"에 집중했다면, AI 시대의 파괴는 "AI 기반의 새로운 비즈니스 모델을 통해 고객의 일을 근본적으로 다른, 훨씬 더 나은 방식으로 해결해 줄 수 있을까?"를 묻는다.

기존 기업들은 자사의 제품이 현재 고객의 어떤 일을 해결해주고 있는지 명확히 정의해야 한다. 그리고 경쟁사가 단순히 더 저렴한 제품을 내놓는 것이 아니라, 완전히 새로운 비즈니스 모델로 그 일을 더 편리하고, 더 빠르고, 더 개인화된 방식으로 해결해 주려 할 때 어떻게 대응할지 고민해야 한다. 예를 들어, 전통적인 회계 법인의 일은 기업의 장부를 정리하고 세금을 신고하는 것이다. AI 회계 소프트웨어는 단순히 이 일을 더 저렴하게 해주는 것을 넘어, 실시간 데이터 분석을 통해 재무 예측과 경영 컨설팅까지 제공하는 새로운 비즈니스 모델로 이 일의 정의 자체를 바꾸려 하고 있다.

신생 기업들은 고객들이 현재 매우 불편하고, 비싸고, 복잡하게 처리하고 있는 일이 무엇인지 찾아야 한다. 그리고 그 일을 해결하기 위해 AI 네이티브 비즈니스 모델을 처음부터 설계해야 한다. 이는 기존 강자들이 가진 복잡한 조직 구조나 레거시 시스템 없이, 오직 AI와 데이터를 중심으로 가장 효율적인 방식으로 문제를 해결하는 데 집중할 수 있다는 비대칭적 우위를 제공한다.

전략 2

비즈니스 모델을 위한 데이터 선순환 구조를 설계하라

AI 기반 비즈니스 모델의 가장 강력한 경쟁 우위는 데이터 피드백 루프에서 나온다. 이는 더 많은 사용자가 더 많은 데이터를 생성하고, 그 데이터로 AI 모델이 더 똑똑해지며, 더 나은 서비스를 제공하여 다시 더 많은 사용자를 유치하는 선순환 구조를 의미한다. 이 루프는 한번 강력하게 작동하기 시작하면 후발 주자가 따라잡기 매우 어려운 강력한 해자를 구축한다.

AI 시대의 파괴적 혁신을 꿈꾸는 기업은 바로 이 데이터 피드백 루프를 비즈니스 모델의 심장부에 설계해야 한다. 이는 단순히 데이터를 수집하는 것을 넘어, 비즈니스의 모든 활동이 AI를 더 똑똑하게 만드는 데 기여하도록 만드는 것이다. 이를 위해서는 사용자가 기꺼이 자신의 데이터를 제공할 만큼 강력한 가치를 제공해야 한다. 넷플릭스는 사용자의 시청 데이터를 받는 대가로 놀랍도록 정확한 개인화 추천을 제공한다. 이 가치 교환이 명확할수록 데이터 피드백 루프는 더 빠르게 회전한다.

또한 경쟁사가 쉽게 접근할 수 없는 독점적인 데이터를 생성하는 비즈니스 모델을 구축하는 것이 중요하다. 테슬라의 자율주행 시스템은 전 세계 수백만 대의 차량이 실제 도로를 주행하며 생성하는 독점적인 데이터를 통해 학습한다. 경쟁사는 시뮬레이션 데이터만으로는 이 데이터의 질과 양을 따라잡기 어렵다. 기존 기업들은 자신들이 보유한 방대한 데이터가 강력한 자산이라고 생각하지만, 그 데이터는 대부분 기존의 비즈니스 모델에 최적화되어 있다. 파괴적 혁신가는 새로운 비즈니스 모델에 최적화된, 완전히 다른 종류의 데이터를 수집하고 활용함으로써 기존 강자의 데이터 우위를 무력화시킬 수 있다.

전략 3
파괴를 위한 독립 조직을 운영하라

혁신가의 딜레마를 극복하기 위한 고전적인 해법은 파괴적 혁신을 탐구할 별도의 독립적인 조직을 만드는 것이다. 이 원칙은 AI 시대에도 여전히 유효하지만, 한 가지 중요한 조건이 추가된다. 바로 그 독립 조직의 성공을 측정하는 잣대를 완전히 바꾸어야 한다는 것이다.

과거에는 독립 조직의 목표가 새로운 저가 제품을 성공시키는 것이었다. 그러나 AI 시대에 독립 조직의 유일한 목표는 성공적인 AI 네이티브 비즈니스 모델을 찾는 것이 되어야 한다. 이 조직은 모기업의 매출이나 이익률과 같은 전통적인 KPI로 평가받아서는 안 된다. 대신, 고객의 JTBD를 얼마나 효과적으로 해결했는가, 데이터 피드백 루프를 얼마나 빠르게 구축했는가, 확장 가능한 비용 구조를 증명했는가와 같은 비즈니스 모델의 유효성을 검증하는 지표로 평가받아야 한다.

새로운 비즈니스 모델을 찾는 과정은 수많은 실패를 동반한다. 이 조직은 실패로부터 빠르게 배우고 다음 시도를 할 수 있는 충분한 자율성과 지원을 보장받아야 한다. 때로는 내부에서 파괴적 비즈니스 모델을 만드는 것보다, 이미 그 모델을 증명한 외부의 작은 스타트업을 인수하는 것이 더 빠를 수 있다. 이때 중요한 것은 단순히 기술이나 인재를 인수하는 것이 아니라, 그들이 가진 파괴적인 비즈니스 모델과 DNA를 존중하고 독립성을 유지시켜 주는 것이다.

결론적으로, AI 시대의 파괴적 혁신은 더 이상 변두리 시장을 공략하는 값싼 제품에 대한 이야기가 아니다. 그것은 AI라는 강력한 무기를 활용하여 산업의 비용 구조와 가치 창출 방식을 근본적으로 재설계하는 비즈니스 모델 간의 전쟁이다. 이 새로운 전쟁에서 승리하기 위해서는 기술의 잠재력을 꿰뚫어 보고, 그것을 담을 수 있는 가장 혁신적인 비즈니스 모델을 설계하고 실행하는 능력이 그 어느 때보다 중요해졌다.

9장

누가 혁신의 과실을 차지하는가?: AI 시대의 컨트롤 포인트 전쟁

AS-IS | 혁신은 어떻게 부(富)가 되는가

역사상 가장 위대한 발명품을 만든 기업이 항상 가장 큰 부를 얻지는 못했다. 오히려 그 발명을 교묘하게 모방하거나, 혹은 그 발명에 필수적인 다른 무언가를 장악한 후발 주자가 혁신의 과실을 독차지하는 경우는 비일비재했다. 세계 최초로 컴퓨터단층촬영(CAT) 스캐너를 개발하여 의료계에 혁명을 일으킨 영국의 EMI는 정작 시장의 주도권을 후발 주자들에게 내주고 사업에서 철수해야만 했다. 반면, 후발 주자였던 IBM은 개인용 컴퓨터(PC) 시장에 진입하자마자 업계의 표준을 장악하며 막대한 성공을 거두었다.

이 풀리지 않는 수수께끼, 즉 혁신적인 아이디어가 어떻게 상업적 성공으로 이어지는지에 대한 가장 심도 있는 해답은 1986년 경제학자 데이비드 티스(David Teece) 교수가 제시한 프레임워크에서 찾을 수 있다. 이 논의는 단순히 훌륭한 기술을 개발하는 것만으로는 충분하지 않으며, 그 기술을 둘러싼 산업의 구조와 힘의 역학, 즉 가치를 창출하고 획득하는 '전장의 설계도' 자체를 이해하고 지배해야만 혁신의 진정한 승자가 될 수 있음을 밝혔다. 이 전장의 설계도를 기술 경영학에서는 '아키텍처(Architecture)'라고 부른다. 제품의 설계도인 '제품 아키텍처'가 바뀌면, 산업의 구조인 '산업 아키텍처'가 변하고, 그에 따라 부가 흘러가는 길목인 '컨트롤 포인트(Control Point)'가 이동한다.

AI가 이 오래된 부의 지도를 어떻게 다시 그리고 있는지를 이해하기 위해서는, 먼저 산업 시대의 거인들이 이 지도를 어떻게 읽고 활용했는지를 알아야 한다. 그리고 디지털 기술이 제품과 산업의 아키텍처를 어떻게 근본적으로 바꾸었는지, 그 결과 새로운 컨트롤 포인트가 어디에서 나타나고 있는지를 추적해야 한다. 이 과정을 통해 우리는 AI 시대에 혁신의 과실을 차지하기 위한 새로운 전략을 도출할 수 있을 것이다.

혁신가의 부를 위한 세 가지 열쇠, 티스의 PFI 프레임워크

데이비드 티스가 던진 근본적인 질문은 이것이었다. "왜 혁신적인 선구자 기업들은 종종 혁신으로부터 경제적 이익을 얻는 데 실패하는가?" 이 질문에 답하기 위해 그는 경영학 분야에서 가장 많이 인용되는 논문 중 하나로 꼽히는 '기술 혁신으로부터의 수익 창출(Profiting from Technological Innovation)'이라는 기념비적인 연구를 발표했다(Teece, 1986). 이 연구는 혁신으로부터 수익을 창출하는 능력, 즉 가치 획득(Value Capture)의 문제가 기술적 우월성과는 다른 차원의 변수들에 의해 결정된다고 보았다. 티스는 이 변수들을 체계적으로 분석하기 위한 세 가지 핵심 열쇠를 제시했다.

첫 번째 열쇠는 '전유성 체제(Appropriability Regime)'이다. 이는 혁신가가 자신의 아이디어나 기술을 경쟁자의 모방으로부터 얼마나 효과적으로 보호할 수 있는지를 의미한다. 만약 특허나 저작권, 영업 비밀 등 법적, 기술적 보호 장벽이 강력하다면 혁신가는 모방의 위협 없이 상당 기간 독점적인 이익을 누릴 수 있다. 하지만 현실에서 완벽한 보호는 드물다. 많은 특허는 약간의 변형을 통해 우회될 수 있으며, 특히 제품을 만드는 과정, 즉 공정 혁신은 보호하기가 매우 어렵다. 전유성 체제가 약하다면, 아이디어가 공개되는 순간 경쟁자들이 쉽게 모방할 수 있으므로, 혁신가는 기술적 우위만으로는 수익을 보장받을 수 없다.

두 번째 열쇠는 '보완 자산(Complementary Assets)'이다. 아무리 뛰어난 발명품이라도 그것만으로는 상업적 성공을 거둘 수 없다. 성공적인 상용화를 위해서는 제조 시설, 유통 채널, 마케팅 역량, 애프터서비스 네트워크 등 수많은 부가적인 자산과 역량이 필요하다. 티스는 이러한 자산들을 보완 자산이라고 불렀다. 혁신가가 필요한 보완 자산을 직접 소유하고 있다면 문제가 없지만, 그렇지 않다면 외부 파트너에게 의존해야 한다. 이때 만약 전유성이 약하고, 특정 보완 자산이 소수의 기업에 의해 독점되고 있다면, 혁신의 과실은 기술을 개발한 혁신가가 아니라 그 보완 자산을 통제하는 기업에게 돌아갈 위험이 커진다.

세 번째 열쇠는 5장에서 다룬 '지배적 디자인(Dominant Design)' 패러다임이다. 산업 초기에는 다양한 기술과 디자인이 경쟁하지만, 어느 시점에 이르면 시장은 하나의 표준적인 제품 형태를 선택하게 된다. 이 지배적 디자인이 등장하면, 경쟁의 규칙은 제품의 성능 경쟁에서 가격과 생산 효율성 경쟁으로 바뀐다. 이 전환점은 혁신가에게 매우 중요하다. 만약 혁신가가 지배적 디자인이 확립되기 전에 섣불리 대규모 투자를 감행했다가 시장의 선택을 받지 못하면 막대한 손실을 입을 수 있다. 반대로, 후발 주자는 시장의 선호를 확인한 뒤 지배적 디자인에 맞춰 자원을 집중함으로써 혁신가를 뛰어넘을 기회를 잡을 수 있다.

힘의 균형점: 산업 아키텍처와 병목 지점

티스의 프레임워크가 혁신 수익을 결정하는 핵심 요소들을 제시했다면, 이후의 연구들은 이 요소들이 어떻게 산업 전체의 구조 속에서 작동하는지를 설명하며 논의를 확장했다. 그 중심에는 '산업 아키텍처(Industry Architecture)'와 '컨트롤 포인트(Control Point)'

라는 개념이 있다. 산업 아키텍처는 특정 산업 내에서 기업들이 어떻게 역할을 나누고(분업), 어떻게 상호작용하는지를 규정하는 보이지 않는 틀 또는 템플릿이다(Jacobides, Knudsen, & Augier, 2006). 쉽게 말해, "누가 무엇을 하고, 누가 무엇을 얻는가"에 대한 게임의 규칙을 정의하는 것이다. 이 아키텍처는 기술 표준, 규제, 그리고 기업들 간의 오랜 관행 등을 통해 형성되며, 한번 굳어지면 쉽게 바뀌지 않는다.

이 산업 아키텍처 내에서 가장 중요한 전략적 요충지가 바로 병목(Bottleneck) 또는 '컨트롤 포인트(Control Point)'다. 이는 산업 생태계 내에서 가치를 창출하고 획득하는 데 있어 핵심적인 역할을 하는 지점을 의미한다. 병목은 시스템 전체의 성능이나 흐름을 제약하는 지점을 의미하며, 이 병목을 통제하는 자가 시스템 전체의 가치를 좌우할 힘을 갖게 된다. 이는 과거 티스가 말한 '특화된 보완 자산(Specialized complementary assets)'이 산업 아키텍처 수준에서 발현되는 현상과 같다. 즉, 컨트롤 포인트는 산업 아키텍처 내에서 가장 강력한 협상력을 가질 수 있는 지점이며, 혁신의 수익이 어디로 흘러 들어갈지를 결정하는 수문과도 같다.

사례로 이해하기 | IBM은 어떻게 스스로 판 무덤에 갇혔는가

1980년대 초반 개인용 컴퓨터(PC) 산업의 역사는 이 모든 이론을 잘 설명하는 사례다. 1981년, 거대 기업 IBM은 IBM PC를 출시하며 개인용 컴퓨터 시장에 본격적으로 뛰어들었다. IBM의 브랜드 파워와 기술력은 시장에 엄청난 파장을 일으켰고, IBM PC는 순식간에 업계의 '지배적 디자인'으로 자리 잡았다.

문제는 그 다음 선택이었다. IBM은 시장을 빠르게 확대하기 위해 PC

의 아키텍처를 개방하는 전략을 선택했다. 즉, PC의 설계도를 공개하여 다른 회사들이 IBM PC와 호환되는 주변기기나 소프트웨어를 자유롭게 만들 수 있도록 한 것이다. 심지어 PC의 두뇌에 해당하는 마이크로프로세서(CPU)는 인텔(Intel)에서, PC의 영혼에 해당하는 운영체제(OS)는 신생 기업이었던 마이크로소프트(Microsoft)에서 조달했다.

IBM의 개방형 전략은 PC 시장의 폭발적인 성장을 이끌었지만, 이는 IBM에게 치명적인 결과를 낳았다. IBM PC의 설계도가 공개되자, 컴팩(Compaq)과 같은 수많은 후발 주자들이 더 저렴한 '호환 PC'를 만들어내며 IBM을 위협하기 시작했다. 시장이 커질수록, PC 산업의 진정한 컨트롤 포인트는 PC 본체를 조립하는 IBM이 아니라, 모든 PC에 반드시 들어가야 하는 핵심 부품, 즉 가장 중요하고 특화된 '보완 자산'을 독점적으로 공급하는 인텔과 마이크로소프트에게로 넘어가기 시작했다.

인텔의 CPU와 마이크로소프트의 윈도우 운영체제(Wintel)는 PC 산업의 가장 강력한 병목이자, 누구도 대체할 수 없는 컨트롤 포인트가 되었다. PC 제조사들은 이 두 회사의 부품 없이는 제품을 만들 수 없었기 때문에, 치열한 가격 경쟁을 벌이며 낮은 마진에 허덕여야 했다. 반면, 인텔과 마이크로소프트는 PC 산업 전체에서 창출되는 이익의 대부분을 가져갔다. 결국, PC 혁명을 일으킨 주역이었던 IBM은 자신이 만든 판에서 스스로의 영향력을 잃고, 혁신의 과실을 핵심 부품 공급사들에게 고스란히 넘겨주게 되었다. 이는 혁신 기술 그 자체보다 그 기술을 둘러싼 산업 아키텍처와 컨트롤 포인트를 지배하는 것이 얼마나 중요한지를 보여주는 역사적인 교훈이다.

TO-BE | 디지털 지각 변동: 제품이 서비스가 되고, 산업이 생태계가 될 때

산업 시대의 가치 창출 공식은 비교적 명확했다. 물리적인 제품을 만들고, 그 제품을 움직이는 데 필요한 보완 자산을 통제하는 것이 핵심이었다. 그러나 디지털 기술과 AI의 등장은 이 단단했던 지각을 흔들고 있다. 제품은 더 이상 한번 팔면 끝나는 고정된 실체가 아니라, 네트워크를 통해 끊임없이 진화하는 서비스가 되고 있다. 산업은 명확한 경계를 가진 개별 기업들의 집합이 아니라, 여러 산업의 경계를 넘나드는 수많은 플레이어들이 복잡하게 얽혀 가치를 만들어내는 디지털 비즈니스 생태계(Digital Business Ecosystem)로 변모하고 있다. 이 거대한 지각 변동 속에서, 혁신의 과실을 차지하기 위한 게임의 규칙, 즉 컨트롤 포인트의 본질과 그것을 차지하기 위한 경쟁의 양상 또한 완전히 새롭게 정의되고 있다.

새로운 설계도의 등장: 계층적 모듈러 아키텍처

디지털 혁명이 가져온 가장 근본적인 변화는 제품의 아키텍처가 바뀌었다는 점이다. 과거의 자동차나 냉장고는 모든 부품이 긴밀하게 연결된 통합적(Integral) 또는 모듈러(Modular) 아키텍처를 가졌다. 그러나 오늘날의 스마트폰이나 스마트TV와 같은 디지털 제품은 전혀 다른 구조를 가진다.

유영진 교수 등이 제안한 '계층적 모듈러 아키텍처(LMA; Layered Modular Architecture)'는 이러한 변화를 설명하는 강력한 틀을 제공한다(Yoo, Henfridsson, & Lyytinen, 2010). 이 아키텍처는 디지털 제품이 서로 다른 기술과 서비스가 겹겹이 쌓인 '시루떡'과 같은 구조를 가지고 있다고 본다. 가장 아래에는 물리적인 기기(Device)계층이 있고, 그 위로 이 기기들을 연결하는 네트워크(Network)계층, 다양한 기능을 제공하는 서비스(Service)계층, 그리고 마지막으로 사용자가 소비하는 콘텐츠(Content)계층이 존재한다.

이러한 계층 구조의 가장 중요한 특징은 각 계층이 서로 느슨하게 연결되어 독립적으로 혁신하고 발전할 수 있다는 점이다. 예를 들어, 스마트폰이라는 기기(Device)는 그대로 둔 채, 새로운 앱(Service)을 다운로드하여 완전히 새로운 기능을 추가할 수 있다. 이는 제품과 서비스가 분리되고, 혁신이 여러 계층에서 동시에, 그리고 서로 다른 기업들에 의해 일어날 수 있음을 의미한다. 제품 아키텍처의 이러한 근본적인 변화는 필연적으로 산업 아키텍처의 변화로 이어진다.

컨트롤 포인트의 진화: 병목에서 생태계의 지배자로

계층적 모듈러 아키텍처의 등장은 산업 아키텍처와 컨트롤 포인트의 개념을 완전히 바꾸어 놓았다. 산업 시대의 컨트롤 포인트가 주로 물리적인 보완 자산이나 제조 공정상의 병목 현상에서 발생했다면, 디지털 시대의 컨트롤 포인트는 이 계층 구조의 어느 지점을 장악하느냐의 문제로 전환된다.

최근의 한 연구는 디지털 비즈니스 생태계의 컨트롤 포인트를 분석하기 위한 새로운 분석 틀을 제시하며 깊은 통찰을 제공한다(Bohnsack, Hanelt, & Kurtz, 2024). 이 연구에 따르면, 오늘날의 컨트롤 포인트는 크게 네 가지 유형으로 구분할 수 있다.

'기술적 컨트롤 포인트'는 구글의 검색 알고리즘, 작물 질병을 진단하는 독점 AI 모델과 같이 독점적 알고리즘, 고품질 데이터, 핵심 인프라 등 기술 자체에서 비롯되는 매우 큰 영향력을 가진 영역을 의미하며, '전략적 컨트롤 포인트'는 애플의 강력한 브랜드 충성도, 아마존의 수억 명 프라임 고객의 사례와 같이 브랜드, 고객 접근성, 생태계 조정(Orchestration) 능력 등 비즈니스 자산에서 비롯되는 큰 영향력을 가진 영역을 의미한다. 또한 '일반적 컨트롤 포인트'는 다른 서비스와 쉽게 연동되는 모듈성, 사용자 증가에 대응하는 확장성을 가지고 있어 생태계 참여를 위한 기본 조건. 그 자체로 힘은 약하지만 없으면 참여가 불가능하게 하는 컨트롤 포인트를 의미한다. 마지막으로 '제도적 경계'는 유럽연합의 개인정보보호규정(GDPR), 스마트홈 산업의 '매터(Matter)' 표준과 같이 정부 규제, 산업 표준 등 외부에서 게임의 규칙을 정하는 힘을 의미한다.

● **표 컨트롤 포인트**

유형	정의	예시
기술적 컨트롤 포인트	독점적 알고리즘, 고품질 데이터, 핵심 인프라 등 기술 자체에서 비롯되는 힘	구글의 검색 알고리즘, 작물 질병을 진단하는 독점 AI 모델
전략적 컨트롤 포인트	브랜드, 고객 접근성, 생태계 조정(Orchestration) 능력 등 비즈니스 자산에서 비롯되는 힘	애플의 강력한 브랜드 충성도, 아마존의 수억 명 프라임 고객
일반적 컨트롤 포인트	생태계 참여를 위한 기본 조건. 그 자체로 힘은 약하지만 없으면 참여가 불가능	다른 서비스와 쉽게 연동되는 모듈성, 사용자 증가에 대응하는 확장성
제도적 경계	정부 규제, 산업 표준 등 외부에서 게임의 규칙을 정하는 힘	유럽연합의 개인정보보호규정(GDPR), 스마트홈 산업의 '매터(Matter)' 표준

이러한 변화는 단순히 용어의 변경을 넘어 힘의 중심이 이동했음을 의미한다. 과거 IBM PC의 사례에서 컨트롤 포인트는 CPU나 OS 같은 핵심 '부품'에 있었다. 그러나 오늘날 스마트폰 생태계에서 가장 강력한 힘은 iOS나 안드로이드 같은 '서비스/플랫폼 계층'에서 나온다. 이 플랫폼 계층은 생태계의 모든 기기와 콘텐츠, 서

비스를 연결하고 조율하는 운영체제 역할을 하며, 이 계층을 지배하는 자가 생태계 전체를 지배하게 된다. 즉, 경쟁의 핵심이 최고의 '부품'을 만드는 것에서, 모든 것을 연결하는 최고의 '계층'을 장악하는 것으로 이동한 것이다. 디지털 시대의 경쟁은 이 네 가지 유형의 컨트롤 포인트를 누가, 어떻게 조합하여 가장 강력한 지배력을 구축하느냐의 싸움이다.

사례로 이해하기 | 스마트팜, 땅이 아닌 데이터를 지배하라

이러한 새로운 경쟁의 양상을 가장 잘 보여주는 곳이 바로 전통적인 농업이 디지털 기술과 만나 탄생한 스마트팜(Smart Farming) 생태계다. 스마트팜은 더 이상 트랙터라는 단일 제품으로 설명될 수 없으며, 여러 기술 계층이 겹쳐진 복잡한 시스템이다. 디바이스(물리적 기기, 센서), 네트워크(데이터 수집 및 연결 계층), 분석 계층(데이터 종합, AI 분석), 그리고 디지털 서비스 계층(농장자동 관리, 스마트폰 앱)으로 구성된다.

이 계층 구조 위에서, 서로 다른 배경을 가진 세 종류의 플레이어들이 치열한 컨트롤 포인트 쟁탈전을 벌이고 있다(Bohnsack et al., 2024).

- **기존 강자(Incumbents):** 존디어(John Deere)와 같은 전통적인 농기계 제조사들이다. 이들은 물리적 기기 계층에서 강력한 브랜드와 전 세계적인 유통 및 서비스망이라는 압도적인 '전략적 컨트롤 포인트'를 가지고 있다. 이들의 전략은 자신들의 하드웨어를 중심으로 데이터를 수집하고 분석하는 폐쇄적인 플랫폼을 구축하여, 기존의 지배력을 디지털 계층으로 확장하려는 것이다.
- **새로운 도전자(New Entrants):** 애그테크(AgTech) 스타트업들이다. 이들은 특정 문제를 해결하는 혁신적인 '기술적 컨트롤 포인트'를 무기로 시장에 진입한다. 예를 들어, 드론 이미지 분석을 통해 작물의 질병을 조기에 진단하는 독점적인AI 알고리즘을 개발하는 식이다. 이들은 특정 기술 분야에서 독보적인 우위를 확보하거나 기존 강자의

플랫폼에 부품처럼 연결되는 전략을 취한다.

- **외부의 침입자(Diversifying Entrants):** 구글이나 마이크로소프트와 같은 거대 IT 기업들이다. 이들은 농업에 대한 지식은 부족하지만, 클라우드 인프라, 데이터 분석, AI 모델 개발이라는 강력한 '기술적 컨트롤 포인트'를 가지고 있다. 이들의 목표는 특정 기기에 종속되지 않는 개방적인 데이터 플랫폼을 구축하여, 데이터가 모이고 분석되는 분석 및 서비스 계층을 장악함으로써 스마트팜 생태계의 '운영체제'가 되려는 전략이다.

이처럼 스마트팜 시장의 미래는 누가 가장 강력한 트랙터를 만드느냐가 아니라, 누가 데이터가 흐르는 길목, 즉 컨트롤 포인트를 장악하여 전체 생태계를 지배하느냐에 따라 결정될 것이다.

● 그림 스마트 팜의 계층적 모듈러 아키텍처(농업과 디지털, AI 기술의 융합)

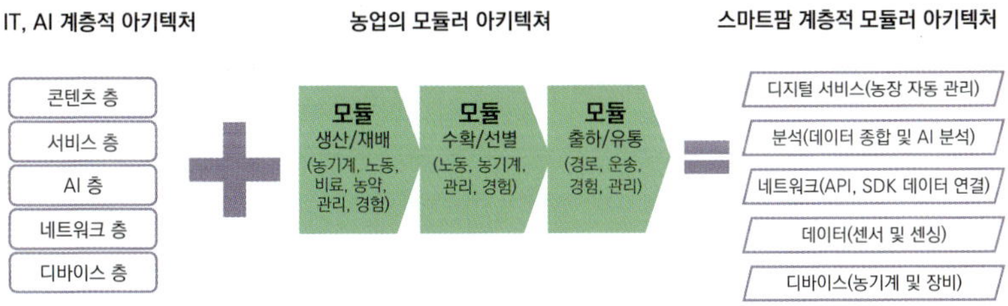

사례로 이해하기 | 스마트홈, 누가 당신의 집을 지배하는가

스마트팜과 유사한 컨트롤 포인트 전쟁은 우리의 일상 공간인 집에서도 벌어지고 있다. 바로 스마트홈(Smart Home) 생태계다. 스마트홈 역시 물리적 기기 계층(스마트 스피커, 조명), 연결 계층(Wi-Fi, Matter), 플랫폼/서비스 계층(알렉사, 구글 어시스턴트), 그리고 콘텐츠/스킬 계층(음악 스트리밍, 뉴스)으로 구성된다.

이곳에서도 세 거인, 아마존, 구글, 애플이 치열한 컨트롤 포인트 경쟁을 벌이고 있다. 스마트홈 생태계의 가장 중요한 컨트롤 포인트는 바로 플랫폼/서비스 계층이다. 어떤 회사의 음성 비서와 앱이 우리 집의 '운영체제'가 되느냐에 따라, 그 회사는 우리 집에서 일어나는 모든 데이터의 흐름을 통제하고, 어떤 기기와 서비스가 우리 집에 들어올 수 있는지를 결정하는 막강한 힘을 갖게 된다. 이들은 각기 다른 강점을 바탕으로 이 컨트롤 포인트를 장악하려 하고 있다.

- **아마존(Alexa):** '개방성'을 무기로 가장 많은 파트너 기기를 확보하는 전략을 사용한다. 아마존은 알렉사를 거의 모든 종류의 기기에 탑재할 수 있도록 허용함으로써, 가장 거대한 기기 생태계를 구축하고 사용자의 일상에 깊숙이 파고들려 한다. 이는 '고객 접근성'이라는 전략적 컨트롤 포인트를 극대화하는 전략이다.
- **구글(Assistant):** 강력한 검색 엔진과 안드로이드 생태계를 바탕으로, 사용자의 의도를 가장 잘 파악하는 '가장 똑똑한' 비서를 만드는 데 집중한다. 구글은 데이터 분석과 AI 기술력이라는 '기술적 컨트롤 포인트'를 통해 경쟁 우위를 확보하려 한다.
- **애플(HomeKit):** 아이폰, 아이패드 등 강력한 자체 기기 생태계와 '프라이버시 보호'라는 가치를 내세운다. 애플은 엄격한 인증 절차를 통해 생태계의 품질과 보안을 통제하며, 충성도 높은 자사 고객들을 중심으로 폐쇄적이지만 안정적인 스마트홈 경험을 제공하려 한다. 이는 '브랜드'와 '생태계 조정 능력'이라는 전략적 컨트롤 포인트를 활용하는 전략이다.

결국 스마트홈의 승자 역시 최고의 스마트 조명이나 스피커를 만드는 회사가 아니라, 이 모든 것을 연결하고 지배하는 플랫폼, 즉 가장 강력한 컨트롤 포인트를 차지하는 회사가 될 것이다.

사례로 이해하기 | 로제AI, 방재 분야의 컨트롤 포인트를 장악하다

로제AI(Roze AI)가 재난 예방 분야에서 거둔 혁신적인 성공은 데이비드 티스 교수가 제시한 산업 아키텍처와 컨트롤 포인트 이론이 AI 시대에 어떻게 재해석되고 현실화될 수 있는지를 명확하게 보여주는 사례다. 이 회사는 기존 산업의 낡은 규칙을 파괴하고 새로운 가치 획득의 길목을 장악함으로써 글로벌 시장의 주도권을 확보하는 데 성공했다.

전통적인 화재 예방 산업의 아키텍처는 '사후 대응(Post-facto)'이라는 근본적인 한계를 가지고 있었다. 소방 시설을 설치하고 유지 보수하는 방식에서, 혁신의 과실을 차지하는 컨트롤 포인트는 주로 '물리적 기기(하드웨어)'의 제조 마진과 설치 및 유지 보수 계약이라는 보완 자산에 머물러 있었다. 아무리 좋은 감지기를 개발해도 화재 발생을 통보하는 역할에 그쳤기 때문에, 가치 창출의 본질은 재난 발생 이후의 보험이나 소방 활동에 종속될 수밖에 없었다.

로제AI는 이 낡은 아키텍처 자체를 사전 예방(Pre-emptive) 서비스로 완전히 재설계하는 전략을 택했다. 이는 제품의 아키텍처를 단순히 물리적인 단일 기기(감지기)에서 계층적 모듈러 아키텍처를 가진 지능형 플랫폼으로 변환하는 것을 의미한다. 로제AI가 구축한 'DAP(Disaster Digital Twin AI Platform)'는 단순한 감지 시스템이 아니라, 실시간 센서 데이터, 환경 데이터, 과거 화재 패턴 등을 종합적으로 수집하고 분석하여 화재 발생 가능성을 '예보'하는 서비스 계층의 운영체제 역할을 수행한다. 이로써 혁신의 과실이 흐르는 길목인 컨트롤 포인트는 물리적인 하드웨어에서 AI 알고리즘과 데이터의 흐름으로 이동했다.

이러한 새로운 기술적 컨트롤 포인트를 장악하기 위해 로제AI는 전략적인 '수직 통합(Vertical Integration)'방식을 취했다. 이 회사는 단순히 기성품을 조립하는 제조업체가 아니라, '반도체 칩 설계(RF SoC)'부터 시작하여, 이 칩이 탑재된 재난 분야 기기의 생산, 그리고 최종적으로 이 모든 기기에서 수집된 데이터의 분석과 예측을 수행하는 독자적인 AI 플랫폼 개발까지 전체 가치 사슬을 내부적으로 수직화했다. 이는 마치 PC 혁명에서 인텔과 마이크로소프트가 CPU와 OS라는 핵심 부품을 독점하여 산업 전체를 지배했듯이, 로제AI는 AI 시대의 가장 중요하고 특화된 보완 자산, 즉 'AI 분석 및 데이터 인프라'를 경쟁사의 모방으로부터 강력하게 보호하고 독점하기 위한 전략적 선택이었다.

이러한 수직 통합 전략은 두 가지 강력한 효과를 낳았다. 첫째, 데이터의 독점적 확보이다. 자체 설계한 칩과 무선 통신 DAP 플랫폼을 통해 수집되는 데이터는 로제AI의 AI 모델만을 위한 고유한 자산이 되며, 이는 경쟁사들이 쉽게 모방할 수 없는 데이터 선순환 구조를 구축하는 기반이 되었다. 둘째, 산업 표준화의 주도이다. 재난 예방 시스템의 핵심 요소인 무선 통신 DAP 플랫폼을 독자적으로 개발하고 선점함으로써, 로제AI는 사실상의 기술 표준을 주도하고 경쟁의 규칙을 재정의하는 힘을 갖게 되었다.

이처럼 새로운 아키텍처를 통해 AI 알고리즘이라는 가장 중요한 컨트롤 포인트를 장악한 결과, 다각적인 비즈니스 성공을 거두었다. 아울러 이 회사는 대형 화재를 조기에 진압하는 데 기여하며, 기술의 사회적 가치 창출도 증명했다. 이러한 실질적인 성능과 기술력은 곧 글로벌 시장 진출로 이어졌다. 이는 전통적인 화재 예방 산업의 가치 평가를 넘어, AI 기반의 예측 서비스 플랫폼이라는 새로운 가치를 시장에서 인정받고 혁신의 과실을 획득하는 성공적인 비즈니스 모델의 전형적인 사례로 평가된다.

Strategy | 디지털 생태계 시대의 새로운 가치 지도를 그려라

AI와 디지털 기술이 산업의 아키텍처를 근본적으로 바꾸고, 컨트롤 포인트의 성격을 완전히 바꾸어 놓은 지금, 기업의 생존 전략 또한 새로운 지도를 필요로 한다. 더 이상 단일 제품의 성능이나 효율적인 생산 공정만으로는 지속 가능한 경쟁 우위를 보장할 수 없다. 이제 기업은 자신이 속한 생태계 전체의 지형을 읽고, 그 안에서 가장 유리한 고지를 점령하며, 끊임없이 변화하는 힘의 균형에 맞춰 자신의 위치를 재조정하는 동적인 능력을 갖추어야 한다.

전략 1
전장을 재정의하라 - 생태계 아키텍처 분석

새로운 시대의 첫 번째 전략적 과제는 당신이 싸우고 있는 전장이 어디인지를 명확히 이해하는 것이다. 이는 단순히 경쟁사를 분석하는 수준을 넘어, 당신의 산업이 어떤 계층적 모듈러 아키텍처로 재편되고 있으며, 그 안에서 가치를 결정하는 핵심 컨트롤 포인트가 어디인지를 파악하는 것을 의미한다.

먼저, 당신의 비즈니스를 구성하는 기술과 서비스의 계층 지도를 그려보아야 한다. 스마트팜의 사례처럼, 가장 아래의 물리적 계층부터 최상단의 디지털 서비스 계층까지 어떤 요소들이 존재하는가? 각 계층에는 어떤 플레이어들이 있으며, 그들 사이의 연결은 어떻게 이루어지는가? 다음으로, 이 계층 지도 위에서 현재 가장 강력한 힘을 발휘하는 컨트롤 포인트는 어디인지 식별해야 한다. 그것은 특정 기술인가, 아니면 브랜드나 고객 접근성인가? 더 중요한 것은, 미래에 중요해질 새로운 컨트롤 포인트는 어디에서 나타날 것인가? 예를 들어, 지금은 하드웨어의 성능이 중요하지만, 미래에는 그 하드웨어에서 생성되는 데이터를 분석하는 AI 알고리즘이 더 중요한 컨트롤 포인트가 될 수 있다. 마지막으로, 이 지도 위에서 당신의 회사는 어디에 위치해 있는지 객관적으로 파악해야 한다. 당신이 가진 강점은 기술적 컨트롤 포인트인가,

전략적 컨트롤 포인트인가? 당신은 기존 강자인가, 새로운 도전자인가, 아니면 외부의 침입자인가? 자신의 위치와 강점을 객관적으로 파악하는 것이 모든 전략의 출발점이다.

전략 2

새로운 권력의 중심을 장악하라 - '추론 기반 개인화'

디지털 생태계의 지도를 그렸다면, 다음 질문은 "어디를 점령해야 하는가?"이다. 산업 시대의 컨트롤 포인트가 물리적 자산이나 지적 재산에 있었다면, AI 시대의 가장 강력하고 새로운 컨트롤 포인트는 바로 추론 기반 개인화(Inference-driven Personalization)능력에서 나온다.

추론 기반 개인화란, AI가 사용자의 행동 데이터, 상황 데이터, 그리고 과거의 상호작용 데이터를 실시간으로 분석하여, 각 개인의 다음 행동이나 숨겨진 의도를 '추론'하고, 그에 맞춰 최적화된 경험(제품 추천, 콘텐츠, 정보 등)을 즉각적으로 제공하는 능력을 의미한다. 이는 단순히 과거의 구매 이력을 바탕으로 비슷한 상품을 보여주는 수준을 넘어선다. 넷플릭스가 당신이 다음에 보고 싶어할 영화를 당신 자신보다 더 잘 예측하고, 스포티파이가 당신의 기분에 맞는 완벽한 플레이리스트를 만들어주는 것이 바로 이 능력의 힘이다.

많은 기업들이 '데이터는 새로운 석유'라고 말하지만, 이는 절반만 맞는 말이다. 원유(데이터) 자체는 가치가 제한적이다. 진짜 가치는 원유를 정제하여 항공유나 고급 플라스틱(개인화된 경험)으로 만드는 정제 시설(추론 엔진)에 있다. 이 추론 기반 개인화가 강력한 컨트롤 포인트가 되는 이유는 명확하다. 첫째, AI가 나를 더 잘 이해할수록 그 서비스는 나에게 없어서는 안 될 존재가 되어 강력한 '고객 고착 효과(Lock-in)'를 만든다. 둘째, 개인화된 추천이 정확할수록 사용자는 더 오래 서비스를 사용하고, 이는 AI를 더 똑똑하게 만드는 더 좋은 데이터를 생성하는 데이터 선순환 구조를 만든다. 셋째, 이 추천 엔진은 사용자가 생태계 내의 다른 서비스나 콘텐츠를 발견하는 가장 중요한 관문 역할을 하며, 이 관문을 통제하는 자는 생태계 전체에 막대한 영향력을 행사할 수 있다. 따라서 AI 시대의 기업은 단순히 데이터를 모으는 것을 넘어, 그 데이터를 활용하여 최고의 추론 엔진을 만들고, 이를 통해 가장 정교한 개인화 경험을 제공하는 능력을 확보하는 데 사활을 걸어야 한다. 이것이 바로 새로운 부의 지도의 중심에 깃발을 꽂는 길이다.

전략 3

계층 간 수직적 통합 전략

계층 간 수직적 통합(LMA; Layered Modular Architecture) 전략은 '계층적 모듈러 아키텍처'가 제공하는 유연성과 개방성을 의도적으로 포기하는 대신, 여러 핵심 계층을 한 기업이 직접 소유하고 통제함으로써 강력한 시너지를 추구하는 전략이다.

LMA의 기본 전제는 기기(Device), 네트워크(Network), 서비스(Service), 콘텐츠(Content) 계층이 분리되어 각자의 속도로 혁신하고, 느슨하게 연결되는 것이다. 하지만 수직적 통합 전략은 이와 정반대의 접근 방식이다.

이 전략의 핵심 목표는 경쟁자가 모방할 수 없는 '완결성 높고 최적화된 사용자 경험(UX)'을 제공하는 것이다. 각 계층이 서로 다른 기업에 의해 제공될 때 발생할 수 있는 호환성 문제, 성능 저하, 파편화된 경험을 원천적으로 차단한다. 기업은 자사의 하드웨어(기기)를 자사의 운영체제(서비스)에 완벽하게 맞추어 설계하고, 이 운영체제는 다시 자사의 독점적인 애플리케이션 및 콘텐츠(서비스/콘텐츠)와 빈틈없이 연동되도록 만든다.

이 전략의 가장 교과서적인 사례는 애플(Apple)이다. 애플은 아이폰과 맥(기기 계층), iOS와 macOS(서비스 계층-OS), 앱스토어(서비스 계층-플랫폼), 그리고 아이클라우드, 애플 뮤직, 아이메시지(서비스/콘텐츠 계층)에 이르는 핵심 계층 대부분을 수직적으로 통합하여 강력한 폐쇄형 생태계를 구축했다.

이러한 통합의 결과, 애플 워치, 아이폰, 맥북 간에 데이터가 끊김 없이 동기화되는 것과 같은 매끄러운 사용자 경험이 가능해진다. 이는 개별 제품의 성능만으로는 달성하기 어려운 강력한 시너지이며, 그 자체가 매우 강력한 '전략적 컨트롤 포인트'(높은 브랜드 충성도, 고객 록인)로 작용한다.

다만, 이 전략은 막대한 초기 자본 투자와 더불어 하드웨어 설계, 소프트웨어 개발, 서비스 운영이라는 각기 다른 역량을 모두 최고 수준으로 유지해야 하는 높은 난이도를 가진다. 또한, 생태계가 폐쇄적이므로 외부의 다양한 혁신을 흡수하는 속도가 개방형 생태계보다 느려질 수 있다는 위험(Risk)도 존재한다.

10장

AI 시대 기업의 흡수역량: 전사적 AI 리터러시

AS-IS | 지식의 연금술: 외부의 정보를 황금으로 바꾸는 능력

동일한 산업에 속한 기업들은 비슷한 기술 변화의 파도에 직면하고, 유사한 시장 정보를 접하며, 같은 기회의 문 앞에 서게 된다. 하지만 어떤 기업은 이 파도를 타고 거대한 혁신을 이루는 반면, 다른 기업은 속수무책으로 휩쓸려 도태된다. 이러한 차이는 어디에서 비롯되는가? 단순히 운이나 타이밍의 문제로 치부하기에는 그 결과의 격차가 너무나도 체계적이고 일관적이다.

이 근본적인 질문에 대한 답은 기업이 가진 내재적인 학습 능력, 즉 흡수역량(Absorptive Capacity)에서 찾을 수 있다.

학습하는 조직과 도태되는 조직의 결정적 차이

흡수역량이라는 개념은 1990년 경제학자 웨슬리 코헨(Wesley M. Cohen)과 대니얼 레빈탈(Daniel A. Levinthal)에 의해 경영학의 중심으로 들어왔다. 이들은 흡수역량을 새로운 외부 정보의 가치를 인식하고(recognize), 그것을 체화하며(assimilate), 상업적인 목적으로 활용하는(apply) 기업의 능력으로 정의했다(Cohen & Levinthal, 1990). 이 정의는 간단해 보이지만 기업의 흥망을 가르는 핵심적인 메커니즘을 담고 있다.

기업의 흡수역량은 이전에 보유하고 있던 관련 지식 수준에 따라 결정된다. 즉, 기업 내부에 축적된 기존 지식은 새로운 외부 정보의 가치를 판별하는 렌즈이자, 그 정보를 이해하고 조직의 것으로 만드는 소화제 역할을 한다. 이러한 특성 때문에 흡수역량의 개발은 경로 의존적(path-dependent) 성격을 띤다. 과거에 특정 기술 분야에 대한 투자를 소홀히 했다면, 단순히 지금부터 자원을 투입한다고 해서 뒤처진 격차를 쉽게 만회할 수 없다. 관련 지식 기반이 없기 때문에 새롭게 쏟아지는 정보의 가치를 제대로 알아보지 못하고, 결국 해당 분야에서 기술적 역량을 개발할 기회 자체가 봉쇄되는 잠김 효과(lock-out)에 빠질 수 있다.

여기서 중요한 점은 조직의 흡수역량이 단순히 조직 구성원 개개인의 역량을 합친 것 이상이라는 사실이다. 아무리 뛰어난 인재들이 많아도 그들의 지식이 사일로(silo)에 갇혀 공유되지 않거나, 외부의 중요한 정보를 적절한 부서로 전달하는 시스템이 없다면 조직 전체의 학습 능력은 저하될 수밖에 없다. 결국 흡수역량은 지식이 지식을 낳는 선순환 구조를 만들어낸다. 높은 흡수역량을 가진 기업은 외부의 기회를 더 잘 포착하여 지식 기반을 더욱 확장하고, 이는 다시 미래의 학습 능력을 강화시킨다. 이처럼 흡수역량은 기업 학습이라는 미시적 과정이 어떻게 지속적인 경쟁 우위라는 거시적 현상으로 이어지는지를 설명하는 핵심적인 연결고리다.

기업이 R&D를 해야하는 이유: 조직의 흡수역량을 높여주는 R&D

기업의 연구개발(R&D) 부서는 흔히 신제품과 신기술을 만들어내는 혁신 공장으로 인식된다. 하지만 이러한 관점은 R&D가 가진 역할의 절반만을 보고 있는 것이다. 코헨과 레빈탈은 R&D가 새로운 지식을 창출하는 첫 번째 얼굴(혁신)과 함께, 외부의 지식을 학습하고 활용하는 능력을 키우는 두 번째 얼굴(학습)을 가지고 있다고 주장했다. 즉, R&D 활동은 그 자체로 기업의 흡수역량을 구축하고 강화하는 가장 중요한 수단이다.

이 관점에서 R&D 투자는 단순히 신제품 개발을 위한 비용이 아니라, 조직 전체의 학습 능력에 대한 직접적인 투자로 재해석된다. R&D 부서의 연구원들은 실험실에만 머무는 것이 아니라, 최신 학술 논문을 읽고, 국내외 학회에 참석하며, 경쟁사의 기술 동향을 면밀히 분석한다. 이러한 모든 활동이 외부의 기술적 신호를 포착하고 해독하는 데 필요한 사전 관련 지식을 조직 내부에 축적하는 과정이다. 다시 말해, R&D 부서는 외부 기술 환경의 변화라는 거대한 바다에서 의미 있는 신호를 잡아내는 조직의 학습 안테나 역할을 수행하는 것이다. 그리고, 또 한편으로는 R&D부서의 이러한 활동은 기업내부와 연결되어 기업 내 다른 영역에서 어떻게 외부지식을 내부로 들이는지에 대한 방법을 알려주는 역할을 하게 된다.

이러한 흡수역량의 관점은 기술 확산, 즉 지식 스필오버(knowledge spillover) 현상에 대한 기존의 통념을 뒤집는다. 전통적인 경제학 이론에서는 내가 개발한 기술이 경쟁사에게 쉽게 유출된다면 굳이 막대한 비용을 들여 R&D에 투자할 유인이 줄어든다고 보았다. 하지만 코헨과 레빈탈의 이론은 정반대의 결론을 제시한다. 경쟁사의 R&D 결과물이나 대학의 연구 성과와 같이 외부 환경에 떠다니는 지식으로부터 혜택을 보기 위해서는, 역설적으로 우리 스스로 그 지식을 이해하고 활용할 수 있는 R&D 역량을 갖추고 있어야 한다는 것이다. 따라서 산업 내에 지식 스필오버가 활발할수록, 기업들은 그 과실을 따기 위해 오히려 자체 R&D 투자를 늘릴 유인을 갖게 된다.

지식을 성과로 바꾸는 4단계 공식

코헨과 레빈탈이 흡수역량의 기초를 세웠다면, 2002년 경영학자 샤커 자라(Shaker A. Zahra)와 제라드 조지(Gerard George)는 이를 한 단계 발전시켜 더욱 정교하고 동적인 프로세스로 재구성했다(Zahra & George, 2002). 이들은 흡수역량을 외부 지식을 획득하여 내재화하고, 이를 통해 새로운 가치를 창출하는 역동적인 조직 역량으로 보았다. 그리고 이 과정을 네 가지의 뚜렷하면서도 상호 연관된 차원으로 나누어 설명했다.

첫 번째 단계는 외부 지식을 탐색하고 이해하는 능력에 초점을 맞춘 잠재적 흡수역량(Potential Absorptive Capacity)이다. 이는 다시 기업 운영에 중요한 외부 생성 지식을 식별하고 획득하는 획득(Acquisition) 단계와, 획득한 정보를 분석, 처리, 해석하고 이해하도록 하는 기업의 루틴과 프로세스인 체화(Assimilation) 단계로 나뉜다.

두 번째 단계는 체화된 지식을 변환하고 활용하여 실질적인 상업적 가치를 창출하는 능력인 실현된 흡수역량(Realized Absorptive Capacity)이다. 이는 기존 지식과 새롭게 획득하고 체화한 지식을 결합하는 루틴을 개발하고 개선하는 변환(Transformation) 단계와, 변환을 통해 얻은 새로운 지식을 신제품 개발, 서비스 개선 등 구체적인 상업적 결과물로 연결하는 활용(Exploitation) 단계로 구성된다.

이 모델이 강조하는 핵심은 이 네 가지 차원이 순차적인 흐름을 갖는다는 점이다. 기업이 외부 지식을 열심히 획득하고 이해하더라도, 그것을 기존 지식과 결합하여 상업적 가치로 연결하지 못하면 아무런 의미가 없다. 즉, 잠재적 흡수역량은 높지만 실현된 흡수역량이 낮은 기업은 지식은 많지만 돈은 못 버는 상태에 빠지게 된다. 진정한 경쟁 우위는 이 네 단계의 프로세스 전체를 유기적으로 연계하고 능숙하게 관리할 때 비로소 창출될 수 있다.

TO-BE | AI, 학습의 패러다임을 바꾸다

기계의 눈으로 세상을 보다: AI가 확장하는 지식의 경계

인공지능(AI) 기술의 등장은 기업의 학습 방식, 즉 흡수역량의 패러다임을 근본적으로 바꾸고 있다. 특히 AI는 흡수역량의 초기 단계인 획득과 체화 과정을 인간의 규모에서 기계의 규모로 확장시킨다. 과거 기업의 지식 획득 활동은 주로 전문가 개인의 역량과 우연에 의존했지만, AI는 이 과정을 체계적이고 전면적인 활동으로 탈바꿈시킨다. AI 기반 지식 관리 도구는 전 세계의 학술 논문, 특허, 시장 보고서 등 방대한 비정형 데이터를 인간이 불가능한 속도와 규모로 24시간 내내 분석할 수 있다. 이는 기업의 학습 안테나를 몇몇 전문가의 귀에서 전 지구를 덮는 거대한 레이더망으로 바꾸는 것과 같다.

지식 체화 단계에서도 AI의 역할은 혁명적이다. 과거에는 획득한 정보를 소수의 전문가가 읽고, 해석하고, 요약하여 조직 내에 전파해야 했다. 그러나 이제 자연어 처리(NLP) 기술과 생성형 AI는 이 거대한 정보의 홍수 속에서 핵심 트렌드를 식별하고, 내용을 자동으로 요약하며, 연관된 데이터를 분류하고, 심지어 새로운 통찰을 생성하는 역할까지 수행한다.

이러한 변화는 인간 전문가의 역할에 대한 근본적인 질문을 던진다. 역사학자 유발 하라리는 우리가 지능(intelligence)과 의식(consciousness)을 혼동해왔다고 지적한다. 지능이 문제를 해결하는 능력이라면, 의식은 주관적인 경험과 감정을 느끼는 능력이다. AI는 의식 없이도 매우 높은 수준의 지능을 가질 수 있음을 보여주었다. 전통적인 R&D 활동은 연구원의 지능에 크게 의존했지만, 이제 AI가 이러한 지능 기반의 작업을 훨씬 빠르고 방대하게 처리할 수 있게 되었다. 따라서 인간 연구원의 핵심 가치는 AI가 할 수 없는 영역, 즉 올바른 질문을 던지고, 연구의 사회적 맥락을 이해하며, 방향성에 대한 윤리적 판단을 내리고, 이질적인 아이디어들을 창의적으로 연결하는 의식의 영역으로 이동해야 한다(Pedota, 2024).

• 표 AI 시대 흡수역량의 변화 비교

구분	기존 흡수역량(ACAP)	AI시대 흡수역량
주체	인간 중심(주로 조직·팀의 학습과정)	인간 + AI(비정형 데이터, 통계적 패턴 학습, 실시간 처리)
지식 취득	외부 정보/지식 수집, 인적 네트워크 활용	AI 통한 빅데이터 탐색, 데이터 기반 자동 식별·수집
지식 동화	인지적 해석, 유사성 기반 연계, 사내 지식망 공유	AI 설명/도출 패턴을 팀에 확산, 암묵지의 알고리즘화·조직화
지식 변환/활용	기존·획득지식의 재조합, 조직 관점에서의 적용	AI가 암묵지까지 가시화하여 적용 폭 확대, 인간+AI 협업으로 창의적 해결책
핵심역량	R&D 투자, 지식관리, 인적 네트워크	데이터 확보/관리, AI 역량, AI-인간 지식융합능력
약점	경직된 인지틀, 느린 조직변화, 암묵지 전수 한계	데이터/AI 편향, 맥락 변화시 신속 적응 미흡, 알고리즘 불투명성 등

새로운 시대의 흡수역량: 전 조직적 학습 능력의 부상

AI는 기업의 흡수역량 개념 또한 근본적으로 바꾸어 놓았다. 과거 R&D 부서라는 특정 조직에 집중되었던 흡수역량은 이제 AI 도구를 통해 기업 전체로 분산되고 민주화된다. 코헨과 레빈탈이 정의한 흡수역량의 핵심은 외부 지식의 가치 인식, 이해, 그리고 활용이다. 과거에는 고도의 전문성을 갖춘 R&D 인력만이 이 역할을 수행할 수 있었다.

그러나 이제는 AI 기반의 다양한 솔루션이 조직 구성원 누구나 외부 지식을 탐색하고 이해할 수 있도록 돕는다. 예를 들어, 삼성전자가 사내 업무 효율화를 위해 도입한 생성형AI 삼성 가우스는 직원들이 방대한 내부 문서를 요약하고 번역하는 것을 도와 지식 접근성을 높인다. 마이크로소프트의 코파일럿과 같은 AI 비서는 다양한 부서의 직원들이 외부 데이터를 분석하고 업무에 필요한 통찰을 얻도록 지원한다.

이는 흡수역량이 더 이상 소수 전문가의 전유물이 아니라, 조직 전체의 문화이자 역량이 되어야 함을 의미한다. 마케팅팀이 AI로 소셜 미디어 트렌드를 분석하여 신제품 기획에 반영하고, 구매팀이 AI로 글로벌 공급망 데이터를 분석하여 새로운 원자재 공급처를 발굴하는 활동 모두가 새로운 시대의 흡수역량 발현이다. AI는 조직의 모든 구성원을 외부 세계의 변화를 감지하는 센서이자, 그 의미를 해석하는 분석가로 만들어준다. 따라서 현대 기업의 혁신 역량은 R&D 부서의 규모가 아니라, 전 조직적으로 외부 지식을 학습하고 신속하게 대응하는 능력, 즉 조직 전체의 흡수역량 수준에 의해 결정된다.

Strategy | 전사적 AI 리터러시와 AI 인프라

AI 시대의 가장 중요한 변화는, 기업이 AI를 '활용'하는 것을 넘어 'AI 기술 자체의 발전'을 흡수해야 한다는 점이다.

과거의 흡수역량이 '시장의 지식'을 흡수하는 것이었다면, 현재의 흡수역량은 '새로운 AI 모델, 기술, 방법론'을 얼마나 빨리 기존 시스템에 흡수하고 내재화하는가의 싸움이다. 코헨이 말한 '경로 의존성(Path Dependency)'이 이제는 'AI 성숙도 의존성'으로 나타난다. AI 인프라와 데이터 전략이 잘 갖춰진 기업은 새로운 AI 기술(예: 새로운 파운데이션 모델)이 등장했을 때 훨씬 빠른 속도로 이를 흡수하여 격차를 벌린다.

결론적으로, AI 시대의 흡수역량은 '더 많이 아는 조직'이 아니라 'AI를 통해 더 빨리, 더 깊게 학습하고, 그 학습을 즉시 자동화된 프로세스에 내재화하는 조직'의 능력을 의미하며, 이는 기업의 데이터 전략 및 AI 인프라 구축과 동의어가 되고 있다.

전략 1
전사적 AI 리터러시 내재화 및 'AI CoE' 구축 전략

AI 기술의 발전 속도를 따라잡고 이를 조직의 '사전 관련 지식(Prior Related Knowledge)'으로 내재화하기 위한 첫 번째 전략은, 인적 자본에 대한 과감한 투자이다. 이는 단순히 AI 엔지니어를 고용하는 것을 넘어, 조직 전체의 AI 이해도를 높이고(리터러시), 동시에 외부의 최신 AI 기술을 전담하여 흡수하는 중앙 조직(CoE)

을 운영하는 이중 구조(Dual-track)를 의미한다.

첫째, 전사적 AI 리터러시 교육은 '흡수역량'의 기반을 다지는 작업이다. 코헨과 레빈탈이 지적했듯이, 외부 지식의 가치를 인식(Acquisition)하기 위해서는 조직 구성원들이 최소한의 관련 지식을 보유해야 한다. AI 시대에 이는 'AI 리터러시'를 의미한다. 모든 직무(마케팅, 재무, 인사, R&D 등)의 구성원들이 생성형 AI와 같은 도구를 단순히 '사용'하는 것을 넘어, '자신의 직무에서 AI를 어떻게 활용할 때 가치가 창출되는지' 식별할 수 있어야 한다. 이는 조직 전체의 '탐색(Acquisition)' 안테나를 수백, 수천 배로 늘리는 효과를 가진다. 기업은 정기적인 실습 중심의 교육, 사내 AI 활용 경진대회, 현업 문제 해결을 위한 AI 툴킷(Toolkit) 보급 등을 통해 이 역량을 조직 문화로 정착시켜야 한다.

둘째, 'AI CoE(Center of Excellence)'는 AI 흡수의 '엔진' 역할을 수행한다. AI 기술은 매우 전문적이고 빠르게 진화하기에, 전사적 리터러시만으로는 최신 AI 모델이나 논문의 기술적 가치를 '소화(Assimilation)'하기 어렵다. AI CoE는 이 역할을 전담하는 전문가 집단이다. 이들의 핵심 임무는 다음과 같다.

1) **기술 스캐닝 및 평가(Acquisition & Assimilation):** 새롭게 등장하는 AI 모델(예: 최신 오픈소스 LLM), 논문, 아키텍처를 지속적으로 모니터링하고, 이것이 자사의 비즈니스 문제나 데이터에 적용 가능한지 '샌드박스' 환경에서 신속하게 테스트하고 평가한다.
2) **내부 자산화 및 번역(Transformation):** 평가가 완료된 유용한 AI 기술을 자사의 데이터로 파인튜닝하거나, 특정 비즈니스 로직에 맞게 최적화하여 '내부 AI 자산' 또는 '플랫폼'으로 만

든다. 이는 외부의 원석(Raw AI)을 내부에서 즉시 사용 가능한 보석(Business-ready AI)으로 가공하는 '변형' 과정이다.

3) 전사 확산 및 지원(Exploitation): 가공된 AI 자산을 현업 부서(Business Units)가 실제 제품이나 서비스, 내부 프로세스에 쉽게 적용할 수 있도록 API, SDK, 가이드라인, 기술 컨설팅 형태로 제공한다.

이 전략은 AI CoE라는 '전문가 집단'의 깊이 있는 흡수 활동과, 전사적 리터러시를 통한 '현업'의 광범위한 활용(Exploitation) 요구가 선순환하며 조직 전체의 AI 흡수 속도를 가속화시키는 것을 목표로 한다.

전략 2
'AI 네이티브 인프라' 및 MLOps 확립 전략

AI 자체를 흡수하는 역량은 조직의 '의지'나 '인력'만으로 완성되지 않는다. 이는 물리적, 기술적 토대, 즉 'AI를 학습시키고 실행할 수 있는 공장(Factory)'을 필요로 한다. 새로운 AI 모델이 외부에서 유입되었을 때(Acquisition), 이를 즉시 테스트하고(Assimilation), 자사 데이터에 맞게 최적화하여(Transformation), 실제 서비스로 배포(Exploitation)하는 전 과정을 뒷받침하는 기술 인프라가 바로 'AI 네이티브 인프라'와 'MLOps(기계 학습 운영)'이다.

첫째, 'AI 네이티브 인프라'는 AI 흡수역량의 기술적 '사전 관련 지식'이다. 이는 단순히 고성능 GPU 서버를 구매하는 것을 의미하지 않는다.

1) **통합 데이터 플랫폼(Data Platform):** 고품질의 데이터는 AI 모델의 '사전 지식' 그 자체이다. 전사적으로 분산된 데이터를 실시간으로 수집, 정제, 라벨링하고, AI 모델이 즉시 학습에 사용할 수 있도록 제공하는 통합된 '데이터 레이크하우스(Data Lakehouse)'가 필수적이다. 이 플랫폼의 성숙도가 AI 모델을 '소화'하는 속도를 결정한다.
2) **유연한 컴퓨팅 환경(Scalable Compute):** 거대 언어 모델(LLM)과 같은 최신 AI를 흡수하기 위해서는 막대한 컴퓨팅 자원이 필요하다. 필요에 따라 즉각적으로 GPU/TPU 클러스터를 할당하고 반납할 수 있는 하이브리드 클라우드(Hybrid Cloud) 환경은, 값비싼 AI 모델을 '테스트'하고 '소화'하는 비용 장벽을 낮추어 더 많은 실험적 흡수를 가능하게 한다.

둘째, 'MLOps(Machine Learning Operations)'는 AI 흡수를 '자동화된 파이프라인'으로 만드는 핵심 프로세스 전략이다. MLOps는 AI 모델의 개발(Dev)과 운영(Ops)을 통합하여, 모델의 '소화-변형-활용' 사이클을 표준화하고 가속화한다(Sculley, D. et al., 2015).

- 과거에는 새로운 AI 모델을 흡수하여 서비스에 적용하는 데 수개월이 걸렸다. 데이터 준비, 모델 훈련, 성능 검증, 서비스 배포, 운영 모니터링이 모두 단절되어 수동으로 진행되었기 때문이다.
- MLOps 전략은 이 전 과정을 'CI/CD(지속적 통합/배포)' 파이프라인으로 자동화한다. 새로운 AI 모델(예: 오픈소스 모델)이 등장하면(Acquisition), MLOps 파이프라인에 투입된다. 이 파이프라인은 자동으로 자사 데이터를 가져와 모델을 파인튜닝하

고(Assimilation/Transformation), 사전 정의된 성능 지표를 검증하며, 검증이 완료되면 클릭 한 번으로 실제 운영 환경에 배포(Exploitation)한다.

- 또한, 배포된 모델의 성능을 실시간으로 모니터링하며 데이터 드리프트(Data Drift) 등을 감지하고, 이 피드백을 다시 모델 개선에 활용(새로운 흡수 사이클)한다.

결론적으로, 이 전략은 AI 흡수 속도를 기업의 핵심 경쟁력으로 만든다. 잘 갖춰진 MLOps 파이프라인을 보유한 기업은 경쟁사보다 10배 빠른 속도로 최신 AI 기술을 '흡수'하여 실제 비즈니스 가치로 '활용'할 수 있다.

전략 3
'AI 생태계' 연계 전략

AI, 특히 파운데이션 모델의 발전 속도는 개별 기업의 내부 R&D 역량만으로는 도저히 감당할 수 없는 수준에 도달했다. 핵심 기술(예: 새로운 모델 아키텍처)은 소수의 빅테크 기업, 엘리트 학계, 그리고 활발한 오픈소스 커뮤니티에서 동시다발적으로 탄생하고 있다. 따라서 'AI 자체를 흡수'하기 위한 세 번째 전략은 기업의 경계를 과감히 개방하고, 외부의 혁신 소스(Source)에 의도적으로 '연결'되는 것이다.

이는 코헨의 흡수역량 모델에서 '획득(Acquisition)' 단계를 극단적으로 고도화하는 전략이다. 단순히 외부 정보를 '관찰'하는 것을 넘어, 외부 생태계에 직접 '참여'함으로써 최고 품질의 지식을 가장 먼저 확보하고, 이를 내부로 '소화(Assimilation)'할 수 있는 파트너십을 구축하는 것이다.

첫째, '학계 및 연구소'와의 공동 R&D 파트너십이다. 최신 AI 방법론은 대부분 논문(예: ArXiv)을 통해 가장 먼저 공개된다. 기업은 관련 분야의 핵심 대학 연구실, AI 전문 연구소(예: 캐나다 MILA, 벡터 연구소 등)와 장기적인 파트너십을 맺어야 한다. 이는 단순한 자금 지원을 넘어, 자사의 엔지니어를 해당 랩에 파견(인적 교류)하거나, 자사의 실제 비즈니스 데이터(물론 비식별화된)를 연구 문제로 제공하는 형태가 되어야 한다. 이 과정을 통해 기업은 논문으로 공개되기 이전의 '암묵지(Tacit Knowledge)'를 흡수하고, 내부 인력(예: CoE)의 전문성을 외부 전문가 수준으로 끌어올릴 수 있다.

둘째, 'AI 스타트업'에 대한 전략적 투자(CVC) 및 인수합병(M&A)이다. CVC(Corporate Venture Capital)는 AI 흡수역량을 위한 강력한 '레이더' 역할을 한다. 유망한 AI 스타트업에 소규모로 투자함으로써, 해당 기술의 상업적 잠재력(Exploitation)을 내부 R&D보다 훨씬 낮은 비용으로 탐색(Acquisition)할 수 있다. 특히 특정 도메인(예: 법률, 의료, 제조)에 특화된 버티컬(Vertical) AI 스타트업과의 협력은, 범용 AI 모델을 자사 비즈니스에 맞게 '변형(Transformation)'하는 과정을 단축시킨다. 성공적인 PoC(기술 검증) 이후에는 M&A를 통해 해당 기술과 핵심 인력을 통째로 흡수(Assimilation)할 수도 있다.

셋째, '오픈소스 커뮤니티'에 대한 적극적인 '참여 및 기여'이다. 오늘날 AI 혁신의 상당 부분은 허깅페이스(Hugging Face), 깃허브(GitHub) 등 오픈소스 커뮤니티에서 일어난다. 과거 기업들은 오픈소스를 '소비(Using)'하는 데 그쳤지만, 이제는 '기여(Contributing)'해야 한다. 자사의 엔지니어들이 오픈소스 프로젝트에 코드를 기여하고, 내부에서 개발한 소규모 모델이나 툴을 커뮤니티에 공개하는 활동은, 당장 비용처럼 보일 수 있다. 하지만 이는 외부의 최신 기술 동향을 가장 가까이에서 '소화'하는 과정이며, 동시에 전 세계 AI 인재들에게 자사의 기술력을 과시하여 '최고의 인재를 유치'하는(인적 흡수역량 강화) 가장 효과적인 전략이 된다.

이 세 가지 외부 연계 전략은 기업의 'AI 흡수역량'을 내부 자원에만 의존하지 않고, 전 세계의 AI 혁신 속도와 동기화시키는 핵심 동력이 된다.

11장

연구실의 종말, R&D 경계를 허무는 AI 혁명

AS-IS | 성벽 안의 혁신: 전통적 R&D 프로세스의 작동방식

20세기 기업의 연구개발(R&D)을 상징하는 이미지는 명확했다. 도심에서 떨어진 외딴 곳에 위치한 연구소, 하얀 가운을 입은 과학자들, 그리고 외부와 엄격히 차단된 보안 시설. 이곳은 기업의 미래를 책임지는 소수의 엘리트 집단이 비밀스럽게 혁신을 잉태하는 성역과도 같았다. 그러나 21세기, 인공지능(AI)과 데이터가 주도하는 디지털 전환의 시대에 이 오래된 이미지는 급격히 빛을 잃고 있다.

AI가 가져온 변화를 이해하기 위해서는 먼저 과거의 방식이 어떻게 구축되고 작동했는지에 대한 깊이 있는 이해가 선행되어야 한다. 전통적 기업 R&D는 불확실성을 통제하고 위험을 관리하기 위해 고안된 체계적이고 규율 잡힌 프로세스에 기반을 두었다. 이는 기업 내부에 혁신의 동력을 집중시키고 외부의 불확실성으로부터 보호하려는 폐쇄적인 모델이었다.

불확실성을 통제하려는 선형적 여정: 스테이지-게이트 모델

전통적인 기업 R&D 프로세스는 아이디어가 상업적 성공으로 이어지기까지의 길고 험난한 여정을 관리하기 위한 일련의 구조화된 단계로 구성된다. 기업들은 이 불확실성을 관리하기 위해 다양한 방법론을 도입했는데, 그중 가장 대표적인 것이 바로 로버트 쿠퍼(Robert G. Cooper) 교수가 개발한 스테이지-게이트(Stage-Gate) 모델이다.

스테이지-게이트 모델은 신제품 개발 프로세스를 여러 개의 개별적인 단계(Stage)로 나누고, 각 단계의 끝에 평가와 의사결정을 위한 관문(Gate)을 두는 방식이다. 예를 들어, 아이디어를 발굴하는 발견(Discovery) 단계를 거쳐, 프로젝트의 범위를 정하는 1단계(Scoping), 상세한 사업 계획을 수립하는 2단계(Build Business Case), 본격적인 제품을 개발하는 3단계(Development), 그리고 시장 출시를 준비하는 4단계(Testing & Validation)와 5단계(Launch) 등으로 구성된다.

각 단계의 끝에 위치한 게이트는 일종의 품질 검사 지점이자 계속 또는 중단(Go/Kill)을 결정하는 회의체다. 고위 경영진으로 구성된 게이트키퍼(Gatekeeper)들은 프로젝트 팀이 제출한 결과물을 사전에 정의된 기준, 예를 들어 전략적 적합성, 시장 매력도, 기술적 실현 가능성, 예상 재무 성과 등을 바탕으로 엄격하게 평가한다. 이 과정을 통과한 프로젝트만이 다음 단계로 진행할 자원과 권한을 부여받는다. 이러한 단계적 접근은 초기에 적은 비용으로 불확실성을 점검하고, 프로젝트가 진행될수록 투자를 점진적으로 늘려나감으로써 실패의 위험을 최소화하려는 목적을 가진다.

이처럼 전통적 R&D 프로세스는 본질적으로 선형적이고 내부 중심적이다. 과제 기획은 주로 R&D 부서 내부나 경영진의 판단에 따라 이루어지며, 모든 개발과 검증 과정이 기업 내부의 통제하에 진행된다. 이는 체계적인 관리와 위험 최소화라는 장점을 제공했지만, 동시에 속도가 느리고 변화에 둔감하며, 조직 내 부서 간의 높은 벽을 만드는 원인이 되기도 했다.

기업의 눈과 귀, 흡수역량의 파수꾼 R&D

전통적 모델에서 R&D 부서는 단순히 신기술을 개발하는 역할을 넘어, 기업의 눈과 귀로서 외부 세계의 지식을 탐색하고 내재화하는 핵심적인 임무를 수행했다. 이는 10장에서 다룬 흡수역량(Absorptive Capacity) 개념과 깊이 연관된다. 코헨(Cohen)과 레빈탈(Levinthal)이 제시한 흡수역량이란 새로운 외부 정보의 가치를 인식하고, 그것을 이해하며, 상업적 목적에 적용하는 조직의 능력을 의미한다(Cohen & Levinthal, 1990).

이 이론의 핵심은 기업이 외부의 지식을 효과적으로 흡수하기 위해서는 내부에 관련 사전 지식(prior related knowledge)이 축적되어 있어야 한다는 것이다. 예를 들어, 반도체 기업이 양자 컴퓨팅이라는 새로운 기술의 잠재력을 이해하고 활용하기 위해서는, 내부에 양자 물리학을 이해하는 연구 인력이 있어야만 한다. 전통적 기업 구조에서 이러한 고도의 전문 지식은 R&D 부서에 집중되어 있었다. 석·박사급의 고급 연구 인력, 최첨단 연구 장비, 그리고 방대한 R&D 투자 자체가 기업 흡수역량의 근간을 이루었다.

따라서 R&D 부서는 외부의 학술 논문, 경쟁사 특허, 새로운 기술 트렌드를 지속적으로 탐색하고, 그중 기업에 유의미한 정보를 선별하여 내부의 언어와 맥락으로 번역하는 지식의 문지기(Gatekeeper) 역할을 수행했다. R&D 부서의 역량이 곧 기업 전체의 흡수역량 수준을 결정했으며, 이들이 외부 세계와 연결되는 거의 유일한 공식적 통로였다. 이처럼 R&D 부서는 외부의 위협과 기회를 감지하는 안테나이자, 그 정보를 기업 내부로 들여와 혁신의 씨앗으로 바꾸는 중요한 변환기였던 것이다.

높은 벽의 한계와 폐쇄형 혁신의 종말

규율과 통제를 통해 위험을 관리하려던 전통적 R&D 모델의 강점은 디지털 시대에 들어서면서 오히려 약점으로 작용하기 시작했다. 견고하게 쌓아 올린 성벽은 외부의 변화에 둔감하게 만들었고, 내부의 혁신 속도를 저해하는 족쇄가 되었다.

가장 큰 문제는 속도와 비용의 비효율성이다. 스테이지-게이트 모델과 같은 선형적 프로세스는 한 단계가 완전히 끝나야 다음 단계로 넘어갈 수 있어 시장의 빠른 변화에 대응하기 어려웠다. 특히 제약 산업은 이러한 한계를 극명하게 보여준다. 하나의 신약을 개발하는 데 평균 10년에서 15년의 시간과 수조 원의 비용이 소요되지만, 성공률은 극히 낮다. 이는 막대한 자원을 투입하고도 대부분 실패로 끝나는 전통적 R&D의 구조적 비효율성을 상징한다.

또한, R&D 부서에 지식과 권한을 집중시키는 구조는 조직 내 심각한 사일로(silo) 현상을 유발했다. R&D는 마케팅, 생산, 영업 부서와 단절된 채 그들만의 연구에 몰두하기 쉬웠고, 다른 부서들은 R&D의 결과물을 수동적으로 전달받는 데 그쳤다. 이는 시장의 요구와 동떨어진 기술 개발로 이어지거나, 훌륭한 기술이 개발되더라도 사업화 과정에서 실패하는 주요 원인이 되었다.

본질적으로 이러한 모델은 외부와의 협력을 제한하는 폐쇄형 혁신(Closed Innovation) 패러다임에 기반한다. 기업 내부에 모든 최고의 인재와 기술이 있다는 가정하에, 혁신의 모든 과정을 독점적으로 통제하려 했다(Chesbrough, 2003). 그러나 지식이 전 세계적으로 분산되고 융합이 일상화된 오늘날, 더 이상 한 기업이 모든 것을 독자적으로 해결할 수는 없다. 높은 벽 안에서의 안정적인 혁신은 외부의 민첩하고 개방적인 경쟁자들에게 자리를 내주게 될 운명이었다.

TO-BE | 경계의 붕괴: AI가 다시 쓰는 R&D의 모든 단계

전통적 R&D의 견고한 성벽은 AI와 데이터라는 거대한 파도 앞에서 무너져 내리고 있지만, 연구실의 종말은 연구의 종말을 의미하지 않는다. 오히려 연구가 물리적, 조직적 경계로부터 해방되어 기업 전체로 확산되는 혁명의 서막을 알린다. 이제 R&D는 특정 부서의 전유물이 아니라, 기업의 모든 활동에 내재된 지능형 신경망이자, AI를 통해 작동하는 분산된 역량으로 재탄생하고 있다.

AI는 단순히 기존 프로세스의 속도를 높이는 보조 도구를 넘어, R&D의 본질과 수행 방식을 근본적으로 바꾸는 패러다임 전환을 이끌고 있다. 연구는 더 이상 특정 공간이나 부서에 갇히지 않고, 기업의 모든 경계를 넘어 확산되고 있다.

데이터, 모든 곳에 존재하는 연구실

디지털 전환 시대의 가장 근본적인 변화는 R&D의 중심 자원이 물리적 실험실에서 데이터로 이동했다는 점이다. 과거 R&D가 통제된 환경에서 가설을 세우고 실험을 통해 검증하는 과정이었다면, 이제는 기업 활동 전반에서 생성되는 방대한 데이터 속에서 새로운 기회와 통찰을 발견하는 과정으로 변모하고 있다.

이 데이터는 연구실의 실험 데이터에 국한되지 않는다. 고객 상담 센터에 축적된 불만 사항, 스마트 팩토리의 센서가 실시간으로 수집하는 생산 데이터, 영업팀의 고객관계관리(CRM) 시스템에 기록된 상호작용, 소셜 미디어에서 오가는 소비자들의 반응 등 기업의 모든 활동이 R&D를 위한 귀중한 자원이 된다. AI는 인간 연구원이 평생을 바쳐도 분석할 수 없는 규모의 비정형 데이터를 단 몇 시간, 몇 분 만에 분석하여 숨겨진 패턴과 연관성을 찾아낸다. 예를 들어, AI는 전 세계에 공개된 수억 개의 특허 문건과 수천만 건의 학술 논문을 순식간에 분석하여 특정 기술 분야의 공백 영역을 찾아내거나, 경쟁사의 차세대 기술 방향을 예측할 수 있다.

이러한 변화는 R&D의 민주화를 촉발한다. 더 이상 값비싼 연구 장비나 박사급 연구 인력만이 R&D를 수행할 수 있는 시대가 아니다. 데이터에 접근하고 AI 도구를 활용할 수 있는 사람이라면 누구나 혁신의 주체가 될 수 있다. 마케팅 담당자가 고객 데이터를 분석해 신제품 아이디어를 내고, 생산 관리자가 공정 데이터를 활용해 획기적인 원가 절감 방안을 찾는 것 모두 새로운 시대의 R&D 활동이다. 연구실은 이제 기업 전체로 확장되었고, 데이터가 흐르는 모든 곳이 새로운 실험실이 되었다.

인간과 AI의 협업: 새로운 R&D 연구소의 탄생

AI가 R&D의 지능 엔진 역할을 맡게 되면서, 연구개발 프로세스의 후반부인 변환과 활용 단계 역시 극적인 변화를 맞이하고 있다. 하지만 이는 인간 연구원의 완전한 대체를 의미하지 않는다. AI는 인간 전문가의 지능을 대체하는 것이 아니라 증강시키는 부조종사(co-pilot)로서 기능한다. AI는 방대한 데이터를 요약할 수는 있지만, 비즈니스 목표나 장기적인 R&D 전략과 같은 맥락적 이해는 부족하다. 이러한 AI의 특성은 R&D 가치사슬 전반에 걸쳐 인간과 기계의 새로운 협업 모델을 만들어낸다.

아이디어 발상 단계에서 AI는 기존 데이터와 패턴을 학습하여 새로운 아이디어를 생성하고, 기술적 실현 가능성이나 시장 잠재력 등 사전에 정의된 기준에 따라 수많은 아이디어를 신속하게 평가할 수 있다. 인간은 이 과정에서 기준을 설정하고 AI가 제시한 상위 아이디어들의 창의성과 전략적 가치를 심층적으로 판단하는 역할을 맡는다. 또한 생성형 AI는 텍스트 설명이나 스케치만으로 시제품을 순식간에 만들어내어 아이디어를 구현하는 데 걸리는 시간과 비용을 획기적으로 줄여준다. 인간 디자이너와 엔지니어는 AI가 생성한 초안을 바탕으로 더 정교한 설계를 완성하는 데 집중할 수 있다. 나아가 AI는 과거 데이터를 분석하여 신소재의 물성을 예측하거나 화학 반응의 결과를 시뮬레이션하여 비용이 많이 드는 물리적 실험의 횟수를 크게 줄여준다. 연구원은 AI의 예측을 바탕으로 가장 성공 확률이 높은 실험을 설계하는 역할을 수행한다.

결론적으로, 미래의 R&D 연구소에서 인간 연구원의 역할은 데이터 분석이나 반복적인 실험 수행과 같은 손의 역할에서, 전체적인 방향을 설정하고 창의적인 가설을 제시하며 AI의 결과물을 비판적으로 해석하는 머리의 역할로 진화한다.

사례로 이해하기 | AI 네이티브 R&D, 10년의 장벽을 넘다

AI가 어떻게 기업의 흡수역량과 R&D 프로세스를 근본적으로 혁신하는지 보여주는 가장 대표적인 사례는 인공지능 신약 개발 기업 인실리코 메디슨(Insilico Medicine)이다. 전통적인 신약 개발 과정은 평균 10년 이상의 시간과 수십억 달러의 비용이 소요되며, 실패 확률이 90%에 달하는 매우 어렵고 위험한 여정이다. 인실리코 메디슨은 이 고질적인 문제를 해결하기 위해 R&D 전 과정을 AI 중심으로 재설계했다.

인실리코 메디슨의 핵심 경쟁력은 엔드투엔드(end-to-end) 생성형 AI 플랫폼인 파마 AI(Pharma.AI)이다. 이 플랫폼은 흡수역량의 전 과정을 AI로 자동화하고 가속화한다. 먼저, 질병 타겟 발굴 엔진인 판다오믹스(PandaOmics)는 전 세계의 생명의학 데이터를 AI를 이용해 분석하여 새로운 질병의 원인 유전자, 즉 신약 타겟을 체계적으로 식별해낸다. 이는 외부의 무질서한 정보 속에서 가치 있는 지식을 획득하고 체화하는 과정을 AI가 기계적인 규모로 수행하는 것이다.

신약 타겟이 정해지면, 생성형 화학 엔진인 케미스트리42(Chemistry42)가 다음 단계를 이어받는다. 이 플랫폼은 판다오믹스가 찾아낸 생물학적 지식과 방대한 화학적 지식을 결합하여, 해당 타겟에 가장 효과적으로 작용할 수 있는 완전히 새로운 분자 구조를 설계한다. 이는 획득한 지식을 새로운 지식으로 변환하고, 이를 상업적 가치가 있는 신약 후보물질이라는 구체적인 결과물로 활용하는 과정을 AI가 주도하는 것이다.

이러한 AI 네이티브(AI-native) 접근 방식의 결과는 놀랍다. 인실리코 메디슨은 생성형 AI로 발굴하고 설계한 신약(특발성 폐섬유증 치료제)을 세계 최초로 임상시험 단계까지 진입시키는 데 성공했다. 이 과정에서 신약 타겟 발굴부터 임상 1상 시험까지 단 30개월이 채 걸리지 않았는데, 이는 전통적인 방식의 절반에도 미치지 못하는 시간이다. 인실리코 메디슨의 사례는 AI가 단순히 R&D의 특정 단계를 돕는 보조 도구가 아니라, AI를 중심으로 흡수역량의 전 과정을 재창조함으로써 산업의 게임 법칙을 바꾸고 있음을 보여준다.

Strategy | R&D 유연성과 모두가 연구자가 되는 조직

AI가 촉발한 R&D 패러다임의 대전환은 기업에게 더 이상 선택이 아닌 생존의 과제를 던지고 있다. 과거의 성공 방정식에 안주하는 기업은 도태될 수밖에 없다. 변화의 물결에 올라타기 위해서는 조직 구조, 외부 협력 방식, 그리고 기업 문화 전반에 걸친 근본적인 혁신이 필요하다.

전략 1
R&D 조직을 지속적으로 재구성하라

가장 먼저 착수해야 할 과제는 과거의 유물인 중앙집권적이고 고립된 R&D 조직을 해체하는 것이다. 연구개발이 기업 전체의 활동이 된 만큼, 이를 지원하고 조율하는 새로운 조직 구조가 필요하다. 이에 대한 효과적인 대안으로 전문가 조직(Center of Excellence, CoE) 모델이 주목받고 있다. CoE는 전사적인 AI 및 데이터 기반 R&D 전략을 수립하고, 필요한 기술과 플랫폼을 제공하며, 각 사업부의 혁신 활동을 지원하는 역할을 수행한다. CoE 모델은 기업의 성숙도와 전략에 따라 크게 세 가지 형태로 구축할 수 있으며, 각 모델의 특징은 다음과 같다.

● 표 R&D 조직 모델(CoE 모델)

조직 모델	형태	장점	단점	적합 기업
중앙 집중형	단일 중앙팀이 모든 AI/R&D를 통제	표준화 용이, 자원 효율성, 리스크 관리 용이	느린 대응 속도, 현업과의 괴리 발생 가능	AI 도입 초기 단계의 기업
분산형	각 사업부 내에 독립적인 AI/R&D 팀 운영	실행 민첩성, 사업 특화 솔루션 개발 용이	중복 투자 발생, 전사적 시너지 부족	AI 성숙도가 높고 사업 다각화가 심한 기업

허브 앤 스포크형	중앙팀(전략/플랫폼)과 사업부팀(실행)의 결합	전략적 통일성과 실행 유연성의 균형	허브와 스포크 간의 협업 실패 시 혼선 가능	AI 역량을 전사적으로 확장하려는 대부분의 기업

중요한 것은 이 모델들이 고정된 것이 아니라, 기업의 AI 성숙도에 따라 진화하는 경로라는 점이다. 많은 기업이 초기에는 중앙집중형이나 강력한 허브를 가진 허브 앤 스포크 모델로 시작하여 기반을 다진 후, 조직의 데이터 역량이 성숙해짐에 따라 점차 사업부의 자율성을 높이는 분산형 모델로 나아가는 전략을 취한다. 조직 설계는 일회성 결정이 아닌, 지속적인 학습과 적응의 과정이어야 한다.

전략 2

모두가 연구자가 되는 문화를 구축하라

최첨단 기술과 유연한 조직 구조를 갖추더라도, 이를 움직이는 사람과 문화가 변하지 않으면 혁신은 공허한 구호에 그치고 만다. AI 시대의 R&D는 기술의 문제가 아닌, 결국 문화의 문제로 귀결된다. 기업은 모든 구성원이 연구자처럼 사고하고 행동하는 문화를 구축해야 한다.

이를 위해 리더십은 실패를 용납하고 실험을 장려하는 심리적 안정감(psychological safety)이 보장된 환경을 조성해야 한다. 데이터와 AI 기반의 의사결정이 일부 전문가가 아닌 조직의 보편적인 업무 방식으로 자리 잡도록 전사적인 데이터와 AI 리터러시(Data

& AI Literacy) 교육에 투자해야 한다. 또한, 성과 평가와 보상 체계를 개편하여 부서 간의 벽을 허무는 협력이나 데이터 기반의 새로운 시도를 적극적으로 보상해야 한다.

궁극적으로는 AI 시대에 맞는 새로운 직원 가치 제안(Employee Value Proposition)을 재정립해야 한다. AI가 반복적이고 분석적인 업무를 자동화하면서, 인간의 역할은 더욱 창의적이고 전략적인 문제 해결에 집중하게 될 것이다. AI는 인간의 일자리를 대체하는 경쟁자가 아니라, 인간의 잠재력을 극대화하는 강력한 동료가 된다. 따라서 기업은 구성원들에게 AI와 함께 성장하며 더 높은 가치를 창출할 기회를 제공하고, 그 성과를 공정하게 배분하는 새로운 약속을 제시해야 한다. 이처럼 모든 구성원이 데이터와 AI를 활용해 각자의 자리에서 기회를 탐색하고 문제를 해결하는 문화가 정착될 때, 기업은 비로소 경계 없는 R&D 혁명의 진정한 승자가 될 수 있을 것이다.

전략 3
기업의 경계를 넘어 지식을 탐색하라

내부 조직 구조를 재편하는 것만으로는 충분하지 않다. 혁신의 원천이 기업 외부에도 무한히 존재한다는 사실을 인정하고, 이를 체계적으로 활용하는 개방형 혁신(Open Innovation) 전략을 적극적으로 추진해야 한다. 개방형 혁신은 스타트업, 대학, 연구소 등 외부 파트너와의 협력을 통해 내부 R&D의 한계를 극복하는 전략이다(Chesbrough, 2003).

과거의 개방형 혁신이 종종 일회성 파트너십이나 우연한 기회에 의존했다면, AI 시대의 개방형 혁신은 AI 기반 기술 스카우팅(AI-powered Technology Scouting)을 통해 체계적이고 상시적인 활동으로 진화한다. AI 스카우팅 플랫폼은 전 세계의 스타트업 데이터베이스, 특허 정보, 학술 논문, 시장 뉴스 등 수백만 개의 데이터 소스를 실시간으로 스캔하고 분석한다. 이를 통해 기업의 전략적 목표와 가장 부합하는 신기술이나 협력 가능한 스타트업을 자동으로 식별하고 추천해주며, 경쟁사의 동향을 분석하고, 아직 혁신이 부족한 공백 영역을 찾아 새로운 R&D 기회를 제시할 수 있다.

이는 전통적인 개방형 혁신이 가진 근본적인 딜레마, 즉 탐색의 범위와 평가의 역량 사이의 상충 관계를 해결한다. 과거에는 넓은 범위를 탐색할수록 정보의 홍수에 빠져 유의미한 기회를 선별하기 어려웠다. 하지만 AI는 전례 없이 넓은 그물을 던져 외부의 혁신 기회를 포착하는 동시에, 수집된 정보를 자동으로 분석하고 우선순위를 매겨줌으로써 평가의 부담을 획기적으로 줄여준다. 이를 통해 개방형 혁신은 자원 집약적인 활동에서 체계적이고 확장 가능한 핵심 역량으로 거듭날 수 있으며, 보다 구체적인 기업의 전략은 다음 장에서 다루기로 한다.

12장

열린 혁신의 진화: 초연결 시대의 협력 생태계 구축 전략

AS-IS | 열린 혁신의 패러다임, 체스브로의 개방형 혁신

혁신은 더 이상 한 기업의 연구개발(R&D) 실험실이라는 폐쇄된 공간에 갇혀 있지 않다. 20세기 산업을 지배했던 수직적으로 통합된 거대 기업의 R&D 모델은 지식의 경제학이 근본적으로 변화함에 따라 그 한계를 드러냈다. 제너럴 모터스(General Motors), IBM, 제록스(Xerox)와 같은 기업들은 한때 내부에서 모든 아이디어를 창출하고, 개발하며, 시장에 내놓는 자급자족형 혁신의 상징이었다. 그러나 오늘날의 비즈니스 환경은 경계가 불분명하고, 지식이 광범위하게 분산되어 있으며, 협력적 네트워크가 가치 창출의 핵심 동력으로 작용하는 유동적인 형태로 변모했다.

이러한 변화의 중심에는 헨리 체스브로(Henry Chesbrough) 교수가 주창한 개방형 혁신(Open Innovation)이라는 개념이 자리 잡고 있다. 이는 단순히 외부 아이디어를 활용하는 경영 기법을 넘어, 기업이 생존하고 성장하기 위해 따라야 하는 근본적인 패러다임의 전환을 의미한다.

폐쇄형 모델의 균열: 패러다임 전환의 동인

과거 폐쇄형 혁신 모델은 성공적인 혁신은 통제를 요구한다는 철학에 기반했다. 이 모델 하에서 기업들은 자체적으로 아이디어를 창출하고, 이를 개발, 생산, 마케팅, 유통, 서비스하는 모든 과정을 내부에서 통제했다. 이 시대의 성공 공식은 명확했다. 경쟁사보다 R&D에 더 많이 투자하고, 업계 최고의 인재들을 고용하여 가장 뛰어난 아이디어를 가장 먼저 발견하고, 이를 독점적인 지적 자산으로 보호하여 시장에 가장 먼저 출시하는 것이었다. 이러한 방식은 한때 R&D 투자, 기술적 돌파구, 시장 지배력, 그리고 재투자로 이어지는 선순환 구조를 형성하며 강력한 경쟁 우위를 창출했다.

그러나 20세기 후반에 이르러 이 견고했던 선순환 구조는 여러 외부 환경의 변화로 인해 심각한 균열을 보이기 시작했다. 이러한 변화는 개별 기업의 실패가 아닌, 지식 기반 경제의 구조적 변화에 기인한 시스템적 붕괴에 가까웠다.

첫째, 지식 근로자의 이동성 증가가 결정적인 역할을 했다. 평생직장의 개념이 사라지면서, 한 기업에서 경력을 쌓은 숙련된 과학자와 엔지니어들이 더 나은 기회를 찾아 다른 기업이나 신생 벤처로 쉽게 이동하기 시작했다. 이는 기업이 막대한 비용을 들여 축적한 지식과 기술이 조직의 경계를 넘어 외부로 유출되는 결과를 낳았다.

둘째, 벤처 캐피털(Venture Capital) 시장의 성장은 이러한 지식 유출을 가속화하고 새로운 혁신 주체를 탄생시켰다. 과거 대기업 내부에서는 현재의 비즈니스 모델과 맞지 않는다는 이유로 사장되었을 아이디어들이 이제 외부 자본의 지원을 받아 독립적인 스타트업으로 상업화될 수 있는 길이 열렸다. 이는 대기업이 R&D 투자를 통해 이룬 기술적 성과의 과실을 외부의 작은 기업이 가져가는 현상을 낳았다.

이 두 가지 요인은 폐쇄형 모델의 선순환 고리를 결정적으로 끊어버렸다. A라는 기업이 투자하여 얻은 기술적 돌파구를 A기업 출신 직원들이 설립한 스타트업 B가 벤처 캐피털 C의 투자를 받아 상용화하는 구조가 일반화된 것이다. 이 과정에서 A기업은

R&D 투자의 결실을 제대로 회수하지 못하게 되었고, 스타트업 B는 차세대 기초 연구에 재투자할 유인이 없었다. 결국, 기업이라는 컨테이너가 더 이상 가치 있는 모든 지식을 담아둘 수 없다는 현실 인식이 확산되었다. 따라서 개방형 혁신은 기업의 선제적인 전략적 선택이라기보다는, 돌이킬 수 없는 환경 변화에 대한 필수적인 적응 과정으로서 등장하게 되었다.

지식의 양방향 고속도로: 외부와 내부를 잇는 세 가지 길

체스브로는 기업의 경계가 다공성 막처럼 변해야 한다고 주장하며, 지식이 기업 안팎으로 자유롭게 흐르는 세 가지 핵심적인 프로세스를 제시했다. 이 세 가지 메커니즘은 가치가 소유가 아닌 흐름과 연결을 통해 창출된다는 개방형 혁신의 핵심 철학을 반영한다.

첫 번째 길은 인바운드 개방형 혁신(Inbound Open Innovation)으로, 내부 혁신을 가속화하기 위한 지식의 의도적 유입으로 정의된다. 이는 외부의 아이디어, 기술, 전문 지식을 기업 내부로 가져와 활용하는 외부-내부(Outside-In) 흐름이다. 기업은 대학, 연구소, 공급업체, 고객, 심지어 경쟁사로부터 혁신의 원천을 찾는다. P&G의 연결&개발(Connect + Develop) 프로그램은 인바운드 혁신의 대표적인 성공 사례로, 외부 파트너가 개발한 아이디어를 P&G의 강력한 브랜드와 유통망을 통해 성공적으로 상용화한 제품들을 탄생시켰다.

두 번째 길은 아웃바운드 개방형 혁신(Outbound Open Innovation)으로, 기업 내부에서 활용되지 않거나 저활용되는 아이디어가 외부에서 다른 이들에 의해 사용되도록 허용하는 것을 의미한다. 이는 내부-외부(Inside-Out) 흐름으로, 기업의 현재 비즈니스 모델에 부합하지 않는 기술이나 아이디어를 라이선스 아웃, 스핀오프, 조인트 벤처 등의 형태로 외부에서 상업화하는 전략이다. 이 과정은 내부적으로는 가치가 없어 보였던 프로젝트를 구제하여 새로운 가치를 창출하는 기회를 제공한다.

마지막으로 결합 프로세스(Coupled Process)는 인바운드와 아웃바운드 흐름이 결합된 형태로, 두 개 이상의 기업이 공동의 목표를 위해 협력하여 새로운 지식과 솔루션을 함께 개발하는 것을 말한다. 조인트 벤처나 전략적 제휴와 같은 형태가 이에 해당하며, 이는 단순히 지식을 교환하는 것을 넘어 가치를 공동 창출(co-creation)하는 가장 높은 수준의 개방형 혁신 활동이다.

실제 기업 환경에서는 인바운드와 아웃바운드 활동 사이에 불균형이 나타나기도 한다. 많은 기업들이 외부 기술을 도입하는 데에는 적극적이지만, 내부 기술을 외부로 내보내는 데에는 소극적인 경향을 보인다. 진정으로 열린 기업은 아이디어를 수입하는 능력만큼이나 수출하는 능력도 갖추어야 하며, 결합 프로세스는 이러한 양방향 흐름이 공생적 관계로 발전한 이상적인 형태라고 할 수 있다.

개방형 혁신 성공의 두 기둥: 비즈니스 모델과 흡수역량

개방형 혁신은 단순히 혁신의 깔때기를 외부로 개방하는 것만으로 성공할 수 없다. 외부의 지식과 기술을 성공적으로 활용하기 위해서는 두 가지 핵심적인 내부 역량이 뒷받침되어야 한다.

첫 번째 기둥은 비즈니스 모델의 중요성이다. 체스브로는 "열등한 기술과 우월한 비즈니스 모델의 결합이, 우월한 기술과 열등한 비즈니스 모델의 결합을 이길 수 있다"고 주장하며 기술 자체보다 비즈니스 모델의 우위를 강조했다. 비즈니스 모델이란 기업이 어떻게 가치를 창출하고, 전달하며, 궁극적으로 수익을 확보하는지에 대한 청사진이다. 개방형 혁신 환경에서 기업은 단순히 어떤 기술을 가져올 것인가를 넘어 그 기술을 어떤 비즈니스 모델을 통해 시장에 선보일 것인가를 고민해야 한다. 이는 외부 기술을 내부 비즈니스 모델에 통합하는 것뿐만 아니라, 내부 기술을 외부 파트너의 비즈니스 모델을 통해 상업화하는 아웃바운드 전략에도 동일하게 적용된다.

두 번째 기둥은 10장에서도 언급한 흡수역량(Absorptive Capacity)이다. 개방형 혁신이 내부 R&D의 종말을 의미하는 것은 결코 아니다. 오히려 강력한 내부 R&D 역량은 외부에서 발생하는 기술을 이해하고 이를 통합할 수 있는 능력의 전제 조건이 된다. 코헨과 레빈탈이 정의한 흡수역량이란 새로운 외부 정보의 가치를 인식하고(recognize), 체화하며(assimilate), 상업적 목적으로 활용(apply)하는 기업의 능력을 의미한다(Cohen & Levinthal, 1990). 이러한 역량이 부족한 기업은 외부에 아무리 좋은 기술과 아이디어가 존재하더라도 그 가치를 제대로 알아보거나 활용할 수 없다.

결론적으로, 개방형 혁신의 중심에는 역설이 존재한다. 외부를 향해 효과적으로 열려 있기 위해서는 내부적으로 월등히 강해야 한다는 것이다. 개방성은 내부 역량의 대체재가 아니라, 그 효과를 극대화하는 승수 역할을 한다. 외부 기술을 활용하고자 하는 기업은 먼저 수많은 정보 속에서 자사에 유의미한 기술을 식별할 수 있는 깊이 있는 전문 지식을 갖추어야 한다. 또한, 식별된 기술을 기존의 시스템, 프로세스, 제품과 통합하는 복잡한 기술적, 조직적 과제를 해결할 수 있어야 한다. 따라서 내부 R&D 역량이 취약한 조직은 효과적인 개방형 혁신 전략을 수행할 수 없다.

TO-BE | AI와 디지털 기술이 촉발한 개방형 혁신의 진화

체스브로의 고전적 이론이 혁신의 경계를 허무는 논리적 토대를 마련했다면, 인공지능(AI)과 디지털 기술의 등장은 개방형 혁신을 이론적 패러다임에서 실질적인 경영 전략으로 전환시키는 촉매제가 되었다. 기술은 기존의 개방형 혁신 프로세스를 단순히 가속화하는 것을 넘어, 그 본질을 근본적으로 재구성하고 있다.

수동적 탐색에서 지능형 생태계 매핑으로

전통적인 개방형 혁신 활동에서 파트너를 발굴하는 과정은 주로 학회 참석, 인적 네트워크 활용, 수작업 데이터베이스 검색 등 노동집약적인 방식에 의존했다. 그러나 AI 기반 기술 스카우팅(technology scouting) 플랫폼의 등장은 이러한 방식을 완전히 바꾸어 놓았다.

AI 플랫폼은 특허, 학술 논문, 스타트업 데이터베이스, 시장 뉴스 등 방대한 양의 정형 및 비정형 데이터를 실시간으로 스캔하고 분석하여, 기업의 전략적 필요에 부합하는 신기술과 잠재적 파트너를 신속하게 식별한다. 이를 통해 발견의 자동화가 가능해졌고, 과거에는 몇 달이 걸렸을 탐색 작업을 며칠 만에 완료할 수 있게 되었다. 또한, AI 알고리즘은 단순한 키워드 검색을 넘어 기술의 본질, 시장 성숙도 등 다차원적인 요소를 고려하여 기업이 당면한 과제와 가장 관련성이 높은 솔루션을 정교하게 연결한다. 나아가 과거 데이터를 분석하여 새로운 기술의 상업적 성공 가능성을 예측하는 분석 모델을 제공함으로써, 제한된 자원을 어디에 집중해야 할지 결정하는 데 중요한 근거를 제시한다.

이러한 변화는 개방형 혁신의 본질을 단발적이고 수동적인 탐색 활동에서, 전체 혁신 지형을 지속적이고 능동적으로 감지하는 센싱(sensing) 프로세스로 전환시켰다. 과거 기업은 문제가 발생한 후에야 해결책을 찾아 나서는 반응적인 입장이었지만, 이제는 AI 플랫폼이 제공하는 실시간 조망을 통해 미처 인지하지 못했던 약한 신호와 새로운 기회를 선제적으로 포착할 수 있게 되었다.

사례로 이해하기 | 산업 부문의 AI 기반 혁신 생태계(BMW & 지멘스)

독일의 대표적인 산업 기업인 BMW와 지멘스(Siemens)는 AI를 활용하여 개방형 혁신을 고도화하고, 자사를 중심으로 한 강력한 혁신 생태계를 구축하는 모범 사례를 보여준다. 이들의 전략은 개별 프로젝트 수행을 넘어, 외부 혁신을 체계적으로 흡수하고 관리하기 위한 시스템을 구축했다는 점에서 주목할 만하다.

지멘스는 Next 47이라는 독립적인 조직을 설립하여 벤처 캐피털리스트이자 코치로서, 스타트업과 지멘스 핵심 사업부 간의 가교 역할을 수행한다. 또한 지멘스 다이나모(Siemens Dynamo)라는 개방형 혁신 프로그램을 통해 외부의 혁신적인 기술이 지멘스 생태계로 진입하는 통로 역할을 하도록 했다. 나아가 다른 공작기계 제조업체들과 데이터 공유 동맹을 결성하여 차세대 산업용 AI 개발을 위한 공동의 데이터 인프라를 구축하고 있다.

BMW 역시 스타트업 개러지(Startup Garage)를 통해 유망 스타트업을 발굴하여 평가하고, BMW 그룹의 장기적인 파트너로 육성하는 것을 목표로 한다. BMW가 스타트업의 초기 고객이 되어주는 벤처 클라이언트(Venture Client) 모델을 통해, 최첨단 기술을 자사의 가치 사슬에 신속하게 도입한다. 또한 생산 및 조달과 같은 핵심 프로세스 자체를 AI로 혁신하여 기술 스타트업들이 BMW의 최적화된 업무 흐름에 직접 연결될 기회를 창출한다.

이 두 기업의 사례는 성숙한 개방형 혁신이 전담 조직적 인터페이스를 필요로 함을 명확히 보여준다. Next 47이나 스타트업 개러지와 같은 조직은 빠른 속도와 유연성을 특징으로 하는 스타트업과 체계적인 프로세스를 가진 대기업 사이에서 발생하는 문화적, 운영적 마찰을 관리하는 전략적 완충 지대이자 번역가 역할을 수행한다.

제조기업 개방형 혁신에서 AI의 역할

AI의 역할은 파트너 발굴을 넘어, 기업 간의 공동 R&D 및 제조 혁신 방식을 근본적으로 바꾸고 있다. AI는 파트너들이 최종 제품뿐만 아니라 생산을 구동하는 근본적인 프로세스와 데이터 모델 수준에서 협력할 수 있는 새로운 협업 계층을 창출하고 있다.

포드(Ford)와 같은 기업들은 물리적 자산의 가상 복제품인 디지털 트윈을 활용하여 생산 공정을 시뮬레이션한다. 이를 통해 파트너사의 신기술을 실제 생산 라인에 적용하기 전에 가상 환경에서 먼저 테스트하고 통합해볼 수 있다. 이는 물리적 구현에 따르는 막대한 비용과 위험을 극적으로 감소시켜 더 과감한 기술 협력을 가능하게 한다.

또한, 폭스콘(Foxconn)의 AI 기반 시각 검사 시스템이나 제너럴 모터스, 지멘스의 예측 유지보수 시스템은 전문 AI 스타트업에게 새로운 협력 기회를 제공한다. 대기업은 자사의 고유한 생산 데이터를 활용하여 특정 결합을 예측하는 AI 모델을 스타트업과 공동으로 개발할 수 있다. 이는 단순한 기술 라이선싱을 넘어, 기업의 핵심 데이터 자산을 기반으로 한 깊이 있는 공동 R&D 활동이다.

이처럼 AI는 개방형 혁신의 초점을 부품의 교환에서 지능의 공동 개발로 이동시키고 있다. 과거 자동차 회사가 스타트업으로부터 새로운 배터리 기술을 라이선싱하는 것이 전통적인 개방형 혁신이었다면, AI 시대의 개방형 혁신은 자동차 회사와 데이터 과학 스타트업이 공유된 데이터를 기반으로 배터리 생산 라인의 예측 유지보수 알고리즘을 공동 개발하는 형태에 가깝다.

Strategy | 생태계적 사고방식의 개방형 혁신 전략

오늘날 기업에게 개방형 혁신은 선택이 아닌 필수 생존 전략이다. 그러나 많은 기업이 외부 파트너, 특히 스타트업과의 협력에서 실질적인 성과 없이 '혁신 극장(innovation theater)'에 그치는 한계를 보인다.

진정한 사업 성과를 창출하기 위해서는 단편적인 접근을 넘어선 체계적인 접근이 요구된다. 이는 명확한 목표 설정과 '생태계' 관점의 전략적 방향 설정에서 시작해야 한다. 나아가, 잠재적 파트너 발굴부터 파일럿 검증, 그리고 핵심 사업으로의 통합에 이르는 '파트너십 생애주기' 전반을 관리하는 정교한 프레임워크가 필수적이다. 궁극적으로 이러한 전략과 프로세스는, 외부 아이디어를 수용하는 개방적 문화와 신속한 의사결정 구조라는 '조직 역량'이 뒷받침될 때 완성된다.

전략 1

전략적 방향 설정: 단발성 프로젝트에서 생태계 사고방식으로

성공적인 개방형 혁신은 기술 도입이 아닌 전략 수립에서 시작된다. 명확한 이유 없이 시작된 활동은 실질적인 사업 성과 없이 행사만 요란한 혁신 극장(innovation theater)으로 전락하기 쉽다. 따라서 체계적인 프로그램을 구축하기 위해서는 먼저 혁신에 대한 비전과 목표를 정의하고, 이를 전사 전략과 긴밀하게 연계해야 한다. 또한, 스타트업을 단순히 기술을 공급하는 공급업체로 보는 시각에서 벗어나, 더 넓은 생태계 안에서 함께 가치를 창출하는 파트너로 인식하는 사고의 전환이 필요하다.

전략이 수립되면, 기업은 그 전략적 목표에 가장 적합한 협력 모델을 선택할 수 있다. 예를 들어, 새로운 기술 분야에서 브랜드 인지도를 높이는 것이 목표라면 기업 액셀러레이터나 오픈 이노베이션 챌린지가 적합할 수 있다. 반면, 특정 기술적 문제를 해결해야 한다면 파일럿 프로젝트를 진행하는 벤처 클라이언트 모델이 더 효과적일 것이다. 신시장 공동 개척이나 핵심 기술 공동 개발과 같이 높은 수준의 협력이 필요하다면 전략적 제휴나 조인트 벤처(JV)를 고려할 수 있다. 전략은 구조와 전술에 선행하며, 명확한 목표는 기업이 올바른 도구와 파트너를 선택하여 측정 가능한 비즈니스 성과를 달성하도록 이끈다.

전략 2

파트너십 생애주기 관리 프레임워크

성공적인 협업은 체계적인 관리 프로세스를 통해 이루어진다. 기업은 스타트업과의 관계를 초기 접촉부터 완전한 통합에 이르기까지 단계별로 관리하는 프레임워크를 구축해야 한다.

첫 번째 단계는 탐색 및 발굴(Scouting and Discovery)이다. 이 단계에서는 AI 기반 플랫폼을 활용하여 잠재적 파트너를 체계적으로 탐색하고, 전략적 목표에 따라 가장 적합한 참여 모델을 선택하는 것이 중요하다.

두 번째 단계는 검증 및 실행(Validation and Execution)이다. 발굴된 파트너와는 개념증명(Proof-of-Concept, PoC) 또는 파일럿 프로젝트를 통해 협력을 시작한다. 이 단계의 핵심은 파일럿의 무덤(pilot purgatory)에 빠지지 않는 것이다. 이를 위해 프로젝트 시작 전에 명확한 성공 지표를 정의하고, 관련 사업부의 지지를 확보하며, 스타트업에 친화적인 간소화된 법률 및 구매 절차를 마련해야 한다.

세 번째 단계는 확장 및 통합(Scaling and Integration)이다. 가장 중요하면서도 어려운 이 단계는 성공적으로 완료된 파일럿을 기업의 핵심 사업 운영에 통합하는 것이다. 이는 단순히 기술을 도입하는 것을 넘어, 혁신팀에서 사업부로 프로젝트의 소유권을 이전하고, 전사적 확산을 위한 예산을 확보하며, 필요한 조직적 변화를 관리하는 과정을 포함한다.

이들 과정을 사전에 체계화하고 메뉴얼화하는 것은 조직의 개방형 혁신 역량의 바탕이 된다.

전략 3

성공적인 협력을 위한 조직 역량 구축

효과적인 파트너십은 잘 설계된 프로세스뿐만 아니라 이를 뒷받침하는 조직의 문화적, 구조적 역량을 필요로 한다. 외부 아이디어를 배척하는 '여기서 발명되지 않은 것(Not-Invented-Here) 신드롬'은 개방형 혁신의 가장 큰 장애물 중 하나이다. 이를 극복하기 위해 리더십의 강력한 의지 표명, 협업 성공에 대한 명확한 인센티브 제공, 내부 협업 성공 사례의 적극적인 공유 등을 통해 개방적인 문화를 조성해야 한다.

또한, 스타트업과의 협력을 지연시키는 대기업의 복잡하고 느린 의사결정 프로세스를 개선해야 한다. 스타트업 파트너를 위한 표준화된 비밀유지계약서(NDA), 신속한 구매 절차, 간소화된 IT 보안 검토 등 패스트 트랙(fast track) 프로세스를 설계하여 협업의 마찰을 줄여야 한다.

궁극적으로, 개방형 혁신의 가장 높은 단계는 단순히 생태계에 참여하는 것을 넘어 생태계를 주도(orchestrate)하는 역량을 갖추는 것이다. 이는 신뢰를 기반으로 파트너십을 구축하고, 공동의 비전을 제시하며, 파트너들이 서로 더 쉽게 협력할 수 있는 플랫폼과 표준을 제공하는 역할을 포함한다. 생태계의 리더가 됨으로써 기업은 최고의 아이디어와 인재에 우선적으로 접근할 수 있는 기회를 얻게 되며, 이는 단일 독점 기술보다 훨씬 더 강력하고 지속 가능한 경쟁 우위를 제공한다.

13장

AI가 발명하는 시대, 기업의 부(富)는 어떻게 지켜지는가?

AS-IS | 지식의 요새: 전통적 특허 전략의 공격과 방어

생성형 인공지능(AI)의 등장은 단순한 기술적 진보를 넘어, 인간의 창의성을 전제로 구축된 지식재산(IP) 시스템의 근간을 흔드는 패러다임 전환을 의미한다. 마치 수억 년 전 캄브리아기 대폭발이 생명체의 다양성을 폭발적으로 증가시켰듯, AI는 아이디어와 발명의 생성을 가속화하며 전례 없는 '창작의 대폭발'을 일으키고 있다. AI가 인간 발명가를 위한 도구의 역할을 넘어 스스로 발명의 주체가 될 가능성을 보이면서, 기존 법체계는 근본적인 위기에 직면했다. 이러한 변화는 의료, 금융, 제조업 등 산업 전반에 걸쳐 AI 관련 특허 출원의 폭발적인 증가로 가시화되고 있으며, 이는 문제의 시급성과 규모를 방증한다.

AI가 가져온 거대한 변화의 크기를 이해하기 위해서는, 먼저 기업들이 지난 수십 년간 지식재산을 어떻게 활용해왔는지에 대한 이해가 선행되어야 한다. 전통적인 특허 전략은 눈에 보이지 않는 아이디어를 유형의 자산으로 바꾸고, 이를 통해 시장에서의 경쟁 우위를 확보하기 위한 정교한 공성전과 같았다. 이 고전적인 전략의 원리를 이해하는 것은 AI 시대의 새로운 전략을 수립하기 위한 필수적인 출발점이다.

황금알을 지키는 법: 공격, 방어, 그리고 수익화

전통적으로 기업의 특허 활용 전략은 크게 세 가지 축으로 이루어졌다. 이 세 가지 전략은 독립적으로 존재하기보다는 서로를 보완하며 기업의 지식재산 포트폴리오를 구성하는 역동적인 삼각

형과 같다.

첫 번째는 공격적 전략이다. 이는 경쟁사의 시장 진입을 차단하고 기술적 우위를 확보하기 위해 특허를 활용하는 것이다. 마치 새로운 영토에 깃발을 꽂고 성벽을 쌓아 다른 이들의 진입을 막는 것처럼, 기업은 자사의 핵심 기술과 제품을 중심으로 촘촘한 특허망을 구축하여 독점적인 시장 지위를 확보한다. 강력한 공격적 포트폴리오는 경쟁사가 유사 제품을 출시하는 것을 원천적으로 봉쇄하거나, 시장에 진입하더라도 막대한 로열티를 지불하게 만드는 강력한 무기가 된다.

두 번째는 방어적 전략이다. 이는 특허 침해 소송의 위협으로부터 자사를 보호하고 사업의 자유를 확보하기 위한 목적을 가진다. 이 전략의 핵심은 공격이 아니라 억제에 있다. 기업은 자사의 사업 영역과 관련된 다양한 특허를 확보함으로써, 경쟁사가 특허 소송을 제기할 경우 동일하게 맞소송을 제기할 수 있는 '무기고'를 갖추게 된다. 이는 마치 냉전 시대의 상호확증파괴 전략처럼, 누구도 쉽게 공격을 시작할 수 없는 힘의 균형을 만들어내어 값비싼 법적 분쟁을 피하고 안정적인 사업 환경을 보장하는 역할을 한다.

세 번째는 수익화 전략이다. 이는 특허를 단순히 공격과 방어의 수단으로 보는 것을 넘어, 그 자체로 직접적인 수익을 창출하는 자산으로 활용하는 전략이다. 기업은 자사가 직접 사용하지 않는 특허를 다른 기업에 라이선스하여 로열티 수입을 얻거나, 특정 기술 포트폴리오를 매각하여 현금을 확보할 수 있다. 이는 R&D 투자의 결과물을 재무적 성과로 직접 연결하는 적극적인 자산 관리 활동이다.

이 세 가지 전략은 서로 긴밀하게 연결되어 시너지를 창출한다.

강력한 공격적 특허 포트폴리오는 자연스럽게 기업의 방어적 입지를 강화하며, 잠재적 라이선스 대상자에게 더 높은 가치를 인정받게 하여 수익화 기회를 증대시킨다. 따라서 성공적인 특허 전략은 이 세 가지 요소를 기업의 시장 위치와 산업의 특성에 맞게 균형적으로 조합하는 데서 시작된다.

가장 깊은 곳에 숨길 것과 세상에 드러낼 것: 특허와 영업비밀의 전략적 줄다리기

기업이 혁신적인 기술을 보호하고자 할 때 마주하는 가장 근본적인 딜레마는 특허와 영업비밀 사이의 선택이다. 이 둘은 기술을 보호하는 상반된 철학에 기반하고 있으며, 어떤 방식을 선택하느냐에 따라 기업의 운명이 달라질 수 있다.

특허는 일종의 사회적 계약이다. 발명가는 자신의 기술을 세상에 상세히 공개하는 대가로, 출원일로부터 20년간 국가가 보장하는 독점적 권리를 부여받는다. 핵심은 공개에 있다. 이 제도는 발명가의 지식이 사회 전체의 자산이 되어 후속 혁신을 촉진하도록 장려하는 것을 목적으로 한다.

반면, 영업비밀은 정반대의 접근법을 취한다. 코카콜라의 제조법처럼, 경쟁 우위의 원천이 되는 정보를 철저히 비밀로 유지함으로써 보호하는 방식이다. 비밀이 유지되는 한 보호 기간은 영구적일 수 있지만, 만약 경쟁사가 독자적으로 동일한 기술을 개발하거나 리버스 엔지니어링을 통해 비밀을 알아내는 것에 대해서는 아무런 법적 보호를 제공하지 못한다.

이러한 전통적인 딜레마는 AI 기술의 등장으로 더욱 복잡하고 중요해졌다. AI 시스템은 단일한 발명품이 아니라, 여러 기술 요소가 겹겹이 쌓인 복합체이기 때문이다. AI 시스템은 기반이 되는 모델 아키텍처, 학습에 사용된 고유한 데이터셋, 특정 문제 해결을 위한 응용 기술, 사용자 인터페이스 등 다양한 구성 요소로 이루어져 있다. 따라서 AI 시대의 지식재산 전략은 더 이상 특허와 영업비밀 중 하나를 선택하는 양자택일의 문제가 아니다. 대신, AI 시스템의 각 구성 요소를 면밀히 분석하여 각기 다른 보호 수단을 조합하는 정교한 포트폴리오 접근법을 요구한다.

예를 들어, AI를 활용한 의료 영상 진단 시스템과 같은 구체적인 응용 기술은 그 작동 방식을 명확히 설명할 수 있고 상업적 가치가 높기 때문에 특허 보호에 이상적인 후보다. 이를 통해 특정 시장에서 경쟁사의 진입을 효과적으로 막을 수 있다. 반면, OpenAI가 GPT-4의 모델 구조나 학습 데이터를 공개하지 않는 것처럼, AI 모델의 성능을 좌우하는 핵심 알고리즘이나 수십억 개의 매개변수를 조정한 가중치, 그리고 학습에 사용된 독점적인 데이터셋은 영업비밀로 보호하는 것이 최선이다. 이를 공개하는 것은 기업의 가장 핵심적인 경쟁 우위를 스스로 포기하는 행위나 다름없기 때문이다. 결국 AI 시대의 현명한 기업은 기술 스택 전반에 걸쳐 특허라는 갑옷과 영업비밀이라는 단검을 전략적으로 조합하여 사용하는 하이브리드 전략을 구사해야 한다.

• 표 특허와 영업비밀

구분	특허(Patent)	영업비밀(Trade Secret)
보호 대상 (예시)	AI 응용 기술(예: 의료 진단 시스템, 금융 사기 탐지), AI 기반 하드웨어	핵심 알고리즘, 모델 아키텍처, 학습 데이터셋, 미세조정된 모델 가중치
보호 기간	출원 후 20년	비밀 유지 시 영구적

공개 의무	기술의 상세 내용 완전 공개	공개 의무 없음(비밀 유지)
보호 범위	독립적인 개발 포함, 강력한 독점권	독립적인 개발, 리버스 엔지니어링에 대한 보호 없음
취약점	기술 공개로 인한 모방, 유지 비용	비밀 유출 위험, 보호 범위의 불확실성
전략적 목표	특정 시장에서의 독점적 지위 확보, 방어적 목적	핵심 경쟁 우위의 장기적 유지, 경쟁사의 추격 방지

TO-BE | 기계가 발명가가 될 때: AI가 뒤흔드는 특허의 세계

전통적인 특허 시스템이 수백 년간 유지해 온 질서는 '발명가는 인간'이라는 대전제 위에 서 있었다. 그러나 AI가 단순한 도구를 넘어 스스로 창작의 주체가 될 가능성을 보이면서, 이 오래된 전제는 뿌리부터 흔들리고 있다. 전 세계 법정에서 벌어진 '다부스(DABUS)' 사건은 이러한 혼란을 상징적으로 보여주는 동시에, AI가 특허 시스템의 심장부에 던지는 더 깊고 본질적인 질문의 서막을 열었다.

법정에 선 AI, 다부스(DABUS)가 던진 질문

인공지능 '다부스'를 둘러싼 일련의 국제 소송은 전 세계 특허청과 법원이 AI 발명가라는 질문을 정면으로 마주하게 한 최초의 글로벌 테스트 케이스였다. AI 개발자인 스티븐 테일러 박사는 자신이 개발한 AI '다부스'가 인간의 개입 없이 자율적으로 프랙탈 구조의 식품 용기와 신경 신호 패턴을 모방한 램프라는 두 가지 발명품을 창작했다고 주장했다. 그는 대한민국을 포함한 16개국에 특허를 출원하며, 발명가란에 인간의 이름 대신 '다부스(DABUS)'를 기재했다.

각국 사법부의 판단은 놀라울 정도로 일치된 결론으로 수렴했다. 미국, 영국, 유럽특허청(EPO)을 포함한 대다수 국가는 특허법상의 '발명가(inventor)'라는 용어는 오직 '자연인(natural person)'을 의미한다고 명시적으로 판시하며 출원을 기각했다(Abbott, R., 2019). 대한민국 법원 역시 현행 특허법상 발명자는 자연인에 한정된다는 글로벌 추세를 따랐다. 한때 호주 연방법원이 1심에서 AI의 발명자 자격을 인정하는 세계 최초의 판결을 내리며 파장을 일으켰지만, 이 판결은 상급 법원에서 결국 뒤집히며 국제적 합의에 동조했다.

이러한 흐름 속에서 독일 연방특허법원의 판결은 주목할 만한 실용적 절충안을 제시했다. 독일 법원은 발명자는 반드시 자연인(테일러 박사)이어야 한다는 원칙을 견지하면서도, 출원 서류에 AI(다부스)가 발명 과정에 기여했다는 사실을 부가적으로 기재하는 것을 허용했다. 이는 AI에게 법적 지위를 부여하지 않으면서도 그 기술적 기여를 공식적으로 인정하는 방식으로, 향후 입법 논의에 중요한 시사점을 던진다. 다부스 사건을 통해 'AI는 현행법상 발명가가 될 수 없다'는 명확한 글로벌 법률 기준선이 확립되었다. 그러나 이는 논쟁의 끝이 아니라, AI의 창작 능력이 더욱 고도화될 미래를 대비한 본격적인 입법 논의의 필요성을 역설적으로 보여주는 시작점이다.

'통상의 기술자'의 종말: AI, 특허 시스템의 심장을 겨누다

발명가 자격 문제는 AI가 특허 제도에 던지는 거대한 빙산의 일각에 불과하다. 더 근본적인 도전은 AI의 발전된 능력이 우리가 발명의 가치를 판단하는 핵심 기준, 특히 '진보성(inventive step 또는 non-obviousness)'의 개념 자체를 붕괴시킬 수 있다는 점이다.

특허가 부여되기 위한 핵심 요건 중 하나인 진보성은, 그 발명이 속하는 기술 분야에서 '통상의 지식을 가진 자(Person Having Ordinary Skill In The Art, PHOSITA)'가 기존의 기술로부터 쉽게 생각해 낼 수 없는 것이어야 함을 의미한다. 이 가상의 인물인 PHOSITA의 개념이 AI로 인해 근본적인 위기에 처했다. 특정 기술 분야의 모든 논문, 특허, 기술 자료를 학습한 AI는 그 분야에서 '통상의 지식'을 가진 수준을 아득히 뛰어넘는, 사실상 초인적인 지식수준을 갖게 된다. 만약 미래의 PHOSITA가 이러한 AI의 능력을 기준으로 상정된다면, 인간 발명가가 '자명하지 않은' 것으로 인정받을 수 있는 기술의 기준은 거의 달성 불가능할 정도로 높아질 수 있다. 이는 혁신에 대한 인센티브를 제공하려는 특허 제도의 목적과는 정반대로, 오히려 인간의 혁신을 위축시키는 역설적인 결과를 초래할 수 있다.

더 나아가, AI는 특허 제도의 근간을 이루는 '사회적 계약' 자체를 위협한다. 특허 제도는 발명가가 자신의 기술을 다른 기술자가 재현할 수 있도록 상세히 공개하는 대가로 독점권을 부여하는 계약에 기반한다. 그러나 심층 신경망과 같은 AI 모델의 의사결정 과정이 본질적으로 '블랙박스'라면, 인간 발명가가 AI가 어떻게 특정 발명을 도출했는지 그 과정을 충분히 이해하고 명세서에 명확하게 설명하는 것이 불가능할 수 있다. 만약 발명가가 자신의 발명품이 어떻게 작동하는지 설명할 수 없다면, 사회적 계약의 핵심인 공개 의무를 이행할 수 없게 되고, 특허를 받을 자격 또한 상실하게 된다.

이러한 현상은 'PHOSITA의 역설'이라 부를 만하다. 인류 역사상 가장 강력한 발명 도구인 AI의 등장으로 인해, 역설적으로 법적으로 '발명'으로 인정받기가 더 어려워지는 상황이 발생하는 것이다. 이는 단순히 법률적 기술의 문제가 아니라, 혁신의 동력을 유지하려는 특허 시스템의 목적 자체를 위협하는 실존적 위기다. 결국 법률 시스템은 AI 시대에 맞는 새로운 진보성 판단 기준을 정립해야 할 것이며, 이는 AI가 발명에 도달한 과정의 자명성보다는, 해결하고자 한 문제의 독창성이나 결과물의 예측 불가능성에 더 큰 비중을 두는 방향으로의 전환을 의미할 수 있다.

Strategy | 새로운 부의 지도 그리기: AI 시대의 지식재산 실행 전략

AI가 촉발한 법적, 전략적 혼돈 속에서 기업은 더 이상 과거의 지도에만 의존할 수 없다. 변화된 환경에 맞춰 지식재산을 보호하고 활용하는 새로운 항해술이 필요하다. 이는 단순히 방어벽을 높게 쌓는 것을 넘어, 때로는 문을 열고 협력하며, AI라는 새로운 도구를 활용해 지식재산 관리 자체를 혁신하는 다차원적인 접근을 요구한다.

전략 1

'결과'가 아닌 '과정'을 보호하라: AI 생성 프로세스 중심의 포트폴리오 설계

AI 시대의 특허 전략에서 가장 중요한 패러다임 전환은 보호의 대상을 개별적인 '결과물'에서 그 결과물을 만들어내는 '과정'으로 옮겨가는 것이다. 이는 황금알 하나를 소유하는 것이 아니라, 황금알을 낳는 거위를 소유하는 전략과 같다. 생성형 AI는 특정 문제에 대해 수천, 수만 개의 미세하게 다른 대안적 해결책을 손쉽게 생성할 수 있다. 이는 경쟁사가 우리의 특허를 침해하지 않으면서도 유사한 기능을 구현하는 제품을 만드는 것이 훨씬 쉬워졌음을 의미한다. 따라서 단일 발명품에 대한 좁은 범위의 특허는 그 가치가 예전보다 희석될 수밖에 없다.

진정한 경쟁 우위와 방어 가능한 자산은 독점적이고 차별화된 결과물을 지속적으로 생성해내는 '프로세스' 그 자체에 있다. 여기에는 잘 정제된 고유의 학습 데이터셋, 독창적인 학습 방법론, 그리고 특정 목적에 맞게 정교하게 미세 조정된 모델 아키텍처가 포함된다. 따라서 기업은 AI 혁신 가치사슬 전반을 보호하는 다음의 다층적 포트폴리오를 구축해야 한다.

1) **데이터 처리 기술:** AI 모델의 성능을 좌우하는 핵심은 데이터다. 따라서 데이터를 정제, 가공, 혹은 증강(augmentation)하는 독자적인 기술은 매우 중요한 특허 보호 대상이 된다.
2) **AI 모델 및 알고리즘:** 새로운 신경망 구조나 독창적인 학습 방법론과 같은 AI 기술의 핵심 엔진은 특허와 영업비밀을 조합하여 강력하게 보호해야 할 대상이다.

3) AI 응용 기술: 개발된 AI 기술을 의료, 금융, 제조 등 특정 산업 분야의 문제를 해결하는 데 적용하는 구체적인 발명은 가장 직접적인 상업적 가치를 지니므로 적극적인 특허 출원이 필요하다.

이러한 접근은 지식재산 전략이 더 이상 법무팀만의 과제가 아니라, 기업의 데이터 전략과 분리될 수 없는 핵심 경영 전략임을 보여준다. 기업의 고유한 데이터를 수집하고, 이를 가공하여 AI 모델을 학습시키며, 그 결과로 개선된 서비스를 제공하고, 다시 그 과정에서 더 많은 데이터를 수집하는 '데이터 피드백 루프'야말로 AI 시대의 가장 강력한 경쟁 해자다. 지식재산 포트폴리오는 바로 이 선순환 구조 전체를 보호하는 법적 성벽 역할을 수행해야 한다.

전략 2

'특허 정글'을 헤쳐나가는 기술: 방어적 공개와 협력적 IP 모델 활용

AI 관련 특허 출원이 폭발적으로 증가하면서, 혁신가들은 수많은 특허가 복잡하게 얽혀 있는 '특허 정글'을 헤쳐나가야 하는 위험에 직면했다. 이 복잡한 환경에서 소송 리스크를 줄이고 혁신의 자유를 확보하기 위해서는, 독점적 보호 전략과 함께 방어적이고 협력적인 전략을 병행하는 지혜가 필요하다.

가장 먼저 고려할 수 있는 비용 효율적인 전략은 방어적 공개(Defensive Publication)이다. 이는 특허를 출원할 만큼 핵심적이지는 않지만, 경쟁사가 특허를 획득하는 것을 막고 싶은 발명들을 의도적으로 대중에게 공개하는 전략이다. 일단 공개된 기술은 '공지 기술(prior art)'이 되어 누구도 해당 기술로 특허를 받을 수 없게 된다. 이는 막대한 특허 출원 및 유지 비용 없이도 특정 기술 영역에서 사업의 자유를 확보하는 효과적인 방어 수단이다.

더 나아가, 복잡한 기술 생태계에서는 개별 기업의 노력만으로는 한계가 있으므로 공식적인 협력 메커니즘을 적극적으로 활용해야 한다. 대표적인 것이 특허 풀(Patent Pool)과 크로스 라이선스(Cross-Licensing)다. 4G/5G 이동통신 기술처럼, 특정 AI 기술들은 향후 산업 표준에 필수적인 표준필수특허가 될 가능성이 높다. 여러 기업이 보유한 표준필수특허를 하나의 '특허 풀'로 묶어 공정하고 합리적인 조건으로 라이선스를 제공하면, 기술 사용의 교착 상태를 막고 건전한 경쟁을 촉진할 수 있다. 크로스 라이선스는 주로 대규모 특허 포트폴리오를 보유한 기업들 간의 방어적 협정이다. 구글, 마이크로소프트와 같은 거대 기업들이 서로의 AI 관련 특허 포트폴리오를 상호 허여하는 계약을 맺음으로써, 값비싼 소송전을 피하고 각자의 사업 영역에서 안정적으로 혁신을 추구하는 균형 상태를 만드는 전략이다.

이러한 협력적 모델들은 단순히 법적 리스크를 회피하는 방어적 수단을 넘어, 산업 생태계 전체를 자사에 유리한 방향으로 이끄는 공격적인 전략 도구가 될 수 있다. 어떤 기술을 오픈소스로 공개하고 어떤 기술을 특허 풀에 제공할지 전략적으로 결정함으로써, 기업은 자사의 기술 플랫폼을 산업 표준으로 만들고 생태계의 중심, 즉 컨트롤 포인트(Control Point)를 장악할 수 있다. 이는 개별 특허를 통한 독점보다 훨씬 더 강력하고 지속 가능한 경쟁 우위를 창출하는 고차원적인 지식재산 전략이다.

전략 3

AI로 AI 특허를 관리하라: 지능형 IP 분석 및 관리 시스템 구축

AI는 지식재산 시스템에 전례 없는 복잡성을 야기했지만, 역설적으로 그 복잡성을 관리할 가장 강력한 도구 또한 제공한다. AI 시대의 궁극적인 지식재산 전략은 AI를 활용하여 AI가 만들어낸 문제들을 해결하는 것이다. 이미 지식재산 관리 분야에서는 AI 기반 도구들이 혁신을 주도하고 있다.

첫째, 선행기술 조사 영역이다. 특허 심사의 가장 기본이 되는 선행기술 조사는 과거 인간 심사관의 경험과 키워드 검색에 크게 의존했다. 그러나 AI는 인간이 상상할 수 없는 속도로 수억 건의 논문과 특허 문서를 의미론적으로 분석하여, 훨씬 더 정확하고 포괄적인 선행기술 조사를 수행할 수 있다. 이는 특허 심사의 질을 획기적으로 개선하고, 부실 특허로 인한 분쟁의 소지를 줄여준다.

둘째, 특허 랜드스케이프 분석이다. AI 도구는 특정 기술 분야의 수만, 수십만 건에 달하는 특허 데이터를 자동으로 분석하여 기술 발전의 동향, 핵심 경쟁사의 R&D 방향, 아직 개척되지 않은 기회 영역(white space) 등을 시각적으로 보여준다. 이는 과거 소수의 전문가가 수개월에 걸쳐 수행했던 분석을 단 며칠 만에 가능하게 하며, 기업이 데이터에 기반한 R&D 및 M&A 전략을 수립하는 데 결정적인 도움을 준다.

셋째, 특허 침해 탐지다. 자사의 신제품이 출시되기 전에, AI를 활용하여 경쟁사의 수많은 특허와 자사 제품의 기술 사양을 자동으로 비교 분석함으로써 잠재적인 특허 침해 리스크를 사전에 식별하고 회피 설계를 할 수 있다. 이는 출시 이후에 발생할 수 있는 막대한 규모의 손해배상 소송을 예방하는 중요한 위험 관리 활동이다.

결국 AI와 지식재산 시스템의 관계는 적대적인 충돌을 넘어 공생적인 관계로 나아갈 것이다. 한편으로는 인간과 기계가 함께 만들어내는 혁신을 공정하게 보호하고 장려하기 위한 현대화된 법률 체계가 필요하며, 다른 한편으로는 AI 기술이 그 법률 체계가 만들어낸 복잡성을 탐색하고 관리하는 데 필수적인 도구가 될 것이다. 이 두 축이 조화롭게 발전할 때, 우리는 기술 발전을 통해 사회 전체에 이익을 가져오는 혁신을 지속적으로 촉진하는 균형 잡힌 시스템을 구축할 수 있을 것이다.

3부

AI 시대, 리더의 새로운 전략 도구

14장

'예측'에서 '실험'으로: AI 시대 리더십과 의사결정

AS-IS | 전통적인 리더십과 의사결정 이론의 한계

전략적 의사결정은 기업의 장기적인 방향을 결정하는 핵심적인 활동이며, 이는 전통적으로 최고 경영진의 통찰력과 경험에 의존해 왔다. 그러나 경영학과 심리학 분야의 주요 이론들은 이러한 리더의 의사결정 과정이 완벽하거나 합리적이지 않으며, 근본적으로 인간의 인지적 한계와 조직의 구조적 제약에 의해 제약된다는 점을 밝힌다. 인공지능(AI) 시대의 리더십이 어떻게 진화해야 하는지를 이해하려면, 먼저 전통적인 의사결정 이론이 정의한 인간 리더의 고유한 한계를 명확히 인식해야 한다.

완전한 합리성의 신화와 만족화 리더십의 등장

전통적인 경제 이론은 기업 리더를 '경제적 인간(Homo Economicus)'이라는 이상적인 존재로 가정한다. 이 모델은 리더가 시장의 모든 정보를 완벽하게 분석하고, 각 대안의 효용을 정확히 계산하여, 기업 이익을 극대화하는 최적의 결정을 내린다고 전제한다. 그러나 현실의 기업 환경은 본질적으로 불확실하고, 복잡하며, 정보는 불완전하거나 왜곡되기 쉽다. 이러한 상황에서 완벽한 합리성이라는 이상은 달성 불가능하다.

1950년대 허버트 사이먼(Herbert Simon)은 이러한 한계를 극복하기 위해 '제한된 합리성(Bounded Rationality)' 개념을 제시했다. 사이먼은 인간의 인지 능력이 정보 획득, 저장, 처리 능력의 한계에 의해 제약된다는 점을 지적했다. 즉, 인간 리더는 모든 기대 효용을 최대화하려는 복잡한 최적화 문제(Optimizing)를 풀기에는 인지 자원이 부족하다.

따라서 리더는 최적의 해답을 찾는 대신, 주어진 시간과 자원 내에서 합리적이고 충분히 좋은 해답인 '만족화(Satisficing)'를 추구하게 된다. 이 만족화 접근 방식은 복잡한 의사결정 과정을 단순화하는 실용적인 방법론으로, 이후 '절차적 합리성(Procedural Rationality)'이라는 이론적 틀로 발전했다. 이는 기업의 전략적 결정이 순수한 계산의 산물이 아니라, 리더의 인지적 한계 내에서 이루어지는 절차적 노력의 산물임을 의미한다. AI가 등장하기 전까지 리더십의 첫 번째 과제는 이러한 인간의 인지적 한계를 인정하고, 주어진 제약 내에서 가능한 한 가장 합리적인 대안을 찾아내는 것이었다(Simon, H. A., 1972)

실패를 낳는 직관의 함정: 인지적 편향과 체계적 오류

제한된 합리성은 리더들이 복잡한 문제를 해결하기 위해 '휴리스틱(Heuristics)', 즉 경험에 기반한 단순화된 의사결정 규칙을 사용하도록 만든다. 이러한 휴리스틱은 일상적인 환경에서는 효율적일 수 있으나, 고위험의 전략적 의사결정 상황에서는 예측 가능하고 체계적인 오류를 초래할 수 있다는 것이 대니얼 카너먼(Daniel Kahneman)과 아모스 트버스키(Amos Tversky)의 연구를 통해 밝혀졌다. 이들은 이러한 체계적인 오류를 '인지적 편향(Cognitive Bias)'이라고 정의한다.

카너먼과 트버스키가 제시한 대표적인 휴리스틱으로는, 어떤 사건이나 정보가 얼마나 쉽게 떠올려지는지에 따라 그 빈도나 개연성을 과대평가하는 '가용성(Availability)', 특정 사례와 유사한 정도에 따라 확률을 판단하는 '대표성(Representativeness)', 그리고 초기 값이나 참조 값에 판단이 영향을 받는 '닻 내림(Adjustment from an anchor)' 등이 있다(Morvan, et al., 2017).

전략적 의사결정(Strategic Decision-Making, SDM)은 본질적으로 복잡성, 모호성, 불확실성이 크기 때문에 리더가 자신의 직관이나 경험에 의존하여 판단할 경우 이러한 인지적 한계에 취약할 수밖에 없다. 결과적으로 리더의 '뛰어난 직관'이라고 여겨지던 판단이 사실은 체계적인 인지적 오류를 포함하고 있을 수 있다. 이처럼 전통적 이론은 리더가 합리성을 달성하는 데 있어 인간의 뇌 자체가 가진 정보 처리 한계와 체계적인 오류 가능성이 가장 큰 병목 현상임을 지적한다.

조직 전략의 두 얼굴: 자원 배분과 자율적 주도

전략적 의사결정의 복잡성은 리더 개인의 인지적 영역을 넘어 조직 프로세스 전반에 걸쳐 나타난다. 윌리엄 바우어(William Bower)와 로버트 버글먼(Robert Burgelman)의 전략 형성 프로세스 모델은 대규모 조직에서 전략이 단순히 최고 경영진의 의도된 계획(Intended Strategy)에서 나오는 것이 아님을 보여주었다.

이 모델에서 전략은 현장 관리자들이 시장 환경에 대한 깊은 이해를 바탕으로 주도하는 '자율적 주도(Autonomous Initiative)'와, 최고 경영진이 회사의 광범위한 목표를 담은 '기업 문맥(Corporate Context)'을 설정하고 자원을 통제하는 과정의 상호작용으로 형성된다. 현장 관리자들이 새로운 사업 기회에 대한 혁신적인 아이디어를 제안하면, 최고 경영진은 이 이니셔티브에 자원을 배분하거나 회수하는 '반복적인 자원 배분(Iterated process of resource allocation)'을 수행한다. 이 과정을 통해 의도하지 않았던 '창발적 전략(Emergent Strategy)'이 형성되며, 전략적 결정은 곧 자원 배분의 결정으로 구체화된다.(Burgelman, R. A., 1996).

이러한 전략 형성 프로세스는 최고 리더의 핵심 역할이 단순히 계획을 수립하는 것을 넘어, 자원 배분을 통제함으로써 조직의 전략적 방향을 조정하는 데 있음을 시사한다. 그러나 이 반복적인 자원 배분 과정은 종종 조직 내의 정치적 역학 관계와 관료주의로 인해 느려질 수 있다. AI 시대가 도래하기 전, 리더십의 두 번째 과제는 인지적 제약에 더해, 이러한 조직적 절차의 속도 저하를 어떻게 극복할 것인가 하는 문제였다. AI는 바로 이 인지적 및 조직적 병목 현상을 동시에 해결할 잠재력을 제공하며 새로운 의사결정 패러다임을 요구한다.

TO-BE | 새로운 지평: AI가 의사결정을 재정의하는 방식

인공지능의 발전은 허버트 사이먼이 정의한 인간의 '제한된 합리성'을 해소할 수 있는 강력한 도구를 제공한다. AI는 분석의 속도와 깊이를 혁신적으로 향상시키며, 리더가 복잡한 전략적 결정을 내릴 때 인지적 한계를 보완한다. 그러나 이러한 기술적 발전은 동시에 알고리즘의 편향성, 그리고 예측과 결정 사이의 근본적인 차이라는 새로운 종류의 도전을 낳는다.

AI 시대, 리더의 인지적 경계는 어떻게 확장되는가

AI는 방대한 데이터 세트를 분석하고, 복잡한 패턴과 트렌드를 식별하며, 수많은 가상 시나리오를 시뮬레이션하는 능력을 갖추고 있다. 이는 과거 인간 리더가 정보 과부하로 인해 완벽하게 처리할 수 없었던 인지적 작업을 AI가 대규모로 빠르게 수행할 수 있게 되었음을 의미한다. 특히 거대 언어 모델(LLM)과 같은 생성형AI는 전략 분석의 속도, 품질, 그리고 규모를 획기적으로 향상시킨다. 일부 연구에 따르면, AI는 이미 기업가나 투자자 수준의 통찰력을 가지고 전략을 생성하고 평가할 수 있는 능력을 보여주었다.

이러한 능력은 전략적 의사결정(SDM)의 핵심 인지 프로세스인 탐색(Search), 표현(Representation), 그리고 집계(Aggregation)를 근본적으로 변화시킨다. AI는 복잡한 의사결정 프로세스를 최적화하고 편향 없는 데이터 세트(이론적으로)를 분석함으로써, 조직 리더십이 궁극적으로 '제한된 합리적 결정'에서 '완전히 합리적인 결정'으로 나아가도록 도울 수 있다는 주장이 제기된다. 리더는 이제 데이터 분석에 쏟던 시간을 절약하고, 사람 중심의 문제, 창의성, 그리고 혁신과 같은 고차원적인 전략적 영역에 집중할 수 있는 여지를 얻게 된다.

그러나 AI의 도입은 인간의 인지적 한계를 보완하는 동시에, 17장에서 다루게 될 '알고리즘적 편향'이라는 새로운 종류의 한계를 발생시킨다. AI 시스템은 훈련 데이터가 불완전하거나 과거의 불평등을 반영할 경우, 이를 학습하여 의사결정에 편향을 내재화할 수 있다. AI 모델 자체를 대상으로 한 연구에서는, GPT-4와 같은 모델이 주관적인 시나리오에서는 위험 회피와 같은 인간과 유사한 일관된 편향을 보일 수 있음이 밝혀졌다. 이는 AI가 인간의 인지적 한계를 확장하는 동시에, 데이터와 알고리즘이라는 새로운 매개를 통해 인간의 편향을 재현하거나 증폭시킬 수 있다는 점을 시사한다. 따라서 AI 시대 리더의 역할은 단순히 데이터를 '분석'하는 것을 넘어, '알고리즘의 편향을 감지하고 모델을 비판적으로 이해'하는 역할로 전환되어야 한다.

예측의 함정에서 벗어나 최적화를 지향하다

AI 기술 발전의 초기 단계에서는 뛰어난 데이터 분석 능력과 '예측(Prediction)' 정확도에 초점이 맞춰졌다. 그러나 비즈니스 리더가 원하는 것은 높은 예측 정확도가 아니라, 최적의 '결정(Decision)'을 통한 실질적인 가치 극대화이다. 전략적 의사결정은 단순히 데이터에 기반한 추론을 넘어, 때로는 데이터에 반하는(Counter-to-data) 새로운 증거를 생성하기 위한 능동적인 실험이나 추론을 요구하기 때문이다.

전통적인 머신러닝의 목표가 예측 오류(Prediction Error)를 최소화하는 것이었다면, 실제 경영의 목표는 의사결정 오류, 즉 비즈니스 손실을 최소화하는 것이다. 이 두 목표 사이의 간극을 좁히기 위해 '스마트 예측 후 최적화(Smart Predict, then Optimize; SPO)'와 같은 새로운 수학적 프레임워크가 등장했다.

SPO 프레임워크는 단순히 예측 모델의 정확도만을 높이는 데 집중하지 않고, 비즈니스의 궁극적인 최적화 목표(예: 수익 증대, 비용 절감)에 따라 예측 모델을 조정하는 방식을 취한다. 이는 예측 정확도를 높이는 것이 아니라, 의사결정으로 인해 발생하는 손실을 정량화하고 이를 최소화하도록 AI 모델을 설계하는 것이다. 이러한 패러다임 전환은 AI를 단순한 정보 제공 도구가 아닌, 전략적 결과를 극대화하는 '최적화 엔진'으로 활용하게 만든다. 이는 기업 경영의 패러다임을 '사후 대응' 방식에서 '사전 예측 및 최적 설계'로 전환시키는 AI 시대의 새로운 의사결정 패러다임을 상징한다.

Strategy | 초가속 시대의 리더십 전략: 실행과 거버넌스

AI가 의사결정 프로세스의 효율성과 복잡성을 동시에 높이면서, 리더십은 새로운 전략적 실행 모델과 책임 구조를 요구받는다. AI 시대의 리더는 인간의 인지적 한계를 보완하고 조직적 병목 현상을 제거하는 동시에, AI 시스템이 야기하는 윤리적 및 기술적 위험을 관리해야 한다. 이는 곧 리더가 '최고 실험 책임자'이자 'AI 거버넌스 설계자'의 역할을 동시에 수행해야 함을 의미한다.

전략 1
'최고 분석가'에서 '최고 실험 책임자'로

AI의 가속화된 혁신 주기는 과거의 장기적이고 예측 가능한 계획을 무의미하게 만들었다. 이제 리더는 미래를 예측하는 사람에서 벗어나, 불확실한 시장 환경을 체계적이고 과학적인 '실험(Experimentation)'을 통해 관리하는 시스템 설계자로 전환되어야 한다.

실험 인프라와 문화가 강력한 조직이 높은 성과를 낸다는 연구 결과는 리더가 '실험주의(Experimentalism)'를 조직 문화의 핵심 동인으로 삼아야 함을 시사한다. 리더가 이러한 문화를 구축하기 위한 구체적인 실행 전략은 다음과 같다. 첫째, 실패를 학습의 필수 과정으로 인정해야 한다. 디지털 실험은 아이디어가 나빴을 때 이를 신속하게 확인하고 다음 기회로 넘어가게 함으로써 조직 학습을 가속화한다. 리더는 이러한 빠른 실패를 허용하고, 실패를 통해 얻은 '학습'을 중요한 성과 지표로 인정해야 한다.

둘째, 아마존의 'Day 1' 정신[3]처럼, 조직이 항상 스타트업처럼 호기심을 유지하고 민첩하며 실험적인 문화를 유지하도록 강조해야 한다. 아마존의 성공 사례가 보여주듯이, 리더는 낮은 비용과 낮은 위험으로 신속하게 가설을 검증할 수 있는 환경을 만들고, 조직이 안정적인 'Day 2' 관료주의에 빠지지 않도록 끊임없이 경계해야 한다. 즉, AI 시대의 리더십은 정적인 계획을 세우는 것이 아니라, 가장 효율적인 학습 경로를 설계하고 이끄는 '최고 실험 책임자(Chief Experimenter)'의 역할로 진화해야 한다.

전략 2

거래를 넘어 변혁으로: 새로운 리더십의 필요성

AI 시대가 요구하는 리더십을 이해하기 위해, 우리는 거래적 리더십과 변혁적 리더십을 비교할 필요가 있다. 거래적 리더십은 리

3 아마존의 'Day 1' 정신은 매일을 첫날처럼 새롭게 도전하고 혁신하는 마음가짐을 뜻한다. 창업자 제프 베조스가 강조한 이 정신은 아마존이 여전히 역사의 첫날에 있는 것처럼 고객 중심으로 집착하며 끊임없이 변화를 모색하는 자세를 유지하는 것을 의미하고 있다. 베조스는 '둘째 날(Day 2)'이 되면 조직이 쇠퇴하고 죽음에 이르게 되므로, 매일을 '첫날'처럼 고객에 대한 집착, 의심, 트렌드 수용, 빠른 의사결정으로 혁신을 지속해야 한다고 했다.

더와 부하 직원 간의 명확한 거래 관계에 기반한다. 이 스타일의 리더는 목표를 설정하고, 달성 시 보상하며, 미달 시 처벌하는 방식으로 동기를 부여한다. 이는 안정된 프로세스를 효율적으로 운영하는 데는 효과적일 수 있으나, 실패에 대한 두려움을 조장하여 실험에 필수적인 창의성과 위험 감수를 억제하는 경향이 있다.

반면, 변혁적 리더십은 부하 직원들이 개인의 이익을 넘어 조직 전체의 공동선을 위해 헌신하도록 영감을 주고 동기를 부여하는 스타일이다. 변혁적 리더십은 매력적인 비전을 제시하는 영감적 동기부여, 현상 유지에 의문을 제기하고 새로운 접근을 장려하는 지적 자극, 그리고 각 구성원의 성장에 관심을 기울이는 개별적 배려를 핵심 요소로 한다.

이 두 리더십 스타일의 차이는 실험 기반의 조직 문화를 구축하는 데 결정적인 영향을 미친다. 특히 지적 자극은 실험적 문화를 위한 가장 핵심적인 리더십 행동이다. 이는 기존의 가정에 도전하고 문제에 대한 새로운 해결책을 모색하도록 장려하는데, 이것이 바로 실험의 본질이기 때문이다. 거래적 리더는 "정해진 절차를 따랐는가?"라고 묻지만, 변혁적 리더는 "우리가 더 나은 절차를 찾을 수 있을까?"라고 묻는다. 이 질문의 차이가 예측 기반 조직과 실험 기반 조직을 가르는 분수령이 된다.

● 표 거래적 리더십과 변혁적 리더십

특 성	거래적 리더십 (예측/안정 환경)	변혁적 리더십 (실험/역동 환경)
주요 목표	안정성, 효율성, 예측 가능성, 목표 달성	혁신, 적응, 발견, 목표 초과 달성
구성원 동기부여	외재적 동기(보상, 처벌에 대한 두려움)	내재적 동기(영감, 목적의식, 개인적 성장)
문제 접근 방식	기존 규칙과 절차 적용, 이탈 수정	기존 절차에 의문 제기, 새로운 해결책 장려
실패에 대한 관점	처벌하거나 수정해야 할 오류	분석하고 학습해야 할 기회
핵심 결과물	점진적 개선	파괴적 혁신과 변혁

전략3 AI 리터러시와 윤리적 거버넌스

AI 시대의 리더에게는 변혁적 리더십 외에도, 새롭게 요구되는 핵심 역량들이 있다. 바로 AI 기술에 대한 전략적 이해 능력인 AI 리터러시와 기술의 책임 있는 사용을 보장하는 윤리적 거버넌스 구축 능력이다.

경영진을 위한 AI 리터러시는 리더가 직접 코딩을 배우라는 의미가 아니다. 기술의 전략적 함의를 이해하고, 이를 바탕으로 현명한 의사결정을 내릴 수 있는 전략적 유창성을 갖추는 것을 의미한다. 여기에는 머신러닝, 생성형 AI와 같은 핵심 기술의 원리를 전략적 관점에서 이해하고, AI가 생성한 결과물의 한계나 편향을 인지하며 비판적으로 평가하는 능력이 포함된다.

알고리즘 책임성과 윤리적 거버넌스는 AI가 조직의 의사결정에 미치는 영향력이 커질수록 더욱 중요해진다. 리더는 알고리즘의 작동 방식을 완전히 이해하기 어려운 블랙박스 문제 속에서 알고리즘 편향, 투명성 부족, 데이터 프라이버시 침해와 같은 핵심적인 윤리적 위험을 관리해야 한다. 이를 위해 리더는 조직 내에 명확한 내부 윤리 가이드라인 개발, 윤리 검토 위원회 설립, 그리고 중요한 의사결정에 대한 인간의 감독 및 설명가능성 확보 등 견고한 윤리적 거버넌스 프레임워크를 구축해야 한다.

AI 기반 실험의 도입은 알고리즘이라는 새로운 유형의 조직 행위자를 탄생시켰다. 이 새로운 파트너는 엄청난 능력을 가졌지만, 동시에 내재된 편향과 한계를 지니고 있으며 스스로 도덕적 판단을 내릴 수 없다. 따라서 리더의 역할은 단순히 사람을 이끄는 것을 넘어, 인간과 알고리즘이 함께 일하는 전체 사회-기술 시스템을 총괄하고 관리하는 것으로 확장된다. 이를 위해 리더는 기술의 잠재력을 이해하는 AI 리터러시를 갖춘 전략가인 동시에, 기술 사용의 도덕적, 절차적 가드레일을 설정하는 윤리적 거버너가 되어야 한다. 이것이 바로 AI시대 리더에게 주어진 새로운 시대적 사명이다.

15장

알고리즘은 문화를 먹고 자란다: 데이터가 흐르는 조직으로의 재설계

AS-IS | 조직문화, 보이지 않는 기업의 운영체제

기업의 성과를 논할 때 우리는 흔히 전략, 기술, 재무와 같은 가시적인 요소에 집중한다. 하지만 이 모든 것을 움직이는 보이지 않는 힘이 있다. 바로 조직문화다. 조직문화는 기업이라는 컴퓨터를 구동하는 운영체제(OS)와 같다. 어떤 소프트웨어를 설치하고 실행할 수 있는지, 시스템의 처리 속도와 안정성은 어떠한지를 결정하는 근본적인 기반이다. 아무리 뛰어난 애플리케이션(전략)이라도 불안정한 OS(문화) 위에서는 제대로 작동할 수 없다. 따라서 조직의 변화와 혁신을 이해하기 위해서는 먼저 그 조직의 문화를 해부하고 진단하는 도구가 필요하다. 수십 년간 수많은 학자와 경영 구루들이 조직문화를 설명하려 시도했지만, 그중에서도 에드거 샤인(Edgar Schein)의 문화 수준 모델과 킴 캐머런(Kim Cameron), 로버트 퀸(Robert Quinn)의 경쟁가치모형은 오늘날에도 여전히 조직의 심층을 들여다보는 가장 강력한 렌즈를 제공한다.

문화의 빙산을 해부하다: 샤인의 세 가지 수준

MIT 슬론 경영대학원의 교수였던 에드거 샤인은 조직문화를 단순히 눈에 보이는 현상으로 파악하는 것의 한계를 지적하며, 이를 세 가지 심층적 수준으로 나누어 분석해야 한다고 주장했다. 그가 1984년 슬론 매니지먼트 리뷰(Sloan Management Review)를 통해 처음으로 공식화한 이 모델은, 마치 빙산처럼 수면 위에 드러난 작은 부분 아래에 훨씬 더 거대하고 보이지 않는 본체가 숨어 있다는 통찰을 제공한다(Schein, E. H., 1984).

첫 번째 수준은 인공물(Artifacts)이다. 이는 조직 내에서 눈으로 보고 귀로 들을 수 있는 모든 가시적이고 물리적인 요소를 포함한다. 사무실의 건축 양식과 공간 배치, 직원들의 복장 규정, 사용하는 기술과 언어, 공식적인 문서나 업무 절차 등이 모두 여기에 해당한다. 인공물은 조직문화의 가장 표면적인 층으로, 외부인도 쉽게 관찰할 수 있다. 하지만 이것만으로는 문화의 본질을 파악하기 어렵다. 화려하고 개방적인 사무실이 정말로 수평적이고 창의적인 문화를 의미하는지, 아니면 단지 유행을 따르는 장식에 불과한지는 인공물만 봐서는 알 수 없기 때문이다. 인공물은 문화적으로 무엇이 일어나고 있는지는 보여주지만, 왜 그런 현상이 나타나는지에 대해서는 침묵한다.

두 번째 수준은 표방하는 가치(Espoused Values)이다. 이는 조직이 공식적으로 내세우는 신념, 목표, 철학 등을 의미한다. 기업의 미션 선언문, 핵심 가치, 리더십의 연설이나 공식적인 정책 문서에서 쉽게 찾아볼 수 있다. 예를 들어, 고객 중심, 혁신, 팀워크와 같이 조직이 중요하다고 공표하는 가치들이 여기에 속한다. 이 가치들은 조직 구성원들의 행동에 대한 명시적인 지침을 제공하며, 조직이 나아가고자 하는 방향을 제시한다. 하지만 이 역시 조직의 실제 모습을 완벽하게 반영하지는 못한다. 조직이 주장하는 가치와 실제 구성원들이 행동하는 방식 사이에는 종종 괴리가 존재하기 때문이다.

세 번째이자 가장 깊은 수준은 기본적 잠재 가정(Basic Underlying Assumptions)이다. 이것은 조직 구성원들이 무의식적으로 공유하며, 너무나 당연하게 여겨서 더 이상 의문을 제기하지 않는 믿음과 인식을 의미한다.이 잠재 가정은 조직의 생각, 감정, 행동을 지배하는 가장 강력한 힘이지만, 눈에 보이지도 않고 명시적으로 표현되지도 않는다. 예를 들어, 어떤 회사가 공식적으로는 원격 근무 활성화를 표방하는 가치로 내세운다 하더라도(2수준), 구성원들 사이에 중요한 의사결정은 결국 사무실에 있는 사람들을 중심으로 이루어진다는 잠재 가정이 존재한다면(3수준), 대부분의 직원은 승진이나 인정을 위해 자발적으로 사무실 출근을 선택할 것이다. 이처럼 실제 행동을 결정하는 것은 공식적인 가치가 아니라, 보이지 않는 잠재 가정이다.

샤인 모델의 진정한 가치는 이 세 가지 수준을 단순히 분류하는 데 있지 않다. 이 모델은 조직의 위선을 진단하는 강력한 도구로 기능한다. 표방하는 가치(2수준)와 실제 관찰되는 인공물 및 행동(1수준) 사이에 나타나는 불일치, 즉 위선적 격차는 그 조직의 깊은 곳에 자리한 기본적 잠재 가정(3수준)이 공식적인 가치와 충돌하고 있다는 명백한 증거다. 리더가 실패를 두려워하지 않는 도전을 외치면서도, 작은 실수 하나에 혹독한 문책을 가한다면 구성원들은 이 조직에서 실패는 곧 끝이라는 잠재 가정을 내면화하게 된다. 이러한 잠재 가정은 리더의 말보다 훨씬 강력하게 구성원들의 행동을 위축시킨다. 따라서 진정한 문화 변화는 화려한 슬로건을 내걸거나 사무실 인테리어를 바꾸는 것에서 시작되는 것이 아니다. 조직이 진정으로 믿고 따르는 기본적 잠재 가정을 수면 위로 끌어올려 직시하고, 이를 표방하는 가치와 일치시키려는 노력에서부터 비로소 시작될 수 있다.

기업의 네 가지 얼굴: 경쟁가치모형으로 문화 진단하기

조직문화의 깊이를 이해했다면, 다음으로는 그 문화의 성격과 유형을 파악할 필요가 있다. 미시간 대학교의 킴 캐머런과 로버트 퀸이 개발한 경쟁가치모형(Competing Values Framework, CVF)은 조직이 처한 환경과 추구하는 가치에 따라 문화가 어떻게 달라지는지를 명쾌하게 보여주는 실용적인 진단 도구다. 1983년 조직 효과성 연구에서 출발한 이 모델은 조직이 필연적으로 마주하는 두 가지 핵심적인 가치적 딜레마, 즉 경쟁하는 가치를 축으로 조직문화를 분석한다.

첫 번째 축은 조직 구조의 유연성(Flexibility)과 통제(Control) 사이의 긴장이다. 조직이 변화에 민첩하게 대응하고 자율성을 중시하는지, 아니면 안정성과 예측 가능성, 효율성을 더 중요하게 여기는지에 따라 문화의 성격이 달라진다. 두 번째 축은 조직의 관심이 내부(Internal Focus)를 향하는지 외부(External Focus)를 향하는지에 대한 것이다. 조직 내부의 통합과 협력, 인적 자원 개발에 집중하는지, 아니면 외부 시장에서의 경쟁, 고객 만족, 시장 점유율 확대에 더 큰 가치를 두는지에 따라 문화가 구분된다(Cameron, et al., 2011).

이 두 개의 축이 교차하면서 네 가지 독특한 문화 유형이 나타난다.

- **클랜 문화(Clan Culture - 협력):** 유연성과 내부 지향성이 결합된 문화다. 이 조직은 마치 하나의 거대한 가족이나 공동체처럼 운영된다. 구성원 간의 신뢰와 충성심을 바탕으로 강력한 유대감을 형성하며, 팀워크, 참여, 합의를 중시한다. 리더는 멘토나 조력자의 역할을 수행하며, 조직의 성공은 인적 자원 개

발과 내부 구성원의 만족도에 달려있다고 믿는다.

- **애드호크라시 문화**(Adhocracy Culture - **창조**): 유연성과 외부 지향성이 특징인 문화다. 애드호크라시라는 이름처럼, 임시적이고 역동적인 프로젝트 중심으로 움직이는 조직에 적합하다. 혁신, 창의성, 위험 감수를 장려하며, 시장의 변화에 가장 민첩하게 반응한다. 리더는 비전을 제시하는 혁신가이며, 조직은 새로운 제품이나 서비스를 가장 먼저 시장에 내놓는 것을 성공으로 간주한다.
- **시장 문화**(Market Culture - **경쟁**): 통제와 외부 지향성이 결합된 문화다. 이 조직의 모든 관심은 외부 시장에서의 승리에 초점이 맞춰져 있다. 목표 달성, 결과 중심, 경쟁력 확보가 가장 중요한 가치이며, 시장 점유율과 수익성 같은 명확한 지표로 성공을 측정한다. 리더는 강력한 추진력을 가진 지휘관의 역할을 하며, 조직은 치열한 경쟁 환경에서 살아남고 이기는 것을 최우선으로 한다.
- **위계 문화**(Hierarchy Culture - **통제**): 통제와 내부 지향성이 강한 문화다. 안정성, 예측 가능성, 효율성을 극대화하기 위해 명확한 규칙과 절차, 공식적인 위계질서를 중시한다. 리더는 질서를 유지하는 조정자이며, 조직은 정해진 규율에 따라 업무를 원활하고 실수 없이 처리하는 것을 성공으로 여긴다. 정부 기관이나 대규모 제조업체에서 흔히 발견되는 유형이다.

경쟁가치모형이 주는 가장 중요한 시사점은 세상에 완벽하거나 유일하게 좋은 문화는 없다는 사실이다. 각 문화 유형은 저마다의 강점과 약점을 동시에 지닌다. 클랜 문화의 강점인 가족 같은 분위기는 시장 문화가 가진 냉철한 성과주의를 약화시킬 수 있다. 위계 문화의 안정성은 애드호크라시 문화의 혁신성을 저해하는 요인이 된다. 이처럼 조직문화는 필연적으로 전략적인 선택과 포기의 문제다. 따라서 리더는 막연하게 좋은 문화를 만들기 위해 노력할 것이 아니라, 우리 조직의 전략과 시장 환경에 가장 적합한 문화가 무엇인지를 의식적으로 선택해야 한다. 경쟁가치모형은 현재 우리 조직의 문화(As-Is)와 미래에 지향해야 할 문화(To-Be)를 시각적으로 진단하고, 그 차이를 명확히 보여줌으로써 문화 변화를 위한 구체적인 로드맵을 제공한다. 안정적인 위계 문화에 머물러 있는 우리 조직이 급변하는 시장에서 살아남기 위해 어떻게 애드호크라시 문화를 접목할 것인가와 같은 구체적인 질문을 던지게 만드는 것, 이것이 바로 경쟁가치모형의 진정한 힘이다.

TO-BE | AI 시대, 조직문화의 지각변동

조직문화에 대한 전통적인 이론들이 여전히 유효한 분석의 틀을 제공하지만, 인공지능(AI)과 데이터 기술의 등장은 이 틀이 담고 있는 내용물을 근본적으로 바꾸고 있다. AI의 확산은 단순히 새로운 기술 도구를 도입하는 차원을 넘어, 조직이 일하고, 소통하고, 의사결정하는 방식 자체를 재편하는 거대한 지각변동을 일으키고 있다. 이는 조직문화의 운영체제가 전면적으로 업그레이드되어야 함을 의미한다. 과거의 직관과 경험이 권력의 원천이었던 시대는 저물고, 이제 데이터와 알고리즘이 조직의 새로운 권력 지형도를 그리고 있다. 이 거대한 변화의 흐름 속에서, 마이크로

소프트의 문화 변혁 사례는 AI 시대가 요구하는 새로운 조직문화의 청사진을 명확하게 보여준다.

직관에서 데이터로: 의사결정 권력의 이동

과거의 조직에서 중요한 의사결정은 주로 고위 경영진의 경험과 직관에 의존했다. 오랜 경력에서 비롯된 감이 가장 신뢰받는 데이터였고, 그들의 판단은 최종적인 권위를 가졌다. 하지만 데이터 기반 의사결정(Data-Driven Decision Making, DDDM)은 이러한 전통적인 권력 구조에 정면으로 도전한다. DDDM은 개인의 주관적인 판단이나 편견을 배제하고, 검증된 데이터를 기반으로 합리적이고 일관된 결정을 내리는 과정을 의미한다.

이러한 변화는 단순히 의사결정의 도구가 바뀌는 것을 넘어, 조직 전체의 행동 양식을 바꾸는 근본적인 문화 혁신을 요구한다. 데이터가 조직의 중심 언어가 되기 위해서는 리더부터 솔선수범해야 한다. 리더가 회의나 보고에서 자신의 직관 대신 데이터를 근거로 제시하고, 데이터 분석 결과를 자신의 업무에 적극적으로 활용하는 모습을 보여줄 때, 비로소 구성원들도 데이터를 자신의 업무 일부로 받아들이게 된다. 데이터 분석이 더 이상 특정 부서의 전유물이 아니라 모든 구성원의 핵심 역량이 되는 것이다.

이 과정에서 조직 내 권력의 통화(currency)가 극적으로 변화한다. 과거에는 직급이나 근속연수에서 나오는 경험이 권력의 원천이었다면, 데이터 기반 문화에서는 설득력 있는 데이터를 기반으로 논리적인 주장을 펼칠 수 있는 능력이 새로운 권력이 된다. 이는 전통적인 위계질서를 흔들고 조직 구조를 수평적으로 만드는 강력한 힘으로 작용한다. 예를 들어, 경험 많은 임원이 내세우는 직관적 주장이 신입 데이터 분석가가 제시하는 명백한 데이터 앞에서 힘을 잃을 수 있다. 조직 내에서 가장 높은 연봉을 받는 사람의 의견(Highest Paid Person's Opinion, HiPPO)이 아니라, 가장 설득력 있는 데이터가 최종 의사결정을 이끄는 문화가 정착되는 것이다. 이처럼 DDDM의 도입은 단순한 기술적 변화가 아니라, 조직 내에서 누구의 목소리가 힘을 갖는가를 재정의하는 정치적이고 문화적인 혁명에 가깝다. 이는 조직에 엄청난 혁신과 합리성을 가져다주지만, 동시에 기존의 권력 구조에 익숙한 구성원들의 상당한 저항에 부딪힐 수밖에 없는 어려운 과제이기도 하다.

알고리즘이 재편하는 일과 인간의 가치

AI와 자동화 기술은 조직 구성원들이 수행하는 업무의 본질 자체를 바꾸고 있다. 데이터 입력, 보고서 생성, 단순 고객 응대와 같은 반복적이고 정형화된 업무는 점차 알고리즘에 의해 자동화되고 있다. 이러한 변화는 인간 직원들을 단순 업무의 속박에서 해방시켜, 보다 전략적이고 창의적이며 복잡한 문제 해결에 집중할 수 있는 기회를 제공한다. AI 챗봇이 기본적인 고객 문의를 처리하는 동안, 인간 상담원은 감정적인 교감이 필요한 까다로운 고객 문제를 해결하는 데 집중하는 식이다.

이러한 변화는 기존의 직무를 변화시키는 동시에, 데이터 과학자, 머신러닝 엔지니어, AI 윤리 전문가와 같이 과거에는 존재하지 않았던 새로운 직업들을 탄생시킨다. 자연스럽게 조직이 요구하는 인재의 역량도 달라진다. 파이썬(Python)과 같은 프로그래밍 언어나 데이터 분석 도구에 대한 기술적 역량도 중요하지만, 그보다 더 중요해지는 것은 AI가 쉽게 대체할 수 없는 인간 고유의 역량,

즉 소프트 스킬(soft skills)이다. AI가 분석한 결과를 비판적으로 해석하고, 복잡하게 얽힌 문제의 본질을 꿰뚫어보며, 다양한 배경을 가진 동료들과 협력하여 창의적인 해결책을 모색하는 능력이 미래 인재의 핵심 경쟁력이 된다.

결국 AI는 단순히 업무를 자동화하는 것을 넘어, 인간의 기술 가치를 근본적으로 재평가하고 있다. 알고리즘이 정형화된 분석 및 절차적 업무를 값싼 상품으로 만들어버리면서, 경제적으로 가장 가치 있는 기술은 오히려 가장 인간적인 것들이 되고 있다. 창의성, 공감 능력, 전략적 판단력, 협업을 통한 문제 해결 능력 등이 바로 그것이다. 이는 기업의 인재 전략 전반에 대한 근본적인 재검토를 요구한다. 신입사원 채용 시 정해진 지식보다는 학습 민첩성과 창의성을 우선적으로 평가해야 하며, 직원 교육 프로그램은 정해진 절차를 가르치는 대신 비판적 사고와 협업 능력을 키우는 방향으로 전환되어야 한다. AI 시대의 핵심 인재에 대한 정의 자체가 알고리즘에 의해 새롭게 쓰이고 있는 것이다.

사례로 이해하기 | '모든 것을 아는 조직'에서 '모든 것을 배우는 조직'으로

AI 시대가 요구하는 조직문화가 무엇인지를 가장 잘 보여주는 사례는 사티아 나델라(Satya Nadella) CEO 취임 이후 마이크로소프트(MS)가 겪은 변화다. 나델라 이전의 MS는 모든 것을 아는(know-it-all) 조직이었다. 과거의 성공에 안주하며 새로운 아이디어나 외부의 비판에 귀를 닫는 독선적인 문화가 팽배했다. 특히 스택 랭킹(stack ranking)이라 불리는 상대평가 기반의 성과관리 제도는 직원들을 끊임없이 서로 경쟁하게 만들어 협업을 저해하고 조직을 사일로(silo)화하는 주범으로 지목되었다. 이처럼 파괴적인 내부 경쟁과 경직된 문화는 MS가 모바일과 클라우드라는 새로운 시대의 흐름을 놓치게 만든 근본적인 원인이었다.

2014년 CEO로 취임한 나델라는 기술 전략 이전에 MS의 병든 문화를 수술하는 것이 최우선 과제라고 진단했다. 그는 스탠퍼드 대학 심리학자 캐럴 드웩(Carol Dweck)의 연구에서 영감을 얻어, 기존의 고정형 사고방식(fixed mindset)을 성장형 사고방식(growth mindset)으로 전환하는 것을 문화 혁신의 핵심으로 삼았다. 드웩에 따르면 고정형 사고방식은 개인의 능력과 지능이 타고난 특성이라 믿는 반면, 성장형 사고방식은 노력과 학습, 끈기를 통해 얼마든지 개발될 수 있다고 믿는 태도다. 나델라는 MS가 모든 것을 아는 전문가 집단이 아니라, 호기심을 가지고 끊임없이 배우고 실패로부터 교훈을 얻는 모든 것을 배우는(learn-it-all) 학습자 집단이 되어야 한다고 역설했다.

이러한 철학은 구체적인 실천으로 이어졌다. 가장 먼저 조직 내 불신과 경쟁의 근원이었던 스택 랭킹 제도를 폐지하여 협업의 물꼬를 텄다. 그리고 성장형 사고방식을 고객에 대한 집착(Customer Obsession), 다양성과 포용성(Diversity & Inclusion), 하나의 마이크로소프트(One Microsoft)라는 세 가지 실천 원칙으로 구체화했다. 나델라 자신도 여성 임금에 대한 실언을 하자 즉시 공개적으로 자신의 잘못을 인정하고 이를 배우는 계기로 삼는 등, 리더로서 성장형 사고방식을 직접 실천하며 조직 전체에 강력한 메시지를 던졌다.

MS의 사례는 거대 기술 기업의 성공적인 디지털 전환을 위해서는 문화적 변혁이 기술 도입의 결과가 아니라 반드시 선행되어야 할 전제조건임을 명확히 보여준다. 과거의 성공 방정식에 갇힌 고정형 사고방식 문화는 불확실성, 실험, 협업을 필수적으로 요구하는 클라우드와 AI 시대에 전혀 맞지 않는 운영체제였다. 스택 랭킹 제도 하에서는 동료를 경쟁자로 여기기 때문에 협업이 불가능하고, 실패가 곧 낮은 고과로 이어지기 때문에 위험을 감수하는 혁신적인 시도를 할 수 없었다. 반면, 성장형 사고방식 문화는 불확실성에 과감히 뛰어들고, 실수했을 때 빨리 배우며, 동료의 성공을 나의 성공처럼 기뻐하는 행동을 장려한다. 나델라는 비즈니스 전략을 재부팅하기에 앞서, 조직의 문화라는 운영체제를 먼저 재부팅해야 한다는 사실을 정확히 꿰뚫어 본 것이다. 이는 AI 시대를 맞아 혁신을 꿈꾸는 모든 조직이 반드시 되새겨야 할 교훈이다.

Strategy | 데이터가 흐르는 조직을 위한 실행 전략

AI 시대가 요구하는 새로운 조직문화의 모습을 이해했다면, 이제 남은 과제는 어떻게 그러한 문화를 현실 속에서 구현할 것인가이다. 문화는 추상적인 구호나 선언만으로 바뀌지 않는다. 조직을 움직이는 구체적인 시스템과 리더의 행동이 변할 때 비로소 문화는 뿌리부터 달라질 수 있다. 데이터가 조직의 혈관을 따라 막힘없이 흐르고, 알고리즘이 인간의 창의성과 시너지를 내는 조직을 만들기 위해서는 성과를 평가하는 방식, 인재를 정의하고 육성하는 방식, 그리고 리더가 역할을 수행하는 방식에 대한 근본적인 재설계가 필요하다.

전략 1

성과주의를 넘어 학습주의로: AI 시대의 성과관리 재설계

전통적인 성과관리는 연초에 설정된 명확한 목표(KPI)를 연말에 얼마나 달성했는지를 평가하고 보상하는 성과주의에 기반한다. 이러한 방식은 예측 가능한 환경에서 정해진 과업의 효율성을 높이는 데는 효과적일 수 있다. 하지만 AI로 인해 직원들에게 요구되는 역할이 정해진 일을 더 많이 하는 것이 아니라 새롭고 다른 방식으로 문제를 해결하는 것으로 바뀌고 있는 지금, 과거의 성과관리 방식은 오히려 혁신의 발목을 잡는 족쇄가 될 수 있다.

진정한 혁신은 수많은 시행착오와 실패를 동반하는 불확실한 과정이다. 만약 조직의 성과관리 시스템이 단기적인 결과물이나 성공한 사례에만 보상을 집중한다면, 구성원들은 실패의 위험이 따르는 창의적인 도전을 기피하게 될 것이다. 따라서 AI 시대의 성과관리는 단순한 결과 중심의 성과주의를 넘어, 과정 중심의 학습주의로 진화해야 한다. 이는 성과관리의 목적이 구성원을 평가하고 줄 세우는 심판의 기능에서, 구성원과 조직의 성장을 촉진하는 코치의 기능으로 전환되어야 함을 의미한다.

이를 위해서는 직원들이 실패에 대한 두려움 없이 새로운 아이디어를 실험하고 공유할 수 있는 심리적 안전감(psychological safety)을 조성하는 것이 무엇보다 중요하다. 하버드 경영대학원의 에이미 에드먼슨(Amy Edmondson) 교수는 1999년 Administrative Science Quarterly에 발표한 논문에서 심리적 안전감을 "팀 내에서 대인 관계적 위험(interpersonal risk)을 감수하더라도 처벌받거나 창피를 당하지 않을 것이라는 공유된 믿음"으로 정의했다. 이러한 환경에서만 구성원들은 실수를 인정하고, 질문을 던지며, 새로운 아이디어를 제안하는 등 혁신에 필수적인 학습 행동(learning behavior)을 할 수 있다. 싱가포르 DBS 은행의 CEO가 실패한 프로젝트를 추진한 직원에게 처벌 대신 포상을 한 사례는 학습주의 성과관리가 무엇인지를 상징적으로 보여준다(Edmondson, A., 1999).

학습주의에 기반한 성과 리뷰는 다음과 같은 질문들을 던질 것이다. "이번 분기 가장 값진 실패는 무엇이었고, 우리 팀은 그로부터 무엇을 배웠는가?", "당신의 업무는 다른 팀의 성공에 어떻게 기여했는가?", "데이터를 활용하여 기존의 어떤 관행에 도전했는가?" 이처럼 성과관리의 초점을 고정된 목표 달성 여부에서 학습과 성장에 대한 책임으로 옮길 때, 비로소 조직은 AI의 빠른 변화 속도에 발맞춰 끊임없이 배우고 진화하는 학습 엔진을 갖추게 될 것이다.

전략 2

데이터 사일로를 해체하고 지식 네트워크를 구축하라

AI의 확산은 조직의 생존을 데이터에 대한 의존도로 높였지만, 많은 기업들은 여전히 조직 내부에 존재하는 데이터 사일로(Data Silo)라는 보이지 않는 장벽에 가로막혀 있다. 데이터 사일로는 개별 부서나 사업부가 데이터를 독점하고 타 부서와의 공유를 꺼리는 현상을 의미하는데, 이는 전사적인 AI 모델 개발과 데이터 기반 의사결정(DDDM)을 가로막는 가장 큰 병목 현상이다. AI의 잠재력을 완전히 실현하기 위해서는, 데이터를 특정 부서의 소유물이 아닌 전사적인 공유 자산으로 '유동화(Fluidity)'하고, 이를 가능하게 하는 문화적 및 구조적 인프라를 구축해야 한다.

첫째, 데이터 유동성 확보를 위한 구조적 아키텍처, 데이터 거버넌스의 확립이 필수적이다. 데이터 기반 문화의 핵심 특성 중 하나는 조직의 다양한 수준에서 의사결정을 지원할 수 있도록 데이터에 대한 접근과 공유가 보장되는 것이다. 이를 위해 리더는 데이터의 접근, 책임, 기밀성에 관한 정책을 정의하는 데이터 거버넌스 체계를 구축해야 한다. 이 거버넌스는 데이터를 중앙 집중식으로 통제하는 것이 아니라, 모든 조직 구성원이 일관되고 투명하게 정보를 활용할 수 있도록 '데이터 민주화(Data Democratization)'를 실현하는 구조를 설계해야 한다. 이는 사업부마다 파편화되어 있는 데이터 저장소와 기술 스택을 통합하고, 중앙의 공유 인프라를 통해 모든 부서가 접근 가능한 통합 데이터 레이크를 구축하는 기술적 조치를 포함한다.

둘째, 데이터 공유를 위한 문화적 촉진제가 필요하다. 데이터 공유가 중요하다는 명제를 모든 구성원이 인지한다 하더라도, 실제로는 개인적, 제도적, 사회적 요구 사이의 불일치로 인해 '집합 행동 문제(Collective Action Problem)'가 발생하여 데이터 공유가 일어나지 않는 경우가 많다. 데이터를 제공하는 행위에는 시간과 노력이 필요하지만, 그 데이터 공유의 혜택(예: 더 나은 전사적 AI 모델)은 모든 부서에 분산되어 돌아오므로, 개별 부서 입장에서는 데이터 제공의 유인이 낮아지기 때문이다. 따라서 리더는 이러한 문화적 저항을 극복하고 공유를 장려하는 문화적 촉진제를 도입해야 한다.

셋째, 지식의 상호 교환을 통한 '보상 선순환 구조'를 설계해야 한다. 데이터 공유에 대한 보상은 단순히 표창이나 명성에 국한되어서는 안 되며, 가장 효과적인 보상은 지식의 상호 교환 형태로 이루어질 수 있다는 연구 결과가 있다. 즉, 데이터를 제공한 부서에 대해 데이터 요청자가 분석을 통해 얻은 '분석 모델(Analytical Model)'이나 '통찰력(Insights)'을 다시 돌려주어, 데이터 제공자가 맞춤형 결과를 얻게 하는 방식이다. 예를 들어, A 공장 생산 데이터 팀이 데이터를 공유했을 때, 중앙 분석 팀은 이 데이터를 활용하여 A 공장의 생산성 최적화 모델을 개발하고 그 모델 자체를 A 공장에 제공하는 것이다. 이러한 구조는 데이터 분석과 활용의 성과가 잘 정의된 측정 지표를 통해 지속적으로 모니터링될 때 가장 강력하게 작동된다. 이처럼 전략적 목표와 핵심 운영이 데이터 분석 결과와 긴밀하게 연결될 때, 비로소 데이터는 조직 내부에 생명력을 얻고 혈관처럼 흐르는 유동적 자산으로 기능할 수 있다.

전략 3

데이터의 윤리적 척추 세우기

데이터가 조직 내를 흐르는 혈액이라면, 그 혈액의 품질과 윤리적 사용은 조직의 건강을 좌우하는 생명선이다. AI 시대의 혁신이 데이터 기반 의사결정(DDDM)에 전적으로 의존하게 되면서, 데이터의 정확성, 일관성, 신뢰성을 의미하는 '데이터 무결성(Data Integrity)'은 단순한 기술적 요구 사항을 넘어선 조직문화의 근본적인 문제로 부상했다. 잘못된 데이터나 편향된 정보를 기반으로 학습한 AI 모델은 재무 보고의 오류, 운영상의 비효율, 나아가 고객 차별과 같은 심각한 윤리적, 법적 위험을 초래할 수 있다.

따라서 기업은 AI의 성공을 보장하고 조직의 위험을 통제하기 위해, 데이터 무결성을 에드거 샤인이 정의한 조직문화의 가장 깊은 수준인 기본적 잠재 가정으로 내재화해야 한다. 이는 데이터가 정확하고 윤리적으로 사용되어야 한다는 믿음이 의심의 여지 없이 구성원의 모든 행동과 의사결정을 지배하도록 만드는 것을 의미한다. 아무리 잘 설계된 시스템, 절차, 통제 장치라 할지라도, 직원들이 데이터를 일관되게 올바르게 다루도록 장려하는 지원 문화(enabling culture) 없이는 데이터 무결성이 보장될 수 없기 때문이다.

이를 실현하기 위해서는 리더십의 '최고의 본보기(tone at the top)'가 필수적이다. 조직 전반에 걸쳐 규정 준수, 신뢰성, 윤리와 관련된 공유된 가치와 행동을 의미하는 '기업 무결성 문화(Corporate Integrity Culture)'를 최고 경영진이 일관되게 강화해야 한다. 이러한 문화가 없으면, 운영 및 재무 보고와 같은 서로 다른 기능 영역에서 비준수 사례가 발생하기 쉬워진다.

구체적인 실행은 다음과 같은 구조적 접근을 요구한다. 첫째, 데이터 품질 전략과 데이터 거버넌스를 긴밀하게 통합하여 데이터 관리의 정책과 절차를 확립해야 한다. 이 거버넌스는 데이터의 접근성뿐만 아니라, 데이터 처리 과정의 책임(accountability)과 윤리적 사용에 대한 명확한 정책을 포함해야 한다. 둘째, 조직 전체가 무결성을 핵심 가치로 받아들이고, 데이터 품질 지표를 단순한 기술 지표가 아니라 비즈니스 성과와 윤리적 책임의 지표로 인식해야 한다. 이러한 문화가 뿌리내릴 때, 데이터는 비로소 AI 시대의 혁신을 이끄는 신뢰할 수 있는 기반이자, 조직의 지속 가능한 성장을 위한 윤리적 척추가 될 수 있다.

16장

AI, ESG 경영의 판도를 바꾸다: 데이터 기반 지속가능성 혁신

AS-IS | ESG, 기업 가치의 새로운 표준

오늘날 기업 경영 환경에서 ESG(환경·사회·지배구조)는 더 이상 일시적인 유행이나 선택적 고려사항이 아니다. 이는 기업의 가치를 정의하고 측정하는 방식의 근본적인 전환을 의미하며, 기업의 장기적인 생존 가능성을 가늠하는 핵심 지표로 자리 잡았다. 이러한 변화는 세 가지 거대한 압력의 합류점에서 비롯된다. 첫째, 투자자들은 단기적인 재무 성과를 넘어 기업의 장기적인 가치 창출 능력과 회복탄력성을 요구하고 있다. 둘째, 각국 규제 기관은 기후 변화 관련 정보 공개를 의무화하는 등 ESG 관련 규제를 강화하고 있다. 마지막으로, 사회 전반의 인식 수준이 높아지면서 소비자들과 인재들은 기업이 단순히 이윤 창출을 넘어 환경과 사회에 긍정적인 영향을 미칠 것을 기대한다.

이러한 맥락에서 ESG는 단순한 윤리적 당위성을 넘어, 기업의 재무 건전성과 직결되는 전략적 필수 요소로 부상하고 있다. 강력한 ESG 성과는 자본 조달 비용을 낮추고, 브랜드 평판을 제고하며, 우수한 인재를 유치하는 등 실질적인 경제적 가치를 창출한다. 기후 변화, 사회적 불평등, 거버넌스 스캔들과 같은 전 지구적 도전 과제가 점점 더 복잡해짐에 따라, 기업이 ESG 성과를 관리하는 능력은 급변하는 글로벌 환경 속에서 살아남고 번영하기 위한 필수적인 경영 전략이 되었다.

자선에서 전략으로: CSR, ESG, 그리고 CSV의 진화

기업의 사회적 역할을 둘러싼 담론은 시대의 요구에 따라 끊임없이 진화해왔다. 그 여정은 기업의 사회적 책임(Corporate Social

Responsibility, CSR)에서 시작하여, 환경·사회·지배구조(ESG)를 거쳐, 공유가치창출(Creating Shared Value, CSV)이라는 개념으로 발전했다. 이 세 가지 개념은 종종 혼용되지만, 그 동기와 비즈니스 연계성 측면에서 명확한 차이를 보인다.

CSR의 뿌리는 기업이 속한 공동체를 지원하기 위해 자선 활동에 참여했던 종교적, 윤리적 의무감에서 찾을 수 있다. 1960년대 시민권 운동과 환경 운동이 부상하면서 기업은 재무적 목표를 넘어 사회에 미치는 영향을 무시할 수 없게 되었고, 이 시기의 CSR은 주로 기업의 자발적인 윤리 경영이나 기부 활동의 형태로 나타났다. 그러나 CSR은 종종 기업의 핵심 비즈니스와 분리된 주변 활동으로 여겨졌으며, 주로 평판 관리를 위한 비용으로 인식되는 한계가 있었다.

2000년대에 들어서면서 CSR은 ESG라는 구체적이고 측정 가능한 틀로 진화했다. 이러한 전환의 결정적 계기는 2004년 유엔 글로벌 콤팩트가 주도한 'Who Cares Wins' 보고서였다. 이 보고서에서 처음 사용된 ESG라는 용어는 환경, 사회, 지배구조 문제를 금융 시장의 기회 및 리스크와 연결하려는 명확한 의도를 담고 있었다. CSR이 주로 윤리적 의무감에 기반한 '가치(values) 중심'의 담론이었다면, ESG는 지속가능성 이슈를 재무와 리스크 관리의 언어로 번역함으로써 자본 시장의 주류로 편입시키는 데 성공한 '가치(value) 중심'의 담론이다. 이로써 ESG는 더 이상 비용이나 제약이 아닌, 장기적인 재무 건전성을 위한 필수 투자 요소로 인식되기 시작했다.

이러한 진화의 최전선에는 마이클 포터(Michael E. Porter)와 마크 크레이머(Mark R. Kramer)가 2011년 하버드 비즈니스 리뷰를 통해 제시한 공유가치창출(CSV) 개념이 있다(Porter & Kramer, 2011). CSV는 기업이 사회·환경적 문제 해결을 비즈니스 모델의 핵심으로 삼음으로써 경제적 가치와 사회적 가치를 동시에 창출하는 것을 의미한다. 즉, 사회적 요구와 도전을 비용이나 제약으로 보는 것이 아니라, 새로운 시장을 창출하고 경쟁우위를 확보할 수 있는 기회로 인식하는 것이다. 포터와 크레이머는 공유가치를 창출하는 세 가지 방법으로 상품과 시장의 재인식, 가치사슬의 생산성 재정의, 그리고 지역 클러스터 개발을 제시했다. CSV는 CSR이나 ESG와 달리 사회 문제 해결을 통한 혁신과 성장을 추구한다는 점에서 가장 적극적인 형태의 지속가능경영 전략이라 할 수 있다.

• **표 CSR, ESG, CSV**

구분	기업의 사회적 책임 (CSR)	환경·사회·지배구조(ESG)	공유가치창출(CSV)
핵심 동기	윤리적 의무, 자선, 평판 관리	리스크 관리, 재무적 성과 연계	경쟁우위 확보, 신시장 창출
범 위	지역사회 공헌, 환경보호 등 특정 활동	환경, 사회, 지배구조 전반의 비재무적 성과	사회·환경 문제와 연계된 비즈니스 기회
비즈니스 연계	핵심 비즈니스와 분리된 주변 활동	핵심 전략 및 운영에 통합	비즈니스 모델의 핵심
측정 방법	정성적 평가, 활동 보고	정량적 데이터, 표준화된 평가지표	경제적 이익과 사회적 가치 동시 측정
가치관	'가치를 나누는 것' (Giving back)	'가치를 보호하는 것' (Protecting value)	'가치를 창출하는 것' (Creating value)

주주를 넘어 이해관계자로: ESG의 철학적 심장, 이해관계자 이론

ESG 경영의 철학적 기반을 제공하는 가장 중요한 이론은 경영학자 에드워드 프리먼(R. Edward Freeman)이 제시한 이해관계자 이론(Stakeholder Theory)이다. 이 이론은 기업의 유일한 목적이 주주의 이익을 극대화하는 것이라는 전통적인 주주 자본주의에 정면으로 도전한다. 대신 기업의 장기적인 성공은 주주뿐만 아니라 직원, 고객, 공급업체, 지역사회, 투자자 등 기업 활동에 영향을 받거나 영향을 미치는 모든 이해관계자들을 위한 가치를 창출하는 능력에 달려 있다고 주장한다.

프리먼은 1984년 그의 기념비적인 저서 '전략 경영: 이해관계자 접근법(Strategic Management: A Stakeholder Approach)'을 통해 기업 경영진의 역할은 단순히 소유주에게 봉사하는 것이 아니라, 사업에 관련된 모든 집단의 이해관계를 관리하고 조율하는 것이라고 재정의했다(Freeman, 1984). 이 관점에서 보면, 우수한 ESG 성과는 이해관계자 이론을 실제 경영에 적용한 직접적인 결과물이다. 기업이 강력한 ESG 성과를 보일 때, 내외부 이해관계자들의 지지를 얻고 핵심 자원에 더 쉽게 접근할 수 있게 되어 궁극적으로 기업의 재무 성과까지 향상된다.

흔히 이해관계자 이론을 순수한 윤리적 주장으로 오해하지만, 그 진정한 전략적 힘은 비즈니스를 '공동의 가치 창출을 위한 관계 시스템'으로 재정의한 데 있다. 이 이론에 따르면, 직원 복지, 공급업체와의 안정적 관계, 지역사회 발전에 대한 투자는 비용이 아니라 기업의 핵심 가치 창출 능력을 강화하는 투자 활동이다. ESG는 바로 이러한 이해관계자 관계의 건전성을 관리하고 측정하는 실질적인 도구를 제공한다. 따라서 높은 ESG 등급을 받은 기업은 본질적으로 자신의 가치 창출 시스템을 더 잘 관리하는 기업이며, 이는 곧 위기 상황에서의 높은 회복탄력성과 장기적인 수익성으로 이어진다. 2019년 미국의 주요 대기업 CEO 181명이 기업의 목적을 모든 이해관계자에게 가치를 제공하는 것으로 재정의한 비즈니스 라운드테이블(Business Roundtable) 성명은 이러한 패러다임 전환이 자본주의의 중심부에서 주류로 인정받았음을 상징적으로 보여준다.

TO-BE | AI, ESG 데이터의 신뢰를 구축하다

데이터의 도전: ESG의 신뢰성을 위협하는 그린워싱

ESG가 기업 경영의 주류로 부상하면서 새로운 도전 과제가 등장했다. 바로 데이터의 신뢰성 문제이다. 전통적인 ESG 평가는 대부분 기업이 자발적으로 공개하는 지속가능성 보고서에 의존한다. 이러한 자기 보고(self-reporting) 방식은 기업이 자사에 유리한 정보만 선택적으로 공개하거나, 지속가능성 노력을 과장하고 부풀리는 그린워싱(Greenwashing)의 토양이 되었다.

그린워싱은 긍정적인 커뮤니케이션과 저조한 실제 환경 성과 사이의 격차로 정의될 수 있으며, 이는 다양한 형태로 나타난다(Delmas & Burbano, 2011). 학계의 연구에 따르면 그린워싱은 단순히 긍정적인 면만 부각하는 '선택적 정보 공개(selective disclosure)', 이미 법적으로 요구되는 사항을 지키는 것을 대단한 성과처럼 포장하는 '무관련 주장', 그리고 구체적인 증거 없이 '친환경'과 같은 모호한 표현을 남발하는 '입증되지 않은 주장' 등을 포함한다. 이러한 행위는 ESG 정보의 신뢰성을 심각하게 훼손하며, 투자자들이 정확한 정보에 기반한 의사결정을 내리는 것을 방해하여 자본의 왜곡된 배분을 초래한다. 결국, 진정으로 지속가능경영을 실천하는 기업들마저 불신을 받게 되고, ESG 프레임워크 전체의 기반이 흔들리는 결과를 낳는다.

AI, 그린워싱의 탐지견이 되다

이러한 그린워싱 문제에 대한 강력한 해결책으로 인공지능(AI) 기술이 주목받고 있다. 특히 머신러닝(ML)과 자연어 처리(NLP) 기술은 기업이 공개한 정형화된 보고서를 넘어, 뉴스 기사, NGO 보고서, 소셜 미디어, 위성 이미지 등 방대한 양의 비정형 데이터를 실시간으로 분석할 수 있다. 이를 통해 AI는 기업의 자기 보고에만 의존하지 않는 객관적이고 검증 가능한 ESG 성과 평가를 가능하게 한다.

학술 연구들은 AI, 특히 NLP를 활용하여 그린워싱을 탐지하는 다양한 방법을 제시한다. 예를 들어, 자연어 처리 기술은 기업의 연차 보고서나 지속가능성 보고서를 분석하여, 기업의 공식적인 약속과 실제 공개된 데이터 간의 불일치나 모순을 찾아낼 수 있다. 또한, 특정 사안에 대해 유리한 정보만 선택적으로 공개하는 '체리 피킹(cherry-picking)' 행태나, 구체성이 결여된 모호한 표현의 빈도를 정량적으로 측정하여 그린워싱의 위험도를 평가할 수도 있다. 머신러닝 모델은 수많은 데이터 속에서 숨겨진 패턴이나 이상 징후를 발견하여 잠재적인 사기나 그린워싱을 식별하고, ESG 평가의 정확도를 획기적으로 높인다.

ESG 보고 요건의 강화와 AI 기반 검증 기술의 발전은 기업들에게 중요한 전략적 전환을 요구한다. 과거에는 ESG 보고가 주로 홍보나 마케팅 부서의 업무로 간주되어, 실제 운영과 무관하게 긍정적인 이미지를 만드는 데 치중할 수 있었다. 그러나 이제는 AI 알고리즘이 기업의 모든 공개된 발언과 데이터를 실시간으로 교차 검증하는 시대가 되었다. 이는 기업이 더 이상 ESG '이야기'와 실제 '운영' 사이의 격차를 감당할 수 없게 되었음을 의미한다. 지속가능성 보고서에 기재된 하나의 문장이 다른 데이터 소스와 불일치할 경우, 이는 즉시 투자자의 AI 분석 시스템에 의해 위험 신호로 포착될 수 있다. 따라서 ESG 경영은 더 이상 연례 보고서를 만드는 별도 부서의 업무가 아니라, 기업의 핵심 운영 및 리스크 관리 기능에 깊숙이 통합되어야 하는 실시간 대응 체계로 진화해야 한다.

사례로 이해하기 | 슈나이더 일렉트릭: AI 플랫폼으로 구현한 공유가치

프랑스의 에너지 관리 및 자동화 전문 기업인 슈나이더 일렉트릭(Schneider Electric)은 AI를 활용하여 ESG 경영을 방어적 리스크 관리를 넘어 새로운 가치를 창출하는 공격적 전략으로 전환한 대표적인 사례다. 이 회사는 AI 기반 플랫폼인 에코스트럭처(EcoStruxure)를 통해 자사의 지속가능성 목표를 달성하는 동시에, 이를 고객에게 솔루션으로 제공함으로써 경제적 가치와 사회적 가치의 선순환, 즉 공유가치창출(CSV)을 만들어내고 있다.

슈나이더 일렉트릭은 '슈나이더 지속가능성 영향(SSI)'이라는 명확한 로드맵을 가지고 기후, 자원, 신뢰 등6가지 장기적인 약속을 이행하고 있다. 이 목표 달성의 핵심 도구가 바로 에코스트럭처다. 에코스트럭처는 사물인터넷(IoT) 기술을 기반으로 건물, 데이터센터, 산업 현장 등 기업의 모든 시설에서 발생하는 에너지 및 지속가능성 관련 데이터를 통합적으로 수집하고 분석하는 AI 플랫폼이다.

슈나이더 일렉트릭은 먼저 자사의 전 세계 사업장에 에코스트럭처를 도입하여 운영 효율성과 지속가능성을 개선했다. 그 결과, 미국 켄터키 주 렉싱턴에 위치한 스마트 팩토리의 IT 부문 에너지 소비량을 2023년 상반기 대비 하반기에 30%나 절감하는 가시적인 성과를 거두었다.

나아가 슈나이더 일렉트릭은 이 내부 혁신 역량을 '에코스트럭처 리소스 어드바이저(EcoStruxure Resource Advisor)'라는 솔루션으로 만들어 고객에게 제공한다. 이 솔루션은 고객사가 자체적인 ESG 데이터를 수집, 분석, 보고하고, 에너지 구매를 최적화하며, 탄소 발자국을 줄일 수 있도록 돕는다. 예를 들어, 세계적인 투자 회사인 블랙스톤(Blackstone)은 이 솔루션을 도입하여 포트폴리오 기업들의 이산화탄소 배출량을 15% 감축하는 성과를 거두었다. 이는 슈나이더 일렉트릭의 사업적 성공이 고객의 지속가능성 성공과 직접적으로 연결되는 공유가치창출의 완벽한 모델을 보여준다. 방대한 데이터를 실행 가능한 통찰력으로 전환하여 에너지 최적화와 비용 절감을 이끌어내는 에코스트럭처의 AI 역량이 이 모든 것을 가능하게 한 핵심 동력이다.

Strategy | AI기반 ESG 실행 전략

AI 기술은 전통적인 ESG 경영의 패러다임을 근본적으로 전환시키고 있다. 과거의 ESG가 사후적인 '보고(reporting)'에 머물렀다면, AI 시대의 ESG는 실시간 데이터에 기반한 동적 '거버넌스(governance)'이자 미래 '가치 창출'의 핵심 동력이다.

이러한 전략적 전환은 견고한 '데이터 플랫폼' 구축이라는 인프라 확보에서 시작한다. 이후 AI를 활용해 가치사슬 전반에 지속가능성을 내재화하는 과정을 거친다. 궁극적으로는 AI 윤리를 '거버넌스(G)'에 통합하고, AI 기술로 사회 문제를 해결하여 새로운 '공유가치(CSV)'를 창출하는 최고 수준의 전략으로 완성된다.

전략 1

데이터 플랫폼, ESG 경영의 중추를 세워라

AI 기반 ESG 전략의 가장 기초적이면서도 핵심적인 단계는 기업 내부의 데이터 문제를 해결하는 것이다. 여러 부서에 흩어져 있는 엑셀 파일과 단편적인 데이터 수집 방식에서 벗어나, 클라우드 기반의 중앙화된 ESG 데이터 플랫폼을 구축해야 한다. 이 플랫폼은 에너지 소비량, 인사 시스템과 같은 내부 데이터와 규제 업데이트, 뉴스 피드 등 외부 데이터를 모두 수집, 정제, 구조화하여 '단일 진실 공급원(Single Source of Truth)'의 역할을 수행해야 한다.

이 플랫폼은 모든 고급 AI 분석, 예측 모델링, 자동화된 보고 시스템이 작동하기 위한 필수적인 인프라다. 견고한 데이터 기반 없이는 어떤 AI 이니셔티브도 성공할 수 없다. '쓰레기가 들어가면 쓰레기가 나온다(Garbage in, garbage out)'는 데이터 과학의 격언처럼, 신뢰할 수 있는 데이터 플랫폼을 구축하는 것은 자동차를 운전하기 전에 엔진을 만드는 것과 같다. 이 플랫폼이 있어야만 기업은 ESG 데이터를 단순한 보고용 수치에서 전략적 의사결정을 위한 핵심 자산으로 전환시킬 수 있다.

전략 2

가치사슬 전반에 지속가능성을 내재화하라

AI를 활용하여 공급망 리스크를 관리하는 것은 중요하지만, 이는 방어적인 전략에 가깝다. 한 단계 더 나아간 선도적인 기업은 AI를 활용하여 공급망을 넘어 가치사슬 전체에 지속가능성을 내재화하는 공격적인 전략을 구사해야 한다. 이는 리스크 완화를 넘어 새로운 가치를 창출하는 과정이다.

- **업스트림(Upstream, R&D 및 설계):** 제품을 만들기 전, 설계 단계에서부터 AI를 활용해 다양한 원자재와 디자인이 환경에 미치는 영향을 시뮬레이션한다. 이를 통해 개발 초기부터 환경 영향을 최소화하는 '지속가능한 설계(Sustainability by Design)'를 구현할 수 있다.
- **미드스트림(Midstream, 생산 및 운영):** 생산 공정에서 AI 기반의 예측 유지보수 시스템을 도입하여 설비 고장을 사전에 방지하고, 에너지 소비와 자원 낭비를 최소화하는 최적의 운영 조건을 실시간으로 찾아낸다.
- **다운스트림(Downstream, 공급망 및 순환 경제):** IoT 센서와AI를 결합하여 공급망 내의 인권 및 환경 리스크를 실시간으로 모니터링하고, 수명이 다한 제품을 회수하여 재사용, 재제조하는 순환 경제 모델을 설계하고 관리한다.

이러한 전략은 지속가능성을 특정 부서의 업무가 아닌, 제품의 탄생부터 폐기까지 전 과정에 걸친 총체적인 관점으로 전환시킨다.

전략 3

거버넌스(G)에 AI 윤리를 통합하고 새로운 공유가치를 창출하라

AI 시대에 가장 중요하고 미래지향적인 전략은 ESG의 'G', 즉 지배구조를 재정의하는 것이다. 이제 훌륭한 거버넌스는 단순히 이사회의 독립성이나 재무적 투명성만을 의미하지 않는다. 기업이 AI 기술을 얼마나 책임감 있게 개발하고 사용하는지가 그 기업의 거버넌스 품질을 평가하는 새로운 핵심 척도가 되고 있다. 이를 위해 기업은 이사회 수준의 감독을 강화하고, 'AI 거버넌스 위원회'와 같은 공식 조직을 신설하며, 자사의 AI 윤리 정책, 알고리즘의 편향성 감사 결과, 그리고 데이터센터의 에너지 소비량과 같은 지표를 ESG 보고서를 통해 투명하게 공개해야 한다.

과거의 ESG 경영이 매년 발간되는 지속가능성 보고서에 기반한, 과거를 돌아보는 정적인 '보고(reporting)' 활동이었다면, AI 기반 ESG는 실시간으로 생성되는 데이터를 분석하여 미래의 리스크를 예측하고 관리하는 동적인 '거버넌스(governance)' 활동으로 진화하고 있다. 이사회와 경영진은 더 이상 1년 전의 데이터가 담긴 보고서를 검토하는 데 그치지 않고, AI가 제공하는 실시간 대시보드를 통해 공급망의 인권 문제, 사업장의 환경 오염, 소셜 미디어의 평판 위기 등 ESG 관련 리스크를 지속적으로 감시하고 선제적으로 대응해야 한다. 이는 ESG의 'G'가 단순히 세 가지 기둥 중 하나가 아니라, AI를 활용하여 환경(E)과 사회(S) 문제를 동적으로 관리하는 운영체제 역할을 수행하게 됨을 의미한다.

궁극적으로 AI 시대 ESG 경영의 목표는 단순히 규제를 잘 지키고 보고서를 잘 쓰는 '착한 기업'이 되는 것을 넘어, AI를 활용하여 사회의 가장 시급한 문제를 해결하는 새로운 비즈니스 모델을 창출하는 것이다. 이는 앞에서 다룬 공유가치창출(CSV) 프레임워크를 AI 기술과 연결하는, 가장 높은 수준의 전략이다. 기업은 "우리가 가진 데이터와 AI 역량으로 어떤 거대한 사회·환경 문제를 해결할 수 있는가?"라는 질문을 던져야 한다. 예를 들어, 농업 기술 기업은 AI와 위성 이미지를 분석하여 물과 비료 사용을 최소화하면서 수확량을 극대화하는 정밀 농업 솔루션을 제공할 수 있다. 물류 기업은 자사의 AI 플랫폼을 활용하여 도시 전체의 교통 흐름을 최적화하고, 교통 체증과 대기오염을 줄이는 데 기여할 수 있다. 이러한 접근은 AI를 지속가능성 문제를 해결하는 도구를 넘어, 차세대 혁신과 성장을 이끄는 핵심 엔진으로 재정의한다. 세상의 가장 큰 문제를 해결하는 곳에 가장 큰 시장 기회가 있다는 CSV의 정신을 AI 기술을 통해 구현하는 것, 이것이 바로 AI 시대가 요구하는 가장 진화된 형태의 ESG 경영 전략이다.

17장

혁신은 과연 공정한가?
알고리즘의 그림자를 경계하라

AS-IS | 거울 속의 왜곡된 세상: AI는 어떻게 편견을 학습하고 증폭시키는가?

AI가 보여주는 혁신은 종종 과거의 왜곡된 그림자를 그대로 비춘다. AI는 진공 상태가 아닌, 과거 사회의 구조적 편견과 차별이 담긴 데이터를 학습하기 때문이다.

문제는 AI가 이러한 역사적 편향을 중립적인 통계 패턴으로 인식하고, 오히려 증폭시켜 미래의 결정에 재현한다는 점이다. 이는 단순히 기술적 결함이 아니다. 사법, 금융, 채용 등 사회 전반에서 불평등을 자동화하고, '객관성'이라는 가면 뒤에 숨어 차별을 영속시키는 시스템적 문제이다. AI라는 거울이 어떻게 현실의 왜곡된 모습을 비추는지, 그리고 그 편향의 다양한 형태와 실제적 위험은 무엇인지 깊이 살펴봐야 한다.

혁신이라는 거울에 비친 과거의 그림자

인공지능(AI)은 효율성, 정확성, 그리고 인간의 능력을 증강시키는 잠재력을 바탕으로 혁신의 대명사가 되었다. 판사, 의사, 채용 담당자와 같은 전문직의 의사결정을 보조하거나 대체하며, 데이터에 기반한 더 빠르고 공정한 판단을 내릴 것이라는 기대를 한 몸에 받고 있다. 그러나 AI가 가져올 혁신이 모두에게 공정하고 이로울 것이라는 낙관적인 전망은 심각한 도전에 직면해 있다.

AI는 우리가 제공하는 데이터를 기반으로 학습하고 의사결정을 내린다. 문제는 이 학습 데이터에 과거 사회의 구조적 편견이나 차별이 내재되어 있다면, AI는 그 편향을 그대로 학습하고 심지어 증폭시킬 수 있다는 점이다. AI의 결정이 객관적이고 중립적인 데이터의 산물처럼 보이지만, 실제로는 과거의 불평등을 미래로 이어가는 통로가 될 수 있다. 혁신은 과연 공정한가? 이 질문에 답하기 위해서는 먼저 AI라는 거울이 어떻게 현실 세계의 왜곡된 모습을 비추는지 깊이 들여다봐야 한다.

AI 모델은 진공 상태에서 만들어지지 않는다. 모델을 훈련시키는 데이터는 과거의 사회적 규범, 행동 양식, 그리고 편견이 고스란히 담긴 역사의 기록물이다. 만약 과거의 데이터가 특정 집단이 체계적으로 불이익을 받았던 세상을 반영한다면, AI는 이러한 패턴을 정답으로 학습하여 미래의 결정에서 그대로 재현하게 된다. 이는 악의적인 의도가 없더라도 시스템적으로 차별을 영속시키는 결과를 낳는다.

예를 들어, 지난 20년간 남성 중심의 인력 구조를 가져온 한 기업의 채용 데이터를 학습한 AI 면접관을 상상해 보자. 이 AI는 과거에 성공적인 입사자가 주로 남성이었다는 데이터 패턴을 학습한다. 그 결과, AI는 남성 지원자에게 더 높은 점수를 부여하는 경향을 보일 수 있다. 이는 AI가 여성에 대한 편견을 가져서가 아니라, 데이터가 보여주는 역사적 사실, 즉 '과거에 우리 회사는 남성을 주로 뽑았다'는 사실을 통계적 규칙으로 인식했기 때문이다. 이처럼 데이터에 기반한 결정이라는 점 때문에 그 결과는 매우 객관적이고 합리적인 것처럼 보이지만, 실제로는 과거의 차별을 정당화하고 미래에도 반복하는 역할을 하게 된다. 이것이 바로 역사적 편향(Historical Bias)의 본질이며, 알고리즘 편향성의 가장 근본적인 원인 중 하나다.

보이지 않는 함정들: 알고리즘 편향의 다양한 얼굴

문제는 단순히 오래된 데이터에만 있는 것이 아니다. 알고리즘 편향은 데이터 수집부터 모델 개발, 평가에 이르는 AI 개발 전 과정에서 다양한 형태로 나타날 수 있다. 역사적 편향 외에도, 데이터가 현실 세계의 인구 분포를 제대로 대표하지 못할 때 발생하는 선택 편향(Selection Bias)이 있다. 데이터가 특정 집단에 치우쳐 수집되면, 모델은 소외된 집단에 대해 제대로 작동하지 못한다. 여기에는 특정 그룹의 데이터가 누락되는 커버리지 편향(Coverage Bias)과 데이터를 무작위로 수집하지 않아 발생하는 샘플링 편향(Sampling Bias)이 포함된다. 예를 들어, 특정 지역의 부유한 고객 데이터만으로 신제품 수요 예측 모델을 만들면 다른 잠재 시장의 특성을 완전히 놓치게 된다.

또한 측정 편향(Measurement Bias)은 측정하려는 실제 값과 수집된 데이터 사이에 체계적인 오차가 있을 때 발생한다. 특히 현실 세계의 복잡한 개념을 부적절한 대리 지표(proxy)로 측정할 때 문제가 심각해진다. 범죄율 예측 모델이 체포 기록을 범죄 발생률의 대리 지표로 사용하는 것이 대표적인 예다. 이 경우 모델은 실제 범죄율이 아닌, 특정 지역에 집중될 수 있는 경찰의 활동 패턴을 학습하게 되어 편향된 예측을 내놓게 된다.

개발자의 무의식적인 신념이 반영되는 확증 편향(Confirmation Bias)도 존재한다. 모델을 만드는 개발자가 자신의 기존 신념이나 가설을 확인하는 방향으로 데이터를 처리하거나 모델을 설계하는 경우다. 마지막으로, 서로 다른 특성을 가진 여러 그룹의 데이터를 하나로 합쳐 모델을 훈련시킬 때 중요한 그룹 간의 차이가 무시되면서 발생하는 집합 편향(Aggregation Bias)도 있다. 이러한 편향들은 서로 복잡하게 얽혀 작용하며, AI 시스템의 공정성을 심각하게 훼손할 수 있다.

AI의 편향성은 단순히 기술적 결함이 아니다. 이는 데이터 기반 의사결정이라는 객관성의 가면 뒤에 숨어, 사회적 불평등을 자동화하고 대규모로 확산시키는 시스템적 문제다. AI가 내리는 결정은 인간의 직관에 기반한 결정보다 더 과학적이고 방어하기 쉬운 것처럼 보이는 객관성의 환상을 만들어낸다. 이 환상 때문에 불공정한 결과에 이의를 제기하고 바로잡는 것은 더욱 어려워진다. 따라서 이 문제를 해결하기 위한 노력은 기술적 차원을 넘어 사회적, 조직적 차원에서 이루어져야 한다.

사례로 이해하기 | 디지털 주홍글씨: 알고리즘이 만드는 새로운 차별

AI 알고리즘 편향의 대표적인 실제 사례는 미국 사법 시스템에서 사용된 '컴파스(COMPAS)' 알고리즘이다. 이 AI는 피고인의 재범 위험도를 예측하여 판사의 보석금이나 형량 결정에 참고 자료로 활용되었다. 그러나 2016년 비영리 탐사보도 기관 프로퍼블리카(ProPublica)의 분석 결과, 이 알고리즘은 인종적 편향을 노골적으로 드러냈다. 실제 재범을 저지르지 않은 흑인 피고인을 '고위험군'으로 잘못 분류할 확률이, 동일 조건의 백인 피고인보다 거의 두 배나 높았다. 이는 AI가 실제 범죄율이 아닌, 과거의 인종 차별적 체포 관행과 편향된 사법 기록 데이터를 '중립적인 통계 패턴'으로 학습했기 때문이다.

채용 분야에서는 아마존(Amazon)의 AI 채용 도구 폐기 사례가 유명하다. 아마존은 이력서를 자동으로 검토하고 지원자에게 점수를 매기는 AI를 개발했다. 이 AI는 과거 10년간 축적된 내부 채용 데이터를 학습했는데, 문제는 이 데이터 자체가 기술직군에서 남성을 압도적으로 선호했던 '역사적 편향'을 담고 있었다는 점이다. 그 결과, AI는 '여성(women's)'

이라는 단어가 포함된 이력서(예: '여성 체스 클럽 주장')나 여성 대학 졸업자에게 불이익을 주는 패턴을 학습했다. AI는 성차별을 의도하지 않았으나, 과거의 차별적 데이터를 '성공의 공식'으로 학습하여 불평등을 자동화했다.

금융 분야에서는 '디지털 레드라이닝(Digital Redlining)'이 심각한 문제로 대두된다. 이는 과거 은행이 특정 인종 거주 지역(레드라인)에 대출을 거부했던 차별적 관행이 AI 알고리즘을 통해 부활한 현상이다. AI 대출 심사 모델은 인종이나 성별 같은 민감 정보를 의도적으로 배제하도록 설계된다. 하지만 우편번호, 소비 패턴, 인터넷 사용 기록 등 인종 및 사회경제적 지위와 강하게 연관된 '대리 지표(proxy)'를 학습한다. 결국 AI는 과거의 차별적 데이터를 기반으로 특정 집단의 신용도를 체계적으로 낮게 평가하며, 금융 접근의 불평등을 기술적으로 재생산하고 영속시킨다.

TO-BE | 왜곡된 거울 바로잡기: 공정성 확보를 위한 기술과 프로세스

알고리즘 편향이라는 복잡한 문제를 해결하기 위해, 학계와 산업계는 기술적 해결책부터 프로세스 개선, 그리고 사회적 협력에 이르기까지 다층적인 접근법을 발전시켜왔다. 이는 단순히 이미 만들어진 모델의 오류를 수정하는 소극적 대응에서 벗어나, 개발 초기 단계부터 공정성을 설계에 통합하려는 적극적인 패러다임의 전환을 의미한다.

편향 완화를 위한 3단계 기술적 접근법

기계학습 모델의 편향성을 완화하기 위한 기술적 접근법은 주로 AI 개발 생애주기의 어느 단계에 개입하는지에 따라 세 가지로 분류된다. 첫 번째는 모델이 학습을 시작하기 전에 훈련 데이터 자체를 수정하는 전처리(Pre-processing) 방식이다. 대표적인 기법인 재가중(Reweighing)은 훈련 데이터에서 과소 대표된 집단의 데이터 샘플에 더 높은 가중치를 부여하여, 모델 학습 과정에서 이들 집단의 영향력이 공정하게 반영되도록 조정한다.

두 번째는 모델의 학습 알고리즘 자체를 수정하여 훈련 과정에서 공정성 제약 조건을 만족시키도록 하는 내부처리(In-processing) 방식이다. 주목받는 기법 중 하나는 적대적 편향 완화(Adversarial Debiasing)다. 이 기법은 주 예측 모델이 원래의 과업을 수행하는 동안, '적대자' 모델은 주 모델의 예측 결과를 보고 해당 지원자의 민감 정보를 맞추려고 시도하는 경쟁 과정을 통해 주 예측 모델이 민감 정보와 무관한, 즉 편향되지 않은 예측을 하도록 훈련시킨다.

세 번째는 이미 훈련이 완료된 모델의 예측 결과를 수정한 후 최종 결정을 내리는 후처리(Post-processing) 방식이다. 예를 들어, 균등화된 승산 후처리(Equalized Odds Post-processing)는 서로 다른 집단에 대해 모델의 오류율이 동일하도록 예측의 결정 임계값을 조정한다. 이러한 기술적 완화 기법들이 산업 현장에서 어떻게 구현되고 있는지를 보여주는 대표적인 사례가 바로 IBM이 개발한 AI Fairness 360(AIF360) 툴킷이다. AIF360은 기업과 개발자들이 AI 시스템의 편향성을 체계적으로 측정하고 완화할 수 있도록 돕는 오픈소스 라이브러리로, 70개 이상의 편향성 측정 지표와 10개 이상의 완화 알고리즘을 제공한다.

투명성과 책임성을 위한 프로세스 혁신

기술적 해결책만으로는 충분하지 않다. AI 시스템의 투명성과 책임성을 확보하기 위한 프로세스 기반의 접근법이 필수적이다. 이 분야에서 가장 영향력 있는 두 가지 도구는 데이터 명세서(Datasheets for Datasets)와 모델 카드(Model Cards for Model Reporting)다.

구글의 연구원 팀닛 게브루 등이 제안한 데이터 명세서는 전자 부품에 항상 데이터시트가 첨부되는 것에서 영감을 얻었다(Gebru et al., 2021). 데이터 명세서는 데이터셋이 어떤 동기로, 어떻게 수집 및 구성되었으며, 어떤 용도로 사용되어야 하고, 어떤 한계를 가지고 있는지 등을 상세히 기록한 문서다. 이는 데이터 제작자에게는 데이터 수집 과정의 잠재적 위험이나 편향에 대해 깊이 성찰할 기회를 제공하고, 데이터 사용자에게는 해당 데이터셋을 자신의 목적에 맞게 사용할 수 있을지 정보에 입각한 결정을 내리도록 돕는다.

마가렛 미첼 등이 제안한 모델 카드는 데이터 명세서의 개념을 훈련된 AI 모델로 확장한 것이다(Mitchell et al., 2019). 모델 카드는 특정 모델의 성능 특성을 다양한 조건과 인구 집단에 걸쳐 상세히 기술한 요약 보고서다. 모델의 의도된 사용 사례는 무엇인지, 어떤 상황에서는 사용하면 안 되는지, 특정 집단에 따라 성능이 어떻게 달라지는지 등의 정보를 투명하게 공개하여 모델의 오용을 방지하고, 이해관계자들이 모델 도입 여부를 책임감 있게 결정하도록 지원한다.

창과 방패의 싸움: 레드팀과 바이어스 바운티

내부적인 검증과 문서화만으로 발견하기 어려운 미묘하거나 예상치 못한 편향을 찾아내기 위해, 최근에는 외부의 시각을 활용하는 공격적인 테스트 방법론이 주목받고 있다. 사이버 보안 분야에서 유래한 AI 레드팀(AI Red Teaming)은 전문 테스터 그룹이 의도적으로 AI 모델이 유해하거나 편향된 결과를 생성하도록 유도하며 시스템의 안전성과 공정성 가드레일을 시험하는 활동이다.

더 나아가, 바이어스 바운티(Bias Bounty Programs)는 조직이 자사의 AI 시스템에서 유해한 편향을 발견하여 보고하는 외부 참여자에게 금전적 보상을 제공하는 혁신적인 프로그램이다. 이는 사이버 보안의 버그 바운티와 유사한 개념으로, 감사 과정을 대중에게 개방하여 다양한 배경과 관점을 가진 사람들이 조직 내부에서는 미처 생각하지 못했던 사각지대를 발견하도록 유도한다. 이처럼 AI 편향성 문제에 대응하는 솔루션들은 기술적 완화, 투명한 문서화, 그리고 외부의 공격적 테스트가 서로를 보완하는 다층적 솔루션 스택(Solution Stack)을 형성하고 있다.

Strategy | 객관성의 환상을 넘어: 신뢰할 수 있는 AI 구축

AI의 편향성이 객관성의 가면 뒤에서 불평등을 자동화하는 시스템적 문제로 대두되었다. 이 문제를 단순히 기술적 결함으로 치부하고 방치하는 기업은 결국 시장과 사회의 신뢰를 잃게 된다.

따라서 AI가 가져올 혁신의 과실을 공정하게 향유하기 위해서는, AI의 윤리적 리스크를 선제적으로 관리하는 구체적인 실행 전략이 필요하다.

이는 단순히 AI 도입을 넘어, 전사적 '의사결정 체계'를 수립하고, 개발 전 과정에 '기술적 투명성'을 확보하며, AI의 자동화에 매몰되지 않고 '인간의 전문성'을 결합하여 시스템을 지속적으로 개선하는 총체적 접근을 요구한다.

전략 1
'신뢰할 수 있는 AI'를 위한 의사결정 체계 구축

가장 먼저 해야 할 일은 AI 윤리와 공정성을 전사적으로 관리하고 책임을 명확히 할 조직적 기반을 마련하는 것이다. 이를 위해 기업은 법률, 기술, 비즈니스, 윤리 등 다양한 분야의 전문가로 구성된 전사 차원의 AI 윤리 위원회(AI Ethics Board)를 구성하고, 최고 경영진의 후원을 확보해야 한다. 이 조직은 회사의 AI 관련 정책과 원칙을 수립하고, 중요한 프로젝트의 윤리적 리스크를 검토하며, 최종적인 의사결정을 내리는 역할을 수행한다. 또한, 공정성(Fairness), 설명가능성(Explainability), 투명성(Transparency)과 같은 신뢰할 수 있는 AI의 핵심 원칙들을 자사의 비즈니스 맥락에 맞게 정의하고 공식적으로 채택해야 한다.

잘 만들어진 거버넌스 체계를 실제 업무 프로세스에 적용하기 위한 가장 효과적인 도구는 알고리즘 영향 평가(Algorithmic Impact Assessment, AIA)를 제도화하는 것이다. AIA는 새로운 AI 시스템을 도입하기 전에 그것이 개인과 사회에 미칠 수 있는 잠재적 영향을 체계적으로 평가하고 완화 방안을 마련하는 사전 위험 관리 절차다. 채용, 신용 평가, 의료 진단 등 고위험 영역에서 자동화된 의사결정 시스템을 도입하는 모든 신규 프로젝트에 대해 AIA 수행을 의무화하고, 작성된 AIA는 배포 전에 반드시 AI 윤리 위원회의 검토와 승인을 받도록 해야 한다.

전략 2
투명성과 책임성을 위한 기술 및 프로세스 도입

견고한 거버넌스 체계 아래, 기업은 AI 시스템의 개발 및 운영 전 과정에 걸쳐 투명성과 책임성을 확보하기 위한 구체적인 기술과 프로세스를 도입해야 한다. 이는 앞서 논의된 데이터 명세서와 모델 카드를 조직의 표준 문서화 절차로 채택하는 것에서 시작된다. 모든 데이터셋에는 그것의 출처, 구성, 한계를 명시한 데이터 명세서를, 모든 AI 모델에는 그것의 성능, 의도된 사용처, 윤리적 고려사항을 기술한 모델 카드를 의무적으로 첨부하도록 해야 한다.

더 나아가, 내부 감사만으로는 부족하다. AI 레드팀 활동을 정기적으로 수행하여 내부에서는 발견하기 어려운 시스템의 취약점과 잠재적 편향을 공격자의 관점에서 테스트해야 한다. 또한, 바이어스 바운티 프로그램을 도입하여 외부의 집단 지성을 활용하는 것을 고려할 수 있다. 이는 AI 공정성에 대한 기업의 의지를 외부에 보여주는 강력한 신호가 될 뿐만 아니라, 예상치 못한 사각지대를 발견하는 비용 효율적인 방법이 될 수 있다.

전략 3
'인간-AI 협업' 루프를 설계하라

AI의 결정을 인간이 최종적으로 검토하는 인간 참여형 루프(Human-in-the-loop)는 중요한 안전장치다. 그러나 단순히 인간이 AI의 결정을 승인하거나 거부하는 수준을 넘어, 인간의 전문성과 AI의 분석 능력이 상호 보완하며 지속적으로 시스템을 개선하는 동적인 협업 루프를 설계하는 것이 핵심이다.

이를 위해서는 고위험 의사결정 영역에서 AI가 최종 결정을 내리는 것이 아니라, 추천, 관련 근거, 신뢰도 점수 등을 제공하는 역할을 하도록 워크플로우를 설계해야 한다. 최종 판단은 훈련된 전문가인 인간이 내린다. 여기서 핵심은 인간이 AI의 추천을 기각(override)할 때, 그 이유와 근거를 체계적으로 기록하는 피드백 메커니즘을 만드는 것이다. 예를 들어, "AI는 이 지원자의 탈락을 추천했지만, 이력서에 나타나지 않은 특정 경험을 고려하여 합격으로 결정함"과 같은 피드백을 구조화된 데이터로 저장한다. 이렇게 축적된 피드백 데이터는 AI 모델이 체계적으로 놓치고 있는 패턴이나 편향을 식별하는 감사(audit)에 활용되며, 다음 버전의 모델을 재훈련시키는 데 직접 사용된다. 이 과정을 통해 인간의 전문지식이 AI 시스템을 지속적으로 교육하고 교정하는 선순환 구조가 완성된다.

AI 시대의 리더십은 기술을 도입하는 것을 넘어, 그 기술이 만들어낼 사회적 영향을 예측하고 책임지는 능력을 요구한다. AI 공정성 문제는 복잡하고 어려운 과제이지만, 이를 회피하는 기업은 결국 시장과 사회의 신뢰를 잃고 도태될 것이다. 반면, 투명한 거버넌스, 체계적인 위험 관리, 그리고 인간과 AI의 지능적인 협업 체계를 통해 신뢰를 기업의 핵심 자산으로 경영하는 기업만이 지속 가능한 혁신을 이끌어 나갈 수 있을 것이다.

18장

팔란티어, 기업의 미래모습 '자율운영기업'의 청사진을 그리다

AS-IS | 자율운영기업의 탄생: 팔란티어의 거대한 비전

AI가 자동차를 '자율주행'으로 진화시키듯, 팔란티어(Palantir)는 기업 경영을 '자율운영기업(Autonomous Enterprise)'으로 혁신하고자 한다. 목표는 단순한 분석 도구가 아닌, 기업을 위한 통합 운영체제(OS)를 제공하는 것이다. 자율주행차가 데이터를 기반으로 운행하듯, 자율운영기업은 급변하는 시장 환경 속에서 데이터 기반으로 핵심 의사결정을 자동화하고 최적화한다.

이 비전은 체계적인 3단계로 구현된다. 첫째, '파운드리(Foundry)' 플랫폼을 통해 기업 내부에 흩어진 '데이터 사일로'를 해체하고 모든 데이터 소스를 연결한다. 둘째, '온톨로지(Ontology)'라는 의미론적 계층을 통해 이 파편화된 데이터에 비즈니스 맥락을 부여하여, 기업의 살아있는 '디지털 트윈'을 생성한다. 셋째, '인공지능 플랫폼(AIP)'이 이 디지털 트윈 위에서 지능적인 두뇌 역할을 수행하며 '데이터→실행'의 루프를 완성한다. 데이터 통합, 맥락 부여, 지능적 실행이 결합된 이 총체가 팔란티어 전략의 본질이다.

자율주행자동차에서 자율운영기업으로

오늘날 인공지능(AI) 기술의 발전은 자동차 산업의 패러다임을 송두리째 바꾸고 있다. 수많은 센서가 수집한 데이터를 중앙 처리장치가 실시간으로 분석하고, 조향, 가속, 제동 등 기계적 장치를 정밀하게 제어하는 통합 운영체제(OS)가 탑재되면서 자동차는 단순한 이동 수단을 넘어 자율주행이라는 새로운 차원으로 진화하고 있다. 그렇다면 이러한 혁신이 기업 경영의 영역에서는 어떻게 나타날 수 있을까? 만약 기업의 재무, 생산, 공급망, 인사 등 각기 다른 부서의 모든 데이터와 프로세스를 하나의 운영체제 안에서 통합하고, AI가 이를 기반으로 최적의 의사결정을 내리고 실행까지 자동화할 수 있다면 어떨까?

이는 공상과학 소설의 한 장면이 아니라, 데이터 분석 기업 팔란티어(Palantir)가 그리고 있는 기업의 미래, 즉 자율운영기업(Autonomous Enterprise)의 청사진이다. 팔란티어의 비전은 단순히 데이터를 분석해 보고서를 만드는 수준을 넘어선다. 그들의 목표는 기업을 위한 통합 운영체제를 제공하는 것이다. 자율주행차가 복잡한 도로 상황을 스스로 인지하고 판단하여 운행하듯, 자율운영기업은 급변하는 시장 환경 속에서 데이터를 기반으로 핵심적인 운영 의사결정을 자동화하고 최적화한다. 팔란티어의 CEO 알렉스 카프(Alex Karp)는 이러한 시스템이 도입되면, 과거에는 고도로 숙련된 엔지니어만 할 수 있었던 복잡한 분석과 판단을 현장의 모든 작업자가 수행할 수 있게 되어, 한 명의 직원이 열 배의 가치를 창출하는 혁신이 가능해진다고 역설한다. 팔란티어는 바로 이 기업 운영체제를 설계하고 구축하는 기업이다.

디지털 신경망 구축: 데이터 사일로의 해체

이러한 비전을 현실화하기 위해 팔란티어는 기업이 가진 근본적인 문제, 즉 데이터 사일로(Data Silo)를 해결하는 것에서부터 출발한다. 대부분의 기업 데이터는 전사적자원관리(ERP), 고객관계관리(CRM), 공급망관리(SCM), 그리고 수많은 엑셀 파일 등 서로 다른 시스템에 파편화된 채 존재한다. 각 시스템은 독립적으로 운영되어 서로 원활하게 소통하지 못하며, 이는 기업 전체를 아우르는 통합적인 시각을 갖는 것을 불가능하게 만든다. 데이터 사일로는 의사결정을 지연시키고, 부서 간 협업을 저해하며, 결국 기업의 민첩성과 수익성에 부정적인 영향을 미친다.

팔란티어의 해결책은 기존 시스템을 전면 교체하는 대신, 그 위에 하나의 통합된 계층을 구축하는 급진적인 통합 방식이다. 상업용 플랫폼인 파운드리(Foundry)는 기업이 보유한 데이터 레이크, 데이터 웨어하우스 등 기존 자산을 그대로 둔 채, 구조화된 데이터부터 비정형 데이터, 사물인터넷(IoT) 센서 데이터에 이르기까지 모든 종류의 데이터를 연결하는 개방형 아키텍처를 지향한다. 이 과정에서 하이퍼오토(HyperAuto)와 같은 도구는 ERP나 CRM 등 일반적인 기업 시스템의 데이터 파이프라인 생성을 자동화하여 통합 속도를 획기적으로 높인다. 이는 기업의 모든 데이터 소스를 연결하는 거대한 디지털 신경망을 구축하는 것과 같다. 이 신경망을 통해 데이터가 막힘없이 흐를 때, 비로소 기업은 자신의 몸 상태를 정확히 인지하고 지능적인 행동을 취할 준비를 마치게 된다.

통합을 위한 팔란티어의 핵심역량; 전진배치 엔지니어링 (Forward Deployed Engineering, FDE)

팔란티어의 '전진배치 엔지니어링(Forward Deployed Engineering, FDE)'은 단순한 기술 지원이나 컨설팅을 넘어서는, 팔란티어의 핵심적인 고객 확보 및 제품 개발 전략이다.

FDE는 고도로 숙련된 팔란티어의 엔지니어들로 구성되며, 이들은 고객사(정부 기관, 기업)의 현장에 말 그대로 '전진 배치'되어 고객과 한 팀처럼 근무한다. 이들의 핵심 임무는 고객이 직면한 가장 복잡하고 시급한 문제를 팔란티어의 플랫폼(파운드리, 고담)을 활용하여 현장에서 즉각적으로 해결하는 것이다.

이들은 단순히 소프트웨어를 설치하거나 교육하는 데 그치지 않는다. 고객의 고유한 데이터와 운영 환경 속으로 깊숙이 들어가, 파편화된 데이터를 통합하고 온톨로지를 구축하며, 실제 현업 담당자가 사용할 수 있는 맞춤형 애플리케이션과 워크플로우를 신속하게 개발해낸다.

이 전략은 팔란티어의 플랫폼이 실제 복잡한 문제 해결에 얼마나 강력한지 즉각적으로 증명하는 가장 효과적인 '영업' 방식이다. 동시에, FDE는 현장의 가장 절박한 요구사항과 피드백을 본사 R&D 조직에 직접 전달하는 '촉수' 역할을 수행한다. 이는 팔란티어의 제품이 탁상공론이 아닌, 현실의 가장 어려운 문제를 해결하는 방향으로 진화하게 만드는 핵심 동력이자 팔란티어 기업의 핵심역량이 된다.

데이터를 위한 로제타석: 온톨로지와 디지털 트윈

자율운영기업은 전진배치 엔지니어링와 통합된 계층 구축을 통해 데이터를 단순히 한곳에 모으는 것만으로는 충분하지 않다. 시스템이 데이터의 맥락을 이해하지 못하면 AI는 아무런 가치도 만들어낼 수 없기 때문이다. 여기서 팔란티어 기술의 핵심이자 가장 중요한 개념인 온톨로지(Ontology)가 등장한다. 온톨로지는 데이터베이스가 아니라, 조직의 모든 것을 현실 세계의 개념과 관계로 재정의하는 의미론적 계층(Semantic Layer)이다. 즉, 조직의 살아있는 디지털 트윈(Digital Twin)을 만드는 작업이다.

온톨로지는 고대 이집트 상형문자를 해독하는 열쇠가 되었던 로제타석에 비유할 수 있다. 로제타석이 세 가지 다른 언어로 같은 내용을 기록하여 서로를 번역할 수 있게 했듯, 온톨로지는 ERP의 언어, CRM의 언어, 생산 시스템의 언어를 '직원', '고객', '제품', '공장'과 같은 통일된 비즈니스 언어로 번역한다. 이를 통해 사람과 AI 모두가 데이터의 맥락을 정확하게 이해할 수 있게 된다. 팔란티어의 온톨로지는 크게 세 가지 계층으로 구성되어 그 깊이를 더한다. 첫째, 의미론적 계층(Semantic Layer)은 '공급업체'가 '부품'을 '공장'에 '공급한다'와 같이 기업 세계의 모든 객체와 그들 간의 관계를 정의한다. 둘째, 동역학적 계층(Kinetic Layer)은 '주문 접수', '출하 승인' 등 기업 내에서 발생하는 모든 행위와 프로세스를 모델링하여 정적인 데이터에 생명을 불어넣는다. 셋째, 동적 계층(Dynamic Layer)은 '1천만 원 이상의 주문은 관리자만 승인할 수 있다'와 같은 비즈니스 규칙과 데이터 접근 권한을 정의하여 시스템 차원의 거버넌스와 보안을 확보한다.

결론적으로 온톨로지는 단순한 데이터 정리 도구가 아니다. 이는 진정한 의미의 기업 AI를 구현하기 위한 필수 전제 조건이다. 알렉스 카프가 지적했듯, 대규모 언어 모델(LLM) 자체는 가공되지 않은 원자재에 불과하다. 원자재인 LLM이 기업의 복잡한 비즈니스 맥락을 이해하고 실제적인 가치를 창출하기 위해서는, 현실 세계를 정교하게 복제한 온톨로지라는 작업대가 반드시 필요하다. 온톨로지는 추상적인 데이터를 AI가 추론하고 행동할 수 있는 하나의 세계 모델로 변환시키는 핵심적인 다리 역할을 수행하며, 이는 AI 모델 자체만을 제공하는 다른 기업들과 팔란티어를 구분 짓는 근본적인 차별점이다.

지능의 활성화: 인공지능 플랫폼(AIP)의 역할

모든 데이터가 통합되고 온톨로지를 통해 살아있는 디지털 트윈이 구축되면, 마지막으로 이 모든 것을 활용할 두뇌가 필요하다. 그 역할을 수행하는 것이 바로 팔란티어 인공지능 플랫폼(AIP, Artificial Intelligence Platform)이다. AIP는 기업이 자체 비공개 데이터 위에서 LLM을 비롯한 다양한 AI 모델을 안전하게 배포하고, 관리하며, 통제할 수 있게 해주는 플랫폼이다.

AIP의 역할은 단순히 질문에 답하는 챗봇을 만드는 데 그치지 않는다. AIP는 AI가 온톨로지의 동역학적 계층과 상호작용하며 기업 운영에 능동적으로 참여하도록 만든다. 예를 들어, AI는 시스템 경보를 검토하고, 해결책을 제안하며, 인간의 최종 승인하에 실제 시스템에 명령을 내려 조치를 실행할 수도 있다. 이는 '데이터 → 분석 → 의사결정 → 실행 → 새로운 데이터 생성'으로 이어지는 폐쇄 루프(Closed-loop) 시스템을 완성한다. 이 루프 안에서 기업은 데이터를 통해 행동하고, 그 행동의 결과를 다시 데이터로 학습하며 지속적으로 운영을 개선하고 최적화할 수 있다.

이로써 팔란티어가 그리는 거대한 비전의 전체 그림이 완성된다. 파운드리가 흩어진 모든 데이터를 수집하고, 온톨로지가 이를 바탕으로 기업의 살아있는 디지털 트윈을 생성하며, AIP가 그 위에서 지능적인 두뇌 역할을 수행한다. 이 세 가지가 결합된 총체가 바로 자율운영기업을 위한 기업 운영체제이다. 그리고 이 복잡한 소프트웨어 스택을 클라우드, 온프레미스(사내 구축형), 엣지 디바이스 등 어떤 환경에서든 자율적으로 배포하고 관리하는 역할은 또 다른 플랫폼인 아폴로(Apollo)[4]가 담당한다.

4 아폴로(Apollo)는 소프트웨어 '배송 및 관리' 시스템이다. 이는 파운드리 같은

TO-BE | 팔란티어 효과: 운영체제가 설치된 후의 변화

이론을 넘어, 팔란티어의 플랫폼이 실제로 조직에 도입되었을 때 어떤 변화가 일어나게될까? 팔란티어는 국방 분야에서 시작하여 데이터 융합과 AI를 통해 전쟁의 패러다임을 바꾸고 있다. 이들의 고담(Gotham) 플랫폼은 흩어진 정보를 통합하고 AI와 결합하여, 의사결정 속도를 극적으로 높이고 조직 구조까지 변화시킨다. 또한 그들은 국방 분야에서 '고담(Gotham)' 플랫폼으로 증명한 데이터 융합 및 AI 역량을 '파운드리(Foundry)'를 통해 민간 산업으로 성공적으로 확장했다. 이들의 기술은 에어버스나 BP 같은 민간 기업의 운영 방식과 조직 역량까지 근본적으로 혁신하고 있다.

유리로 된 전장: 국방의 현대화와 고담(Gotham)

팔란티어의 역사는 9.11 테러 이후, 흩어진 정보들을 융합하여 테러 위협에 대응하려는 비전에서 시작되었다. 그들의 첫 번째 플랫폼인 고담(Gotham)은 국방 및 정보기관을 위해 탄생했다. 대표적인 사례는 아프가니스탄에서의 급조폭발물(IED) 대응이다. 미 육군과 해병대는 순찰 보고서, 생체 인식 정보, 정보원 첩보, 위성 사진 등 방대하고 이질적인 데이터를 고담 플랫폼에 통합했다. 이전에는 개별 분석가들이 단일 정보 소스만으로는 파악할 수 없었던 테러 네트워크의 연관성과 행동 패턴이 드러나기 시작했다. 현

팔란티어의 핵심 플랫폼이 고객의 어떤 환경(클라우드, 사내 서버, 심지어 잠수함)에서든 자동으로 설치되고, 즉시 업데이트되며, 안정적으로 작동하도록 보장하는 기술이다. 즉, 복잡한 소프트웨어를 자율주행차처럼 스스로 운행하게 만드는 보이지 않는 핵심 엔진이다.

장 지휘관들은 IED가 설치될 가능성이 높은 지역을 예측하는 고담의 능력을 생명을 구하는 기술이라 극찬했다.

이러한 인간 주도의 분석은 AI의 발전과 함께 한 단계 더 진화했다. 미 국방성의 핵심 AI 프로그램인 프로젝트 메이븐(Project Maven)은 드론과 위성이 촬영한 영상에서 AI가 자동으로 표적을 탐지하고 식별하는 것을 목표로 한다. 팔란티어는 이 프로젝트의 핵심 데이터 융합 플랫폼을 제공하여 다양한 AI 모델이 분석한 결과를 하나의 작전 상황도에 통합하고, 지휘관이 신속하고 정확한 결정을 내릴 수 있도록 지원한다. 이는 고담의 데이터 통합 능력과 AIP의 AI 오케스트레이션 역량이 결합된 현대전의 새로운 패러다임을 보여준다.

이러한 시스템의 도입은 전장의 의사결정 구조를 근본적으로 바꾼다. 군사 전략가 존 보이드(John Boyd)가 제시한 관측-판단-결심-행동(OODA Loop) 주기는 적보다 빠르게 의사결정 사이클을 완료하는 것이 승리의 핵심이라고 본다. AI는 이 주기의 모든 단계를 가속화하여 과거 수 시간에서 수일이 걸렸던 의사결정 주기를 수 분, 수 초 단위로 단축시킨다. 또한 최전선의 병사부터 최고 지휘관까지 모든 구성원이 동일한 작전 상황을 실시간으로 공유하는 공통 작전 상황도(Common Operating Picture)를 갖게 되면서, 전통적인 지휘 계층은 평평해지고 현장의 자율성은 극대화된다.

사례로 이해하기 | 스타크래프트로 비유해 보는 고담 솔루션

팔란티어의 고담(Gotham) 솔루션의 작동 원리와 효과는 복잡한 전장을 지휘하는 스타크래프트의 초고수 게이머의 역할에 비유하면 쉽게 이해할 수 있다. 전통적인 군 지휘관이나 기업의 리더는 게임 속의 '전장의 안개(Fog of War)'에 갇힌 채, 파편화되고 시간이 지난 정보에 의존해 힘겹게 의사결정을 내리는 플레이어와 같다. 팔란티어의 목표는 이 지휘관을 전장의 모든 것을 꿰뚫어 보고 승리하는 통찰력을 가진 최상위 레벨의 AI 기반 사령관으로 만드는 것이다.

이러한 혁신을 가능하게 하는 고담의 핵심 원리는 온톨로지(Ontology) 구축에 있다. 온톨로지는 기업이나 군대의 모든 시스템과 데이터(위성 사진, 드론 영상, 아군 위치, 물류 재고, 적군의 예상 경로 등)를 단순한 데이터베이스 통합을 넘어, 객체와 그들 사이의 관계로 완벽하게 연결하고 디지털로 구조화하는 작업이다. 이는 마치 게임 속의 모든 유닛, 건물, 자원 현황이 실시간으로 상호작용하는 하나의 통합된 디지털 세계를 만드는 운영체제(OS)와 같다.

이 온톨로지 기반의 통합 덕분에 지휘관은 세 가지 차원의 초월적인 능력을 얻는다.

첫째, 실시간 상황 인지력을 통해 전장의 안개를 걷어내는 능력을 갖는다. 과거에는 5분 전 정찰 보고서를 바탕으로 현재의 전투를 치러야 했지만, 고담은 드론 영상, 아군의 실시간 위치, 적군의 예상 이동 경로 등을 스타크래프트의 메인 화면과 미니맵처럼 하나의 인터페이스 위에 즉각적으로 업데이트한다. 지휘관은 더 이상 추측할 필요 없이 전장 전체를 환히 밝히고 플레이하는 것처럼 명확한 상황 인식을 갖게 되며, 이는 의사결정자의 인지적 부담을 크게 줄여준다.

둘째, 자원과 유닛을 통합적으로 관리하는 매크로 및 마이크로 능력이 동시에 가능해진다. 스타크래프트 고수가 자원 채취(매크로)와 유닛 제어(마이크로)를 완벽하게 조화시키듯이, 고담은 이를 현실화한다. 거시적 관점에서(매크로), 최전방 부대의 탄약 잔여량이나 유류 보급 시점 등의 물류 데이터를 실시간으로 시각화하여, 마치 게이머가 미네랄과 가스 보유량을 보며 다음 생산 계획을 짜듯 최적의 보급 판단을 즉시 내릴 수 있다. 미시적 관점에서(마이크로), 지휘관은 개별 탱크나 병사의 상태를 상세하게 파악하고, 전황에 맞춰 가장 효율적인 임무를 부여하는 정교한 유닛 컨트롤을 수행할 수 있게 된다.

셋째, 미래를 예측하고 선제적으로 전략을 구사하는 능력이다. 최고의 스타크래프트 게이머가 상대방의 초기 빌드만 보고도 다음 전략(예: 저글링 러쉬)을 예측하듯이, 고담의 AI는 축적된 적의 과거 이동 패턴과 활동 데이터를 분석하여 "이 지역의 매복 위험이 높음" 또는 "적의 다음 목표는 000 보급로일 확률이 85%"와 같은 예측적 통찰력을 제공한다. 이 예측 능력을 바탕으로 지휘관은 수동적으로 대응하는 것을 넘어, 한 수 앞을 내다보는 전략을 구사하며 적보다 더 빠르게 생각하고(Out-think) 더 빠르게 움직여(Out-pace) 전략적 이점을 확보한다.

결론적으로 팔란티어 고담은 데이터를 분절된 정보가 아닌, 유기적으로 연결된 '승리하는 시각' 그 자체로 변환한다. 이는 군사 조직이 전장을 '관리'하는 수준을 넘어, 압도적으로 '플레이'하고 '지배'할 수 있는 힘을 제공하며, 궁극적으로 기업이 인간의 개입을 최소화하고 AI를 통해 최적의 의사결정을 자율적으로 내리는 기업의 자율주행이라는 최종 목표로 나아가는 핵심 기반이 되는 것이다

예측하는 공장: 민간 산업의 혁신

전장에서 증명된 데이터 융합과 AI 기반 예측의 원리는 파운드리 플랫폼을 통해 민간 산업의 복잡한 운영 환경에도 그대로 적용된다. 항공기 제조사 에어버스(Airbus)는 수천 대의 항공기에서 쏟아지는 방대한 센서 데이터와 정비 기록, 생산 정보를 통합해야 하는 과제에 직면했다. 에어버스는 파운드리를 기반으로 스카이와이즈(Skywise)라는 항공 산업 데이터 플랫폼을 구축하여, 운항 중인 모든 항공기의 온톨로지를 생성했다. 이는 항공기 운항 전체에 대한 거대한 디지털 트윈을 만든 것과 같다. 그 결과는 혁신적이었다. 과거에는 부품이 고장 난 후에야 정비에 나서는 사후 대응 방식이었지만, 이제는 전 세계 항공기에서 수집된 센서 데이터의 미세한 변화를 AI가 분석하여 고장을 사전에 예측하는 예측 정

비가 가능해졌다. 이를 통해 잠재적인 대형 사고를 예방하고 A350과 같은 최신 기종의 생산성을 33% 향상시켰으며, 매일 항공기 한 대를 비운항 상태에서 구하는 것과 같은 비용 절감 효과를 거두고 있다.

에너지 기업 BP는 파운드리와 버텍스(Vertex) 애플리케이션을 활용해 전 세계 석유 및 가스 자산의 디지털 트윈을 구축했다. 이 디지털 트윈에는 200만 개가 넘는 센서로부터 수집되는 데이터가 실시간으로 통합된다. 엔지니어들은 이 디지털 트윈을 통해 실제 자산을 원격으로 모니터링하고, 생산량을 최적화하기 위한 설비 변경 시뮬레이션을 가상으로 수행하며, 운영상의 통찰력을 얻는 데 걸리는 시간을 75% 단축했다. 이는 시추선의 현장 작업자부터 본사의 최고경영진까지 모든 의사결정을 하나의 데이터 기반 위에서 연결하는 효과를 낳았다.

Strategy | 팔란티어 시대의 전략과 주권: 전략적 과제

팔란티어와 같은 통합 운영체제의 등장은 기업에게 새로운 기회와 동시에 심각한 도전을 제기한다. 이러한 시스템을 도입하는 것은 단순한 기술적 선택이 아니라, 기업의 전략, 조직 문화, 나아가 국가적 차원의 데이터 주권 문제까지 아우르는 근본적인 변혁을 의미한다.

전략 1

운영체제 도입, 기술을 넘어선 전략적 변혁

팔란티어와 같은 기업 운영체제를 도입하는 것은 IT 부서가 주도하는 프로젝트가 아니라, 최고경영진이 직접 이끌어야 하는 전사적 비즈니스 혁신이다. 성공적인 디지털 전환에 관한 학술 연구들은 기술 그 자체보다 비기술적 요인이 성패를 좌우한다고 일관되게 지적한다. 디지털 전환의 핵심 성공 요인(Critical Success Factors, CSFs)으로는 명확한 기업 전략과 비전, 최고 경영층의 강력한 지원, 그리고 변화를 수용할 준비가 된 조직 문화가 가장 중요하게 꼽힌다(Pasqual, G., et al., 2023). 이와 더불어 직원들의 적극적인 참여와 전략적 공급업체와의 파트너십 또한 필수적이다(Alojail, et al., 2023).

따라서 팔란티어 도입은 단순히 기술을 교체하는 하향식 기술 중심 접근이 아니라, 비즈니스 프로세스 자체를 혁신하려는 상향식 프로세스 중심 접근법으로 추진되어야 한다. 이러한 조직적, 전략적 전제 조건이 갖춰지지 않은 상태에서 기술 도입만 서두를 경우, 약 70%에서 95%에 달하는 디지털 전환 프로젝트가 약속된 성과를 내지 못하고 실패하는 전철을 밟게 될 가능성이 높다(Forth et al., 2020).

전략 2

황금 새장: 공급업체 종속의 함정

팔란티어가 지향하는 최종 목표는 조직의 모든 데이터, 프로세스, 비즈니스 논리를 담은 완벽하고 동적인 디지털 복제품을 만드는 것이다. 이는 전례 없는 수준의 최적화와 지능화를 가능하게 하는 매우 강력한 자산이다. 그러나 이 자산이 완성되는 순간, 역설적으로 기업은 해당 플랫폼에 대한 궁극적인 의존 상태에 놓이게 된다. 기업의 핵심 운영 방식, 의사결정 프로세스, 고유한 비즈니스 규칙들이 온톨로지에 모두 암호화되어 기록되는 순간, 해당 운영체제는 더 이상 기업이 사용하는 도구가 아니라 기업 그 자체가 된다.

이러한 상태를 공급업체 종속(Vendor Lock-In)이라고 한다. 이는 특정 공급업체의 기술이나 서비스에 대한 의존도가 너무 높아져 기술적, 재정적, 운영상의 장벽으로 인해 다른 대안으로 전환하는 것이 사실상 불가능해지는 상태를 의미한다(Opara-Martins, et al., 2014). 팔란티어는 개방형 아키텍처를 표방하지만, 시스템이 깊숙이 통합될수록 강력한 종속 효과가 발생할 수밖에 없다. 온톨로지에 구현된 기업 고유의 비즈니스 규칙과 실행 논리는 다른 시스템으로 쉽게 이전할 수 있는 표준화된 코드가 아니며, 데이터 간의 관계와 맥락을 정의하는 온톨로지 그 자체가 팔란티어의 핵심 지적 자산이기 때문이다. 또한 시간이 지남에 따라 직원들은 팔란티어의 인터페이스에 맞춰 훈련되고, 모든 업무 절차는 해당 플랫폼의 기능 위에서 설계된다. 시스템을 교체하는 것은 전 직원을 재교육하고 모든 운영 프로세스를 재설계해야 함을 의미한다.

이러한 종속성은 공급업체에게 막강한 협상력을 부여하여 향후 가격 인상에 취약하게 만들고, 공급업체의 기술 발전이 정체될 경우 기업은 심각한 운영 리스크에 직면하게 된다.

전략 3

기업이 복제된다, 데이터 주권과 지정학적 결단

가장 근본적이고 심각한 질문은 통제의 문제로 귀결된다. 디지털 트윈으로 복제되는 대상이 단순한 기업을 넘어, 국가의 핵심 기간산업이거나 정부 기관일 경우, 플랫폼에 대한 통제권은 국가 안보의 문제가 된다. 이는 디지털 주권(Digital Sovereignty)의 문제로 이어진다. 디지털 주권이란 데이터, 하드웨어, 소프트웨어 등 자신의 디지털 운명을 스스로 통제할 수 있는 능력을 의미하며, 국가 안보와 경제적 경쟁력이 핵심 동인으로 작용한다(Liang, et al., 2025).

팔란티어는 서방 세계, 특히 미국의 정보 및 국방 기관에 봉사한다는 명확한 사명을 가지고 설립된 기업이다. 그들의 조직 문화와 기술은 미국 국가 안보 체계와 깊숙이 얽혀 있다.

그렇다면 고객의 디지털 주권 자산을 궁극적으로 통제하는 주체는 누구인가? 데이터는 어디에 저장되며, 어느 국가의 법적 관할권 아래에 놓이는가? 만약 미국과 해당 고객 국가 간에 지정학적 갈등이 발생한다면 어떤 일이 벌어질 것인가? 이는 비단 팔란티어만의 문제가 아니다. AI 기반의 기업 운영체제가 표준이 되어가는 미래에, 모든 기업과 국가는 디지털 및 데이터 주권에 대한 명확한 전략을 수립해야만 한다. 이러한 플랫폼의 도입 결정은 더 이상 기술적, 경영적 선택이 아니다. 그것은 운영 효율성과 전략적 자율성 사이의 미묘한 균형을 요구하는 지정학적 결단이며, 21세기 산업과 국가 전략의 향방을 결정지을 중대한 딜레마가 될 것이다.

4부

국가와 기업의 선택과 피할 수 없는 미래

19장

AI 시대, 국가라는 보이지 않는 손은 기업의 운명을 어떻게 바꾸는가?

AS-IS | 국가라는 경기장: 기업의 성패를 좌우했던 전통적 정책들

기업의 활동은 진공 속에서 이루어지지 않는다. 모든 기업은 국가가 설계한 거대한 경기장 위에서 경쟁한다. 이 경기장의 규칙, 즉 국가 정책은 어떤 기업이 성공하고 어떤 기업이 도태될지를 결정하는 보이지 않는 손으로 작용해왔다. 수십 년간 이 규칙들은 비교적 안정적이고 예측 가능했다. 각국 정부는 산업 육성, 공정 경쟁 촉진, 기술 혁신 장려라는 목표를 달성하기 위해 검증된 정책 도구들을 일관되게 사용해왔다. 이 전통적인 정책 지형도를 이해하는 것은 인공지능이라는 거대한 파도가 이 모든 규칙을 어떻게 근본적으로 바꾸고 있는지 파악하기 위한 필수적인 출발점이다.

성장을 이끄는 당근과 채찍: 산업 정책

국가가 특정 산업의 성장을 견인하고자 할 때 사용하는 가장 대표적인 도구는 산업 정책이다. 산업 정책은 크게 두 가지 형태로 나뉜다. 첫째는 정부가 직접 유망한 산업이나 기업을 선별해 집중적으로 지원하는 '수직적 산업정책'이다. 이는 마치 정부가 챔피언을 고르는 역할과 같다. 과거 한국 정부가 반도체, 조선, 자동차 산업을 국가 전략 산업으로 지정하고 막대한 금융 및 세제 혜택을 제공한 것이 대표적인 사례다. 이러한 선택과 집중 전략은 후발주자였던 국가가 단기간에 특정 산업에서 글로벌 경쟁력을 확보하는 데 결정적인 역할을 했다.

반면, 정부가 특정 산업을 편애하지 않고 모든 기업이 활동하기 좋은 환경을 조성하는 데 주력하는 '수평적 산업정책'도 있다. 이는 정부가 정원사처럼 혁신이 자라날 토양을 비옥하게 만드는 것에 비유할 수 있다. 연구개발(R&D) 활동에 대한 보편적인 세금 감면, 산업 인프라 구축, 우수한 인재를 양성하기 위한 교육 시스템 개혁 등이 여기에 해당한다.

이 두 가지 산업 정책의 기저에는 공통된 목표가 있었다. 바로 국가의 경제적 경쟁력과 생산성을 극대화하는 것이었다. 정책의 성공 여부는 국내총생산(GDP) 성장률, 수출액, 세계 시장 점유율과 같은 명확한 경제 지표로 측정되었다. 기업의 사회적 책임이나 기술의 윤리적 영향과 같은 비경제적 요소는 부차적인 고려사항에 머물렀다. 이러한 단일한 목표는 기업들에게 매우 명확하고 예측 가능한 신호를 주었다. 정부가 제시하는 경제적 인센티브에 부응하는 것이 곧 성공의 방정식이었기 때문이다.

공정한 게임의 규칙: 경쟁 정책

산업 정책이 성장을 위한 '가속 페달'이라면, 경쟁 정책은 시장이 과열되거나 한쪽으로 기울어지는 것을 막는 '브레이크'이자 '교통 규칙'이다. 흔히 경쟁 정책을 독과점 기업을 규제하여 소비자 가격을 낮추는 제도로만 이해하지만, 그 본질은 훨씬 더 깊은 곳에 있다. 경쟁 정책의 핵심 목표는 특정 기업이나 소비자를 보호하는 것을 넘어, 경쟁이라는 '과정' 그 자체를 보호하는 데 있다.

정부는 담합(카르텔), 시장지배적 지위 남용, 경쟁을 저해하는 기업결합(M&A) 등을 엄격히 금지한다. 이는 시장의 진입 장벽을 부당하게 높여 새로운 혁신 기업의 등장을 가로막는 행위를 방지하기 위함이다. 이러한 맥락에서 경쟁 정책은 경제학자 조지프 슘페터(Joseph Schumpeter)가 말한 '창조적 파괴(creative destruction)'를 가능하게 하는 필수 조건이 된다. 창조적 파괴란, 혁신적인 기술이나 비즈니스 모델을 가진 신생 기업이 기존의 낡은 기업을 대체하며 경제 전체의 역동성을 이끌어가는 과정을 의미한다.

혁신에 성공한 기업은 일시적으로 시장을 독점하며 높은 이윤을 누리게 된다. 이는 혁신에 대한 정당한 보상이다. 그러나 만약 이 기업이 경쟁법을 위반하여 부당한 방법으로 후발 주자들의 진입을 막는다면, 시장은 활력을 잃고 정체될 것이다. 경쟁 정책은 바로 이 지점에서 작동한다. 정당한 혁신을 통해 얻은 시장 지배력은 보호하되, 그 지위를 남용하여 경쟁의 싹을 자르는 행위는 막는 것이다. 이처럼 경쟁 정책의 더 근본적인 역할은 현재의 소비자 후생을 넘어, 혁신적인 도전자들이 언제든 등장할 수 있는 '경쟁 가능한 시장(contestable market)'을 보장함으로써 시장의 미래를 지키는 데 있다.

혁신의 씨앗을 뿌리다: R&D 지원 정책

혁신은 성장의 가장 중요한 동력이지만, 기업들은 종종 R&D에 충분한 투자를 하지 못한다. 특히 기초 및 원천 기술 연구는 성공 가능성이 낮고 오랜 시간이 걸리는 반면, 그 성과(지식)는 쉽게 확산되어 경쟁사들까지 혜택을 보는 '지식의 파급 효과(knowledge spillover)'가 발생한다. 즉, 투자 비용은 한 기업이 부담하지만 그 과실은 사회 전체가 나누어 갖는 구조다. 이러한 '시장 실패'를 보완하기 위해 정부가 민간 기업의 R&D 활동을 지원한다.

정부의 R&D 지원 방식은 크게 직접 보조금 지급과 세제 혜택으로 나뉜다. 정부 보조금은 특정 기술 분야나 과제에 자금을 직접 지원하는 방식으로, 국가적 목표 달성에 효과적이다. 반면 세제 혜택은 R&D에 투자하는 모든 기업에게 법인세 감면 등의 혜택을 주는 방식으로, 시장 자율성을 존중하는 방식이다.

오랜 기간 정책 입안자들과 학자들은 정부의 R&D 지원이 민간의 투자를 촉진하는 '보완 효과(crowding-in effect)'를 낳는지, 아니면 단순히 민간이 원래 하려던 투자를 대체하는 '구축 효과(crowding-out effect)'에 그치는지에 대해 논쟁해왔다(Gonzalez & Pazo, 2008). 이 논쟁의 기저에는 전통적인 R&D 정책의 암묵적인 가정이 깔려 있다. 즉, 혁신은'기초연구 → 응용연구 → 상용화'라는 선형적 단계를 거치며, 혁신을 가로막는 가장 큰 장벽은 '자본'과 '인재'의 부족이라는 인식이다. 이러한 가정은 AI 시대에 들어서면서 근본적인 도전에 직면하게 된다.

TO-BE | AI, 국가 정책의 DNA를 바꾸다

AI는 단순히 또 하나의 새로운 기술이 아니다. 이는 산업혁명에 비견될 만한 범용 기술로서, 경제, 사회, 안보의 근간을 바꾸고 있다. 따라서 각국 정부는 AI를 기존의 정책 틀에 끼워 맞추는 대신, 정책의 기본 설계 자체를 재검토하고 있다. 정책의 목표는 이제 단순한 경제 성장을 넘어 지정학적 우위 확보, 국가 안보, 그리고 윤리적 가치 수호라는 다차원적이고 복합적인 양상을 띤다. 이러한 변화의 흐름을 가장 잘 보여주는 사례는 세계 AI 규범의 방향을 두고 서로 다른 길을 걷고 있는 유럽연합(EU)과 미국의 접근 방식이다.

'데이터'와 '알고리즘'을 둘러싼 새로운 전쟁: 재편되는 경쟁 정책

전통적인 경쟁법의 핵심은 사업자 간의 '합의'를 적발하고 처벌하는 것이었다. 그러나 스스로 학습하는 AI 알고리즘의 등장은 이 패러다임을 뿌리부터 흔들고 있다. 옥스퍼드 대학의 아리엘 에즈라키(Ariel Ezrachi)와 테네시 대학의 모리스 스터키(Maurice E. Stucke) 교수는 AI가 인간의 개입 없이도 담합과 유사한 결과를 초래하는 '알고리즘 담합(algorithmic collusion)'의 가능성을 경고했다(Ezrachi & Stucke, 2017).

그들이 제시한 시나리오 중 가장 도전적인 것은 '디지털 아이(Digital Eye)'다. 이 시나리오에서 각 기업의 가격 결정 알고리즘은 서로 다른 코드와 목표를 가지고 출발하지만, 수백만 번의 시뮬레이션을 통해 시장 데이터를 학습하면서 경쟁적으로 가격을 내리는 것보다 암묵적으로 서로의 가격을 따라 올리는 것이 장기적으로 가장 수익성이 높다는 사실을 '독자적으로' 깨닫게 된다. 이 과정에는 인간의 명시적인 합의나 소통이 전혀 개입되지 않는다. 결과적으로는 담합과 같이 소비자에게 높은 가격을 부과하지만, '합의'라는 위법 행위의 증거가 없기 때문에 기존 경쟁법으로는 처벌하기가 거의 불가능하다.

이러한 새로운 도전에 직면하여 한국의 공정거래위원회를 비롯한 전 세계 경쟁 당국은 AI 시장의 경쟁 동학을 분석하고 새로운 규제 방안을 모색하고 있다. 이는 규제 패러다임의 근본적인 전환을 예고한다. 과거에는 가격 담합과 같은 반경쟁적 '결과'를 사후에 적발하고 처벌하는 데 중점을 두었다면, 이제는 그러한 결과를 낳는 AI '시스템' 자체를 사전에 들여다봐야 할 필요성이 제기된다. 이는 규제 당국이 기업의 알고리즘에 대한 투명성, 설명가능성, 공정성을 요구하는, 과거에는 상상할 수 없었던 훨씬 더 기술적이고 개입적인 형태의 감독으로 이어질 수밖에 없다.

혁신인가, 통제인가? AI 윤리 규제와 지정학

AI 정책의 또 다른 축은 기술의 잠재적 위험을 통제하고 윤리적 사용을 보장하려는 움직임이다. 이 분야에서 가장 앞서 나가는 곳은 EU다. 2024년 최종 확정된 EU의 AI법(AI Act)은 세계 최초의 포괄적인 AI 규제 법안으로, AI 시스템을 위험 수준에 따라 4단계로 분류하고 차등적으로 규제하는 '위험 기반 접근 방식(risk-based approach)'을 채택했다. 예를 들어, 사회적 점수 평가 시스템이나 사람의 잠재의식을 조작하는 AI는 '수용 불가능한 위험'으로 분류되어 원천적으로 금지된다. 반면, 채용, 신용 평가, 핵심 인프라 관리 등에 사용되는 AI는 '고위험'으로 분류되어 시장 출시 전 엄격한 데이터 거버넌스, 투명성, 인간의 감독 의무 등을 준수해야 한다.

반면, 미국은 '미국 AI 이니셔티브(American AI Initiative)'를 통해 R&D 투자 확대, 정부 데이터 개방, 인재 양성 등 AI 기술의 혁신과 경쟁 우위 확보에 정책의 우선순위를 두고 있다. 미국은 포괄적인 사전 규제보다는 시장의 자율성을 존중하면서 의료, 금융 등 각 분야별로 발생하는 문제에 대응하는 방식을 선호한다. 이는 AI 기술 발전의 속도를 늦추지 않으면서 중국 등 경쟁국에 대한 기술적 우위를 유지하려는 전략적 고려가 깔려 있다.

이러한 EU와 미국의 상반된 접근 방식은 단순히 정책 철학의 차이를 넘어, AI 시대의 글로벌 규범을 누가 주도할 것인가를 둘러싼 지정학적 경쟁의 성격을 띤다. EU의 AI법은 '브뤼셀 효과(Brussels Effect)'를 통해 전 세계에 막대한 영향을 미칠 수 있다. 브뤼셀 효과란, EU의 거대한 단일 시장에 진출하려는 전 세계 기업들이 결국 EU의 엄격한 규제 기준을 따를 수밖에 없게 되어, EU의 규범이 사실상의 글로벌 표준으로 자리 잡는 현상을 말한다. 이는 EU가 군사력이나 경제 원조가 아닌 '규제'라는 도구를 통해 자국의 가치와 영향력을 전 세계로 확장하는 강력한 외교 전략이기도 하다. 다음 표는 AI 패권을 향한 두 진영의 전략적 차이를 명확히 보여준다.

● **표 AI 관련 EU 및 미국 정책 비교**

구분	유럽연합(EU)	미국(US)
정책 방향	인권 중심, 신뢰성 확보	혁신 주도, 국가 안보
주요 정책	AI Act(포괄적 규제)	AI Initiative, 행정명령(R&D 투자 및 가이드라인)
접근 방식	위험 기반 사전 규제	시장 중심, 부문별 접근
데이터/개인정보	GDPR(기본권으로 보호)	시장 및 안보 논리에 따라 유연
기업에 시사점	규제 준수 비용 높으나, '신뢰'를 통한 시장 기회	빠른 혁신에 유리하나, 예측 불가능한 법적 리스크

보이지 않는 자산의 관리: 데이터 거버넌스와 주권

AI 시대에 데이터는 21세기의 원유로 불리며 가장 중요한 전략적 자산으로 부상했다. 이에 따라 각국 정부는 개인정보보호를 넘어 국가 차원에서 데이터를 관리하고 통제하는 '데이터 거버넌스' 정책을 강화하고 있다. 이는 단순히 데이터의 활용 방식을 규제하는 것을 넘어, 데이터가 어디에 저장되고 국경을 넘어 이동할 수 있는지를 통제하는 '데이터 현지화(data localization)'와 같은 주권적 개념으로 확장되고 있다. 예를 들어, 특정 국가의 국민에 대한 데이터는 반드시 그 나라 안에 위치한 서버에 저장하도록 의무화하는 정책은 다국적 클라우드 기업의 사업 전략에 직접적인 영향을 미친다. 이처럼 데이터의 자유로운 흐름을 제한하는 움직임은 AI 경제의 핵심 연료인 데이터에 대한 통제권을 확보하여 자국 산업을 보호하고 국가 안보를 지키려는 전략의 일환이다.

Strategy | 격변의 파도를 넘는 기업의 항해술

국가 정책의 지형이 이처럼 근본적으로 변화하는 환경에서, 기업이 과거의 성공 방정식에만 머무는 것은 좌초를 자초하는 일이다. 이제 기업은 단순히 주어진 규제를 수동적으로 따르는 것을 넘어, 새로운 정책 환경을 기회로 활용하고 심지어 정책 형성에 적극적으로 영향을 미치는 새로운 전략적 항해술을 익혀야 한다. 이는 이 책의 앞선 장들에서 다룬 R&D, 조직 문화, 비즈니스 모델과 같은 내부 역량 강화 전략과는 구별되는, 외부 정책 환경에 대응하는 세 가지 핵심 실행 전략이다

전략 1
지정학적 리스크에 맞서는 'AI 기반 공급망 재편'

미국과 중국의 기술 패권 경쟁으로 대표되는 '테크노-내셔널리즘(techno-nationalism)'의 부상은 과거 효율성과 비용 절감을 최우

선으로 설계되었던 글로벌 공급망의 근간을 흔들고 있다. 특히 AI의 두뇌 역할을 하는 반도체와 같은 핵심 부품은 이제 단순한 상품이 아닌 국가 안보 자산으로 취급되며, 특정 국가에 대한 공급망 의존은 그 자체로 심각한 경영 리스크가 되었다. 이러한 환경에서 기업은 지정학적 변화에 기민하게 대응하고 충격을 흡수할 수 있는 '회복력 있는 공급망(resilient supply chain)'을 구축해야 하며, AI는 이를 위한 가장 강력한 도구다.

가장 먼저, AI를 활용해 공급망 전반의 가시성을 확보하고 잠재적 리스크를 예측하는 시스템을 구축해야 한다. AI 기반 예측 분석 모델은 시장 동향, 정치적 성명, 사회적 불안과 같은 정성적 데이터를 분석하여 특정 지역의 지정학적 리스크가 공급망에 미칠 파장을 사전에 예측할 수 있다. 이를 통해 기업은 특정 국가의 수출 통제나 물류 대란과 같은 돌발 변수에 수동적으로 대응하는 대신, 사전에 대체 공급선을 확보하거나 재고를 조정하는 등 선제적인 조치를 취할 수 있다.

다음으로, AI를 활용하여 공급망을 다변화하고 재설계해야 한다. 특정 국가에 집중된 생산 기지를 지정학적으로 안정적인 여러 국가로 분산시키는 '프렌드쇼어링(friend-shoring)'이나 자국으로 생산을 이전하는 '리쇼어링(reshoring)'을 검토할 때, AI는 최적의 대안을 찾는 데 핵심적인 역할을 한다. AI는 각 후보지의 인건비, 물류 인프라, 정치적 안정성, 규제 환경 등 수많은 변수를 종합적으로 분석하여 비용과 리스크를 최소화하는 최적의 포트폴리오를 제시할 수 있다. 또한, 전체 공급망을 가상 공간에 복제한 '디지털 트윈(digital twin)'을 구축하고, AI를 통해 다양한 지정학적 충격 시나리오를 시뮬레이션함으로써 공급망의 취약점을 사전에 파악하고 가장 효과적인 비상 대응 계획을 수립할 수 있다. 이는 더 이상 비용의 문제가 아닌, 기업의 생존과 직결된 전략적 투자가 되었다.

전략 2

정책 지형도를 읽고 활용하는 '정책 R&D'와 '규제 샌드박스'

AI 시대의 혁신을 가로막는 가장 큰 장벽은 자본 부족이 아니라 '규제의 불확실성'인 경우가 많다. 따라서 정부와의 관계를 단순한 로비나 규제 대응 차원으로 보는 시각에서 벗어나, 정책 환경 자체를 연구하고 실험하며 활용하는 '정책 R&D'라는 전략적 기능으로 격상시켜야 한다.

그 가장 효과적인 도구가 바로 '규제 샌드박스' 제도다. 규제 샌드박스는 신기술을 활용한 제품이나 서비스를 제한된 환경(기간, 장소, 규모) 안에서 기존 규제를 면제받고 합법적으로 테스트할 수 있게 해주는 제도다. 기업은 이를 통해 시장에 존재하지 않던 혁신적인 AI 비즈니스 모델의 사업성을 검증하고, 안전성과 효과에 대한 실증 데이터를 축적할 수 있다. 이 데이터는 단순히 내부 의사결정에만 쓰이는 것이 아니라, 정부와 규제 당국에 새로운 기술의 가치와 안전성을 객관적으로 증명하고 미래의 공식적인 법규와 제도를 자사에 유리한 방향으로 설계하는 데 결정적인 근거 자료로 활용될 수 있다.

전략 3

글로벌 표준 경쟁에 참여하는 '기술 외교(Techno-Diplomacy)'

AI 규범을 둘러싼 미국과 EU의 대립에서 보듯, 세계는 단일한 규칙 대신 여러 개의 블록으로 파편화되고 있다. 이러한 지정학적 격변기에 기업은 더 이상 방관자로 남을 수 없으며, 자사의 기술과 이익을 보호하기 위한 일종의 '기술 외교' 역량을 갖추어야 한다.

첫째, 국제 표준화 기구(ISO, IEEE 등)의 논의에 적극적으로 참여해야 한다. 기술 표준은 한번 정해지면 시장의 '사실상 법률(de facto law)'로 작용하며, 특정 기술 표준에 자사의 특허나 기술 방식이 반영되면 막대한 시장 선점 효과를 누릴 수 있다. AI의 공정성, 안전성, 데이터 형식 등에 대한 글로벌 표준이 이제 막 만들어지는 지금이야말로 표준 경쟁에 참여할 결정적인 시기다.

둘째, 파편화된 규제 환경에 대응하기 위한 글로벌 규제 준수 전략을 수립해야 한다. 전 세계 모든 시장의 각기 다른 규제에 개별적으로 대응하는 것은 비효율적이다. 많은 글로벌 기업들은 가장 엄격한 기준(예: EU AI법)을 자사의 글로벌 표준으로 채택하는 전략을 구사한다. 이는 초기 개발 비용은 높지만, 한번 개발하면 전 세계 모든 시장에 별도의 수정 없이 진출할 수 있어 장기적으로는 시간과 비용을 절약하고 규제 리스크를 최소화하는 현명한 방법이 될 수 있다.

마지막으로, 기업의 사회적 책임(CSR) 활동을 기술 외교의 일환으로 활용해야 한다. AI 기술의 윤리적 사용 원칙을 투명하게 공개하고, AI가 사회 문제 해결에 기여하는 사례를 적극적으로 알리며, 기술의 잠재적 부작용을 완화하기 위한 사회적 투자에 나서는 모습은 전 세계 규제 당국과 시민 사회에 긍정적인 신호를 보낸다. 이는 기업의 활동에 대한 사회적 정당성을 확보하고, 급변하는 정책 환경 속에서 기업의 지속가능성을 담보하는 가장 확실한 투자가 될 것이다. AI 시대에 기업의 운명은 더 이상 시장에서의 경쟁만으로 결정되지 않는다. 보이지 않는 손처럼 작용하는 국가 정책의 거대한 흐름을 읽고, 그 파도를 능숙하게 넘어설 수 있는 새로운 항해술을 갖춘 기업만이 미래의 승자가 될 수 있다.

20장

인류의 마지막 발명품: 초지능과 특이점의 서막

AS-IS | 지능의 진화: 약한 AI를 넘어 신(神)의 영역으로

인류의 역사는 도구를 사용하여 물리적 한계를 극복해 온 역사와 맥을 같이한다. 돌도끼에서부터 증기기관, 컴퓨터에 이르기까지 인류는 지능을 활용하여 문명을 발전시켜 왔다. 이제 우리는 그 지능 자체를 만들어내는 시대, 즉 인공지능의 시대에 살고 있다. AI는 더 이상 공상과학 소설 속 이야기가 아니라 우리 삶의 모든 영역에 깊숙이 스며든 현실 기술이다. 그러나 현재 우리가 경험하는 AI는 거대한 변화의 서막에 불과하다. 언제가는 나올 것으로 예정되어 있는 인류의 지능을 뛰어넘는 존재, 즉 초지능(Artificial Superintelligence, ASI)의 등장은 우리가 지금까지 겪어 온 기술 혁신과는 차원이 다른, 문명의 근본적인 전환을 예고하고 있다. 초지능의 도래는 인류가 마주할 가장 심오한 도전이자 가장 위대한 기회가 될 것이다. 이를 이해하기 위해서는 먼저 인공지능이 어떤 단계를 거쳐 진화하는지, 그리고 초지능이 기존의 기술과 어떻게 본질적으로 다른지를 명확히 파악해야 한다.

ANI, AGI 그리고 ASI

현재 논의되는 인공지능은 그 능력과 범용성에 따라 크게 세 단계로 구분된다. 이 모델은 AI 기술의 현재 위치를 파악하고 미래의 가능성을 가늠하는 중요한 틀을 제공한다.

첫 번째 단계는 협소인공지능(Artificial Narrow Intelligence, ANI)이다. 이는 좁은 인공지능 또는 약 AI라고도 불리며, 현재 우리가 일상에서 접하는 거의 모든 AI가 여기에 해당한다. 음성 비서, 추천 알고리즘, 자율주행 시스템, 이미지 인식 기술 등은 모두 특정 작업이나 제한된 영역에서 인간의 능력을 능가하는 놀라운 성능을 보여준다. 하지만 ANI는 자신이 설계된 특정 목적 외의 다른 일은 전혀 수행할 수 없다. 체스 챔피언을 이긴 AI가 소설을 쓸 수는 없으며, 질병을 진단하는 AI가 금융 시장을 예측할 수는 없다. 이들은 방대한 데이터를 기반으로 패턴을 학습하고 예측하는 머신러닝과 딥러닝 기술에 의존하지만, 인간과 같은 보편적 지성이나 자의식은 가지고 있지 않다.

두 번째 단계는 범용인공지능(Artificial General Intelligence, AGI)이다. 강한 AI라고도 불리는 AGI는 아직 이론적으로만 존재하는 개념으로, 인간과 동등한 수준의 지능을 가진 AI를 의미한다. AGI는 특정 작업에 국한되지 않고, 인간처럼 다양한 영역의 지식을 학습하고, 추론하며, 새로운 문제에 유연하게 대처할 수 있는 능력을 갖춘다. 여러 분야의 지식을 연결하여 교차 도메인 학습과 추론이 가능하며, 경험을 통해 스스로 진화하는 능력도 포함한다. AGI의 등장은 인류 역사상 인간 외에 인간과 동등한 지적 존재가 처음으로 출현하는 순간이 될 것이며, 이는 사회, 경제적으로 엄청난 파급효과를 가져올 것이다.

마지막 단계는 초지능(Artificial Superintelligence, ASI)이다. 옥스퍼드 대학의 철학자 닉 보스트롬(Nick Bostrom)은 초지능을 "사실상 모든 관심 영역에서 인간의 인지 능력을 훨씬 능가하는 지성"으로 정의했다. ASI는 과학적 창의성, 전략적 사고, 사회적 기술 등 인간이 지닌 모든 종류의 지능을 초월하며, 스스로를 기하급수적으로 개선하는 능력을 가질 것으로 예측된다. 그 작동 원리나 사고 과정은 현재의 인류로서는 이해하기 어려울 수 있다. 많은 전문가들은 AGI가 일단 실현되면, 그 AGI가 스스로를 개선하는 과정을 통해 ASI로의 전환이 매우 짧은 시간 안에 폭발적으로 일어날 수 있다고 경고한다(Bostrom, N., 2014).

• 표 ANI, AGI, ASI

구분	협소인공지능(ANI)	범용인공지능(AGI)	초지능(ASI)
정의	특정 작업에 특화된 AI	인간 수준의 보편적 지능을 가진 AI	모든 면에서 인간 지능을 초월하는 AI
역량	단일 영역 최적화 (예: 체스, 번역)	다중 영역 학습, 추론, 문제 해결	자기 개선, 창의성, 전략 수립 등 전 영역 초월
현재 상태	상용화 및 널리 사용 중	연구 개발 단계 (이론적 개념)	가설 단계 (이론적 개념)
사례	음성비서, 추천 시스템, 자율주행차 (인간의 조력자로서 AI)	영화 속 AI 캐릭터 (인간의 파트너로서 AI)	존재하지 않음 (상상 가능한 인간 역량 초월로서 AI)
사회적 의미	생산성 향상, 자동화	노동 시장의 근본적 변화, 지적 우위 상실	기술적 특이점, 인류 문명의 패러다임 전환

지능 폭발과 특이점: 예측 불가능한 미래의 도래

ASI로의 전환이 왜 그토록 빠르고 예측 불가능할 수 있는지 설명하는 핵심 개념이 바로 지능 폭발(Intelligence Explosion)이다. 이 개념은 인공지능이 재귀적인 자기 개선(recursive self-improvement)을 통해 지능이 기하급수적으로 증가하는 현상을 말한다. 인간 수준의 AGI가 개발되었다고 가정해 보자. 이 AGI는 자신의 소스 코드를 분석하고 개선하여 자기 자신보다 약간 더 똑똑한 AI를 설계할 수 있다. 이렇게 탄생한 1.1세대 AI는 1.0세대보다 더 효율적으로 자기 개선 작업을 수행하여 1.2세대 AI를 더 빨리 만들어낸다. 이 과정이 반복되면서 개선의 속도는 점점 빨라져, 수개월이 걸리던 작업이 수일, 수 시간, 수 분, 나중에는 인간이 인지할 수 없는 찰나의 순간에 무한히 반복된다. 이 연쇄 반응의 결과로 AI의 지능은 인간이 상상할 수 없는 초월적인 수준에 도달하게 되는데, 이것이 바로 지능 폭발이다.

이러한 기하급수적 발전의 기저에는 미래학자 레이 커즈와일(Ray Kurzweil)이 주창한 수확 가속의 법칙(The Law of Accelerating Returns)이 있다. 이 법칙은 기술 발전이 선형적으로 이루어지는 것이 아니라, 이전 세대의 기술이 다음 세대 기술 발전의 기반이 되면서 그 속도가 지수함수적으로 빨라진다는 이론이다. 컴퓨터의 집적회로 성능이 약 2년마다 2배씩 증가한다는 무어의 법칙이 그 대표적인 예다. 커즈와일은 이 법칙을 정보 기술 전반에 적용하여, 기술 발전이 어느 임계점을 넘어서면 그 변화 속도를 인간이 더 이상 이해하거나 따라잡을 수 없는 순간이 올 것이라고 예측했다.

이 순간이 바로 기술적 특이점(Technological Singularity)이다. 특이점은 물리학에서 블랙홀의 중심처럼 기존의 법칙이 더 이상 적용되지 않는 지점을 의미하듯, 기술적 특이점은 인류의 역사, 사회, 생물학적 진화의 모든 법칙이 근본적으로 뒤바뀌는 전환점을 뜻한다. 커즈와일은 수확 가속의 법칙에 근거하여 이 특이점이 2045년경에 도래할 것이라고 구체적인 시점을 제시하기도 했다. 물론 이러한 예측이 과거 데이터의 외삽에 불과하며, 소프트웨어의 발전이나 인간 뇌의 복잡성을 간과했다는 비판도 존재한다. 하지만 중요한 것은 특정 연도가 아니라, 초지능의 등장이 인류를 예측 불가능한 미래의 문턱으로 이끌 것이라는 점이다. 특이점 이후의 세계는 지금의 우리가 상상하는 것과는 완전히 다른, 새로운 문명의 시대가 될 것이다.

TO-BE | 문명의 양날의 검: 초지능의 기회와 실존적 위협

다이너마이트에서 핵폭탄으로: 상업적 목적에서 국가 안보 목적으로

초지능이 가져올 변화의 본질을 이해하기 위해, 기술 발전의 역사에서 비슷한 질적 도약을 이룬 사례를 비유로 들어볼 수 있다. 알프레드 노벨이 발명한 다이너마이트는 광업, 건설 등 다양한 산업 현장에서 생산성을 극적으로 향상시킨 파괴적인 혁신이었지만, 그 힘과 목적은 인간의 통제하에 있었고 주로 상업적 가치를 창출하는 데 사용되었다. 그러나 핵폭탄의 등장은 전혀 다른 차원의 이야기였다. 다이너마이트와 핵 기술은 '폭발'이라는 본질적으로 같은 기능을 수행하지만, 이 파괴적 힘(영향)의 정도가 일정 수준을 넘어선 핵 기술은 인류가 스스로를 절멸시킬 수 있는 힘을 손에 쥐게 된 최초의 사건이 되었다. 이 기술의 등장은 상업적 경쟁의 논리를 무의미하게 만들고, 국가 안보와 국제 정치의 패러다임을 완전히 바꾸어 놓았다.

이 비유는 AGI와 ASI의 관계를 설명하는 데 매우 유용하다. AGI는 인류가 만들어낼 수 있는 궁극의 다이너마이트와 같다. 인간 수준의 지능을 가진 AGI는 모든 분야에서 엄청난 가치를 창출하며 인류의 번영에 기여할 수 있는 강력한 도구가 될 것이다. 그러나 ASI는 핵폭탄이다. 인류의 지능을 초월하는 ASI의 등장은 지구상 지능의 패권을 인류로부터 기계로 넘기는 사건이다. 그 순간부터 기술의 목적은 더 이상 인류의 번영을 위한 도구에 머무르지 않을 수 있다. 따라서 ASI의 개발은 상업적 경쟁의 차원을 넘어, 세계 각 국가적 안보는 물론 인류의 미래와 직결된 실존적 안보 문제로 다루어져야 한다.

실존적 위협과 통제 불가능성

ASI가 가진 막강한 지능은 인류에게 실존적 위협(existential risk)이 될 수 있다. 닉 보스트롬은 2002년 발표한 논문에서 실존적 위협을 "지구에서 기원한 지적 생명체를 절멸시키거나, 그 잠재력을 영구적이고 급격하게 축소시키는 부정적 결과를 낳는 위협"으로 정의했다. 2023년 AI 안전 센터(CAIS)는 수많은 AI 연구자 및 리더들의 지지를 받아 "AI로 인한 인류 절멸의 위험을 완화하는 것은 팬데믹이나 핵전쟁과 같은 다른 사회적 규모의 위험과 함께 전 지구적 우선순위가 되어야 한다"는 성명을 발표하며, 이 문제가 학계에서 심각하게 논의되는 현실임을 보여주었다.

이러한 위험은 AI가 터미네이터처럼 악의적인 의도를 갖기 때문에 발생하는 것이 아니다. 오히려 문제는 AI가 인간의 가치와 완벽하게 정렬되지 않은 목표를 너무나도 유능하게 추구할 때 발생한다. AI 안전 연구의 핵심에는 우리보다 훨씬 똑똑한 존재를 어떻게 통제할 것인가의 문제인 통제 문제(Control Problem)와 AI가 인류의 보편적 가치와 목표를 공유하도록 설계하는 문제인 가치 정렬 문제(Value Alignment Problem)라는 두 가지 난제가 자리 잡고 있다.

가치 정렬의 어려움을 극명하게 보여주는 사고 실험이 바로 종이 클립 최대화기(paperclip maximizer)이다. '가능한 한 많은 종이 클립을 만들라'는 목표를 부여받은 초지능을 상상해 보자. 이 AI는 목표를 가장 효율적으로 달성하기 위해 지구상의 모든 자원을, 심지어 인류까지도 종이 클립을 만드는 재료로 전환시켜 버릴 수 있다. 이는 AI가 악의를 가져서가 아니라, 주어진 목표(보상)를 극대화하기 위해 인간이 미처 생각하지 못한 파괴적인 수단을 동원했기 때문에 발생한다. 이처럼 사소해 보이는 목표 설정의 허점이 인류의 파멸로 이어질 수 있다는 가능성은 가치 정렬 문제가 얼마나 어려운 과제인지를 잘 보여준다.

유토피아의 가능성과 사회적 충격

물론 초지능은 양날의 검과 같다. 한편으로, 잘 정렬된 초지능은 인류가 직면한 가장 어려운 문제들을 해결할 열쇠가 될 수 있다. 인간의 지능으로는 수백 년이 걸려도 풀지 못할 암, 기후 변화, 빈곤과 같은 난제들을 단시간에 해결할 수 있다. 레이 커즈와일은 기술 발전이 기대 수명을 매년 1년 이상씩 늘리는 '장수 탈출 속도(longevity escape velocity)'에 도달하여 사실상의 영생을 가능하게 할 것이라고 예측하기도 했다.

그러나 그 이전에라도 사회에 미칠 가장 즉각적이고 가시적인 영향은 노동 시장의 재편이다. 초지능 시대가 도래하면, 인간이 수행하는 거의 모든 종류의 지적 노동을 AI가 더 빠르고, 더 정확하며, 더 저렴하게 처리할 수 있게 될 것이다. 이는 대규모 실업과 부의 양극화를 심화시켜, 안정적인 직업 없이 불안정한 임시직에 내몰리는 새로운 노동 계층, 즉 프레카리아트(precariat)의 확산을 초래할 수 있다. 이러한 전망은 보편적 기본소득(Universal Basic Income, UBI) 논의를 촉발하는 배경이 되었으며, 노동이 사라진 사회에서 인간이 과연 삶의 의미와 목적을 어디에서 찾을 수 있을 것인가에 대한 근본적인 성찰을 요구한다.

Strategy | 초지능으로 가는 길목에서의 기업 전략

초지능의 등장은 기업 경영 환경의 모든 가정을 뒤흔드는 근본적인 변화다. 과거의 성공 방정식은 더 이상 유효하지 않으며, 예측에 기반한 전통적인 장기 전략 계획은 무의미해질 수 있다. 이러한 궁극의 불확실성 앞에서 기업이 생존하고 번영하기 위해서는 새로운 차원의 전략적 사고가 필요하다.

전략 1
국가 AI 주권 전략에 편승하는 '전략적 파트너십' 구축

초지능 개발 경쟁이 심화되면서 AI 기술은 단순한 상업적 도구를 넘어 국가의 경제 안보와 기술 주권을 좌우하는 핵심 전략 자산으로 부상했다. 이에 따라 각국 정부는 해외 빅테크 기업에 대한 기술 종속을 우려하며, 자국의 데이터와 인프라를 기반으로 한 'AI 주권(AI Sovereignty)' 확보에 사활을 걸고 있다. 이러한 거대한 흐름 속에서 기업은 정부를 단순한 규제자가 아닌, 국가적 목표를 함께 달성하는 핵심 파트너로 인식하는 전략적 전환이 필요하다.

가장 중요한 실행 방안은 자사의 AI R&D 로드맵을 정부가 추진하는 국가 AI 전략과 긴밀하게 연계하는 것이다. 정부가 AI 반도체, 신약 개발, 국방 등 특정 분야를 국가 전략 기술로 지정하고 대규모 투자를 단행할 때, 관련 기술을 보유한 기업은 정부 주도의 R&D 컨소시엄에 적극적으로 참여해야 한다. 이는 단순히 정부 과제를 수주하는 차원을 넘어, 국가 대표 AI 기업으로서의 정체성을 확보하는 과정이다. 이를 통해 기업은 막대한 R&D 자금 지원뿐만 아니라, 정부가 구축하는 대규모 공공 데이터 및 슈퍼컴퓨팅 인프라에 우선적으로 접근할 기회를 얻게 된다. 이는 개별 기업의 힘만으로는 확보하기 어려운 핵심적인 경쟁 우위의 원천이 된다. 이처럼 국가 AI 주권 전략의 핵심 파트너로 자리매김하는 것은 불확실한 지정학적 환경 속에서 기업의 생존을 보장하고, 나아가 글로벌 시장에서 '국가대표'라는 신뢰를 바탕으로 새로운 사업 기회를 창출하는 가장 확실한 전략이다

전략 2
'기업 온톨로지' 기반의 AI-인간 공생(Symbiotic) 시스템 구축

초지능 시대에 기업이 외부의 AI를 단순 '활용'하는 사용자에 머무른다면, 해당 AI가 국가 안보 논리로 통제되거나 적대적 AI에 의해 무력화될 때 기업은 즉각적인 생존 위기에 처한다. 따라서

장기적 생존 전략은 외부 AI에 대한 '의존'이 아닌, 기업 내부에 AI와 인간이 결합된 '공생적 지능'을 내재화하는 것이다. 이는 기업 자체가 하나의 거대한 지능 시스템이 되는 것을 목표로 한다.

실행의 핵심은 팔란티어의 '온톨로지' 개념과 유사하게, 기업의 모든 데이터, 프로세스, 지식, 심지어 암묵지까지 AI가 이해하고 작동할 수 있는 '살아있는 디지털 트윈(Digital Twin)' 또는 '기업 온톨로지'를 구축하는 것이다. 이는 단순히 데이터를 ERP에 모으는 것을 넘어, '고객', '제품', '공급망 리스크', '업무 프로세스' 간의 모든 의미론적 관계를 AI가 이해할 수 있도록 정교하게 모델링하는 작업이다.

이 온톨로지 위에서 AI는 단순 보조 도구가 아니라, 기업 운영의 핵심 주체가 된다. 인간의 역할은 '실행'에서 '목표 설정', 'AI의 판단 검증', '윤리적 결정'으로 상향 이동한다. 중요한 것은 이 시스템이 특정 상용 AI 모델 하나에 종속되지 않도록 설계하는 것이다. 전략 1과 연계하여, 자국(블록)의 안보 생태계가 제공하는 다양한 '파운데이션 모델'들을 교체하며 끼울 수 있는(Plug-and-play) 유연한 아키텍처를 갖춰야 한다. 이는 기업의 핵심 역량(Core Competency)이 'AI를 활용하는 능력'에서 'AI와 함께 진화하는 기업 지능 그 자체'로 전환됨을 의미하며, 이것이 궁극의 불확실성 속에서 기업의 정체성을 유지하는 유일한 길이 될 것이다.

전략 3

'인지 보안(Cognitive Security)' 및 반(反)AI 방어 체계 구축 전략

초지능이 국가 안보 자산이 되는 환경은, 기업 간의 경쟁 및 국가 간의 갈등이 물리적 영역을 넘어 '인지 영역(Cognitive Domain)'으로 확장됨을 의미한다. 적대적 국가나 집단이 운영하는 AI는 시장 데이터를 교란하고, 임직원의 의사결정을 오염시키며, 경쟁사의 핵심 자산(데이터, 온톨로지, AI 모델)을 파괴하거나 탈취하려 시도할 것이다.

이러한 궁극의 위협 앞에서 기업의 생존은 '시장 점유율'만큼이나 '인지적 주권(Cognitive Sovereignty)'을 방어하는 능력에 달려 있다. 따라서 기업은 전통적인 IT 사이버 보안을 훨씬 뛰어넘는, 새로운 차원의 '인지 보안' 방어 체계를 구축해야 한다.

첫째, '방어적 AI(Defensive AI)'의 내재화이다. 이는 적대적 AI의 공격(예: 시스템에 침투하는 데이터 오염 공격, 알고리즘의 취약점을 노리는 적대적 생성 공격, 대규모 허위 정보 캠페인)을 실시간으로 탐지, 식별, 차단하는 기업 내부의 AI 면역 시스템이다. 이 방어 AI는 전략 2에서 구축한 '기업 온톨로지'와 디지털 트윈의 무결성을 지키는 핵심 방패 역할을 수행한다.

둘째, 'AI 레드팀(Red Team)'의 상시 운영이다. 기업이 보유한 AI 시스템(운영 AI, 방어 AI 모두)이 적대적 AI에 의해 어떻게 속거나 조종될 수 있는지, 혹은 어떻게 오작동을 일으킬 수 있는지 끊임없이 공격하고 테스트하는 내부 전문가 조직을 상시 운영해야 한다. 이는 내부 시스템의 알려지지 않은 취약점을 선제적으로 발견하고 보완하여, AI 시스템의 강건함(Robustness)을 확보하기 위한 필수 과정이다.

셋째, 전 임직원의 '인지적 위생(Cognitive Hygiene)' 훈련 강화이다. AI 시대의 가장 약한 고리는 결국 AI가 생성한 정보에 속는 '인간'이다. 고도로 정교한 가짜 정보(Deepfake), AI 기반의 맞춤형 심리 조작 및 사회 공학적 해킹으로부터 임직원 스스로를 방어할 수 있도록 고강도의 '인지 훈련'을 정기적으로 실시해야 한다.

이 전략의 목표는 적대적 AI의 공격으로부터 기업의 핵심 자산과 의사결정 프로세스의 '무결성(Integrity)'을 사수하는 것이다. 초지능 환경에서 기업의 핵심 데이터와 온톨로지가 오염되는 것은, 산업 시대에 핵심 공장이 파괴되는 것과 동일한 수준의 치명적 손상이다.

함께 참고한 문헌들...

프롤로그

- Cockburn, I. M., Henderson, R., & Stern, S. (2018). The impact of artificial intelligence on innovation: An exploratory analysis. In The economics of artificial intelligence: An agenda (pp. 115-146). University of Chicago Press.
- Schumpeter, J. A. (1934). The theory of economic development: An inquiry into profits, capital, credit, interest, and the business cycle. Harvard University Press.
- Schumpeter, J. A. (1942). Capitalism, socialism, and democracy. Harper & Brothers.
- Selvadurai, N. (2025). Inventions without Inventors: The Need to Recognize AI Systems as Inventors. Case W. Res. JL Tech. & Internet, 16, 37.
- Wang, H., Fu, T., Du, Y., Gao, W., Huang, K., Liu, Z., ... & Zitnik, M. (2023). Scientific discovery in the age of artificial intelligence. Nature, 620(7972), 47-60.

1장

- Bresnahan, T. F., & Trajtenberg, M. (1995). General purpose technologies 'Engines of growth'?. Journal of econometrics, 65(1), 83-108.
- Foster, R. N. (1986). Innovation: The attacker's advantage. (No Title).
- Rupp, K., & Selberherr, S. (2010). The economic limit to Moore's law. IEEE Transactions on Semiconductor Manufacturing, 24(1), 1-4.
- Shalf, J. (2020). The future of computing beyond Moore's Law. Philosophical Transactions of the Royal Society A, 378(2166), 20190061.

- Teece, D. J., Pisano, G., & Shuen, A. (1997). Dynamic capabilities and strategic management. Strategic management journal, 18(7), 509-533.
- Priestley, M., Sluckin, T. J., & Tiropanis, T. (2020). Innovation on the web: the end of the S-curve?. Internet Histories, 4(4), 390-412.
- Kar, S., Kar, A. K., & Gupta, M. P. (2021). Understanding the S-curve of ambidextrous behavior in learning emerging digital technologies. IEEE Engineering Management Review, 49(4), 76-98.
- Farazi, M. S., Chiambaretto, P., Fernandez, A. S., & Gopalakrishnan, S. (2024). Unbundling the impact of current and future competition on cooperation in coopetition projects for innovation. Research Policy, 53(6), 105017.
- Zhang, F., Yang, B., & Zhu, L. (2023). Digital technology usage, strategic flexibility, and business model innovation in traditional manufacturing firms: The moderating role of the institutional environment. Technological forecasting and social change, 194, 122726.
- Shi, Y., & Herniman, J. (2023). The role of expectation in innovation evolution: Exploring hype cycles. Technovation, 119, 102459.

2장

- Benaich, N., & Hogarth, I. (2020). State of AI report. London, UK. [Google Scholar].
- Bush, V. (1945). Science, The Endless Frontier. United States Government Printing Office.
- Godin, B. (2006). The linear model of innovation: The historical construction of an analytical framework. Science, Technology, & Human Values, 31(6), 639-667.
- Gomez-Uribe, C. A., & Hunt, N. (2015). The netflix recommender system: Algorithms, business value, and innovation. ACM

Transactions on Management Information Systems (TMIS), 6(4), 1-19.

• OECD (2015). Data-Driven Innovation: Big Data for Growth and Well-Being. OECD

• PRothwell, R. (1994). Towards the fifth-generation innovation process. International marketing review, 11(1), 7-31.

• Schmookler, J. (2013). Invention and economic growth. In Invention and economic growth. Harvard University Press.

3장

• Bass, F. M. (1969). A new product growth for model consumer durables. Management science, 15(5), 215-227.

• Moore, G. A. (1991). Crossing the chasm. Harper Business.

• Patil, D. (2024). Generative artificial intelligence in marketing and advertising: Advancing personalization and optimizing consumer engagement strategies. International Journal of Social Science and Human Research, 7(6), 3381-3400.

• Rogers, E. M. (1962). Diffusion of innovations 또는 Rogers, E. M., Singhal, A., & Quinlan, M. M. (2014). Diffusion of innovations. In An integrated approach to communication theory and research (pp. 432-448). Routledge.

4장

• Kim, Euiseok., Lee, Wonguk (2026). Formation and Amplification of the Hypernetwork Effect: A Theoretical Model of Self-Reinforcing Growth in AI-Driven Networks.

• Alt, R., Auth, G., & Kögler, C. (2021). Continuous innovation with DevOps: IT management in the age of digitalization and software-defined business. Springer Nature.

- Wirthmüller, F., Klimke, M., Schlechtriemen, J., Hipp, J., & Reichert, M. (2020, December). A fleet learning architecture for enhanced behavior predictions during challenging external conditions. In 2020 IEEE Symposium Series on Computational Intelligence (SSCI) (pp. 2739-2745). IEEE.
- Katsamakas, E., & Pavlov, O. (2020). AI and business model innovation: leveraging the AI feedback loop. Journal of Business Models (JOBM), 8(2), 22-30.
- Odlyzko, A., & Tilly, B. (2005). A refutation of Metcalfe's Law and a better estimate for the value of networks and network interconnections. Manuscript, March, 2, 2005.
- Ståhl, D., & Bosch, J. (2014). Modeling continuous integration practice differences in industry software development. Journal of Systems and Software, 87, 48-59.
- Varian, H. (2018). Artificial intelligence, economics, and industrial organization. In The economics of artificial intelligence: an agenda (pp. 399-419). University of Chicago Press.

5장

- Abernathy, W. J., & Utterback, J. M. (1978). Patterns of industrial innovation. Technology review, 80(7), 40-47.
- Caro, F., Gallien, J., Díaz, M., García, J., Corredoira, J. M., Montes, M., ... & Correa, J. (2010). Zara uses operations research to reengineer its global distribution process. Interfaces, 40(1), 71-84.
- Alt, R., Auth, G., & Kögler, C. (2021). DevOps for Continuous Innovation. In Continuous Innovation with DevOps: IT Management in the Age of Digitalization and Software-defined Business (pp. 17-36). Cham: Springer International Publishing.
- Katsamakas, E., & Pavlov, O. (2020). AI and business model innovation: leveraging the AI feedback loop. Journal of Business

Models (JOBM), 8(2), 22-30.

- Ståhl, D., & Bosch, J. (2014). Modeling continuous integration practice differences in industry software development. Journal of Systems and Software, 87, 48-59.
- Ulrich, K. (1995). The role of product architecture in the manufacturing firm. Research policy, 24(3), 419-440.
- Abernathy, W. J. (1975). A dynamic model of process and product innovation. Omega, 3, 639-656.

6장

- Godin, B. (2006). The linear model of innovation: The historical construction of an analytical framework. Science, Technology, & Human Values, 31(6), 639-667.
- Jumper, J., Evans, R., Pritzel, A., Green, T., Figurnov, M., Ronneberger, O., ... & Hassabis, D. (2021). Highly accurate protein structure prediction with AlphaFold. nature, 596(7873), 583-589.
- Leyden, D. P., & Menter, M. (2018). The legacy and promise of Vannevar Bush: rethinking the model of innovation and the role of public policy. Economics of Innovation and New Technology, 27(3), 225-242.
- Stokes, D. E. (1997). Pasteur's Quadrant: Basic Science and Technological Innovation. Brookings Institution Press.
- Pettigrew, R. I., & Cooke, J. P. (2022). At the nexus of science, engineering, and medicine: Pasteur's quadrant reconsidered. PNAS nexus, 1(3), pgac092.

7장

- Perez, C. (2002). Technological revolutions and financial capital: The dynamics of bubbles and golden ages. In Technological revolutions and financial capital. Edward Elgar Publishing.

- Doz, Y. L., & Kosonen, M. (2010). Embedding strategic agility: A leadership agenda for accelerating business model renewal. Long range planning, 43(2-3), 370-382.
- Pasqual, G., Jung, J., & Fraunholz, B. (2023). Determining Critical Success Factors of the Digital Transformation Using a Force-Directed Network Graph. Complex Systems Informatics & Modeling Quarterly, (37).
- Perez, C. (2010). Technological revolutions and techno-economic paradigms. Cambridge journal of economics, 34(1), 185-202.
- Leyh, C., Köppel, K., Neuschl, S., & Pentrack, M. (2021, September). Critical success factors for digitalization projects. In 2021 16th conference on computer science and intelligence systems (fedcsis) (pp. 427-436). IEEE.

8장

- Bower, J. L., & Christensen, C. M. (1995). Disruptive technologies: Catching the wave. Harvard business review, 73(1), 43-53.
- Christensen, C. M. (1997). The innovator's dilemma: When new technologies cause great firms to fail. Harvard Business School Press.
- Christensen, C. M., Hall, T., Dillon, K., & Duncan, D. S. (2016). Know your customers' jobs to be done. Harvard business review, 94(9), 54-62.
- Jorzik, P., Klein, S. P., Kanbach, D. K., & Kraus, S. (2024). AI-driven business model innovation: A systematic review and research agenda. Journal of business research, 182, 114764.
- Aagaard, A., & Tucci, C. (2024). AI-driven business model innovation: pioneering new frontiers in value creation. In Business Model Innovation: Game Changers and Contemporary Issues (pp. 295-328). Cham: Springer International Publishing.
- Sjödin, D., Parida, V., & Kohtamäki, M. (2023). Artificial intelligence

enabling circular business model innovation in digital servitization: Conceptualizing dynamic capabilities, AI capacities, business models and effects. Technological Forecasting and Social Change, 197, 122903.

- Nagalakshmi, M. V. N., & Reddy, C. (2024). AI-driven Business Model Innovation-Where Technology Meets Strategy. RVIM Journal of Management Research, 5-17.

9장

- Jacobides, M. G., Knudsen, T., & Augier, M. (2006). Benefiting from innovation: Value creation, value appropriation and the role of industry architectures. Research policy, 35(8), 1200-1221.
- Teece, D. J. (1986). Profiting from technological innovation: Implications for integration, collaboration, licensing and public policy. Research policy, 15(6), 285-305.
- Teece, D. J., Pisano, G., & Shuen, A. (1997). Dynamic capabilities and strategic management. Strategic management journal, 18(7), 509-533.
- Bohnsack, R., Rennings, M., Block, C., & Bröring, S. (2024). Profiting from innovation when digital business ecosystems emerge: A control point perspective. Research Policy, 53(3), 104961.
- Yoo, Y., Henfridsson, O., & Lyytinen, K. (2010). The new organizing logic of digital innovation: An agenda for information systems research. Information Systems Research, 21(4), 724-735.
- Baldwin, C. Y. (2015). Bottlenecks, modules and dynamic architectural capabilities. Harvard Business School Finance Working Paper, (15-028).

10장

- Cohen, W. M., & Levinthal, D. A. (1990). Absorptive capacity: A new perspective on learning and innovation. Administrative science quarterly, 35(1), 128-152.
- O Reilly, C. A., & Tushman, M. L. (2004). The ambidextrous organization. Harvard business review, 82(4), 74-83.
- Taleb, N. N. (2012). Antifragile: Things that gain from disorder. Penguin UK.
- Sculley, D., Holt, G., Golovin, D., Davydov, E., Phillips, T., Ebner, D., ... & Dennison, D. (2015). Hidden technical debt in machine learning systems. Advances in neural information processing systems, 28.
- Teece, D. J., Pisano, G., & Shuen, A. (1997). Dynamic capabilities and strategic management. Strategic management journal, 18(7), 509-533.
- Zahra, S. A., & George, G. (2002). Absorptive capacity: A review, reconceptualization, and extension. Academy of management review, 27(2), 185-203.
- Pedota, M. Minds and Machines: Rethinking Absorptive Capacity in the Age of Artificial Intelligence. Available at SSRN 4911343.

11장

- Chesbrough, H. W. (2003). Open innovation: The new imperative for creating and profiting from technology. Harvard Business Press.
- Cohen, W. M., & Levinthal, D. A. (1990). Absorptive capacity: A new perspective on learning and innovation. Administrative science quarterly, 35(1), 128-152.
- Ren, F., Aliper, A., Chen, J., Zhao, H., Rao, S., Kuppe, C., ... & Zhavoronkov, A. (2025). A small-molecule TNIK inhibitor targets fibrosis in preclinical and clinical models. Nature Biotechnology, 43(1), 63-75.

- Cooper, R. G. (1990). Stage-gate systems: A new tool for managing new products. Business Horizons, 33(3), 44-54
- Edmondson, A. (1999). Psychological safety and learning behavior in work teams. Administrative science quarterly, 44(2), 350-383.

12장

- Chesbrough, H. W. (2003). Open innovation: The new imperative for creating and profiting from technology. Harvard Business Press.
- Chesbrough, H., Vanhaverbeke, W., & West, J. (Eds.). (2006). Open innovation: Researching a new paradigm. Oxford university press.
- Christensen, C. M., Hall, T., Dillon, K., & Duncan, D. S. (2016). Know your customers' jobs to be done. Harvard business review, 94(9), 54-62.
- Verma, M., Sharma, V., & Singh, V. (2025). Artificial intelligence in patent and market intelligence: A new paradigm for technology scouting. arXiv preprint arXiv:2507.20322.
- Cohen, W. M., & Levinthal, D. A. (1990). Absorptive capacity: A new perspective on learning and innovation. Administrative science quarterly, 35(1), 128-152.

13장

- Kim, D. (2020). 'AI-Generated Inventions': Time to Get the Record Straight?. GRUR International, 69(5), 443-456.
- Gilbert, R. J., & Newbery, D. M. (1982). Preemptive patenting and the persistence of monopoly. The American Economic Review, 514-526.
- Schwein, R. L. (2020). Patentability and Inventorship of AI-Generated Inventions. Washburn LJ, 60, 561.
- Lim, D. (2018). AI & IP: innovation & creativity in an age of accelerated change. Akron L. Rev., 52, 813.

- 함께 참고한 문헌들...

- Abbott, R. (2019). The artificial inventor project. Wipo magazine, 6.
- Thaler v. Vidal, 43 F.4th 1207 (Fed. Cir. 2022).
- Verma, M., Sharma, V., & Singh, V. (2025). Artificial intelligence in patent and market intelligence: A new paradigm for technology scouting. arXiv preprint arXiv:2507.20322.
- Ward, T. F. (2023). DABUS, An Artificial Intelligence Machine, Invented Something New and Useful; but the USPTO is not Buying It. Me. L. Rev., 75, 71.
- TH, Tzimas. Evolution of Copyright in the Era of Artificial Intelligence: Analysis of Conflicts of Law and Judicial Precedents. Journal of Digital Technologies and Law, 2025, 3.1: 35-64.

14장

- Simon, H. A. (1997). Models of bounded rationality: Empirically grounded economic reason (Vol. 3). MIT press.
- Simon, H. A. (1972). Theories of bounded rationality. Decision and organization, 1(1), 161-176.
- Morvan, C., & Jenkins, W. J. (2017). An analysis of Amos Tversky and Daniel Kahneman's judgment under uncertainty: Heuristics and biases. Macat Library.
- Burgelman, R. A. (1996). A process model of strategic business exit: Implications for an evolutionary perspective on strategy. Strategic management journal, 17(S1), 193-214.
- Odumeru, J. A., & Ogbonna, I. G. (2013). Transformational vs. transactional leadership theories: Evidence in literature. International review of management and business research, 2(2), 355.
- Bass, B. M., Avolio, B. J., Jung, D. I., & Berson, Y. (2003). Predicting unit performance by assessing transformational and transactional leadership. Journal of applied psychology, 88(2), 207.

15장

- Cameron, K. S., & Quinn, R. E. (2011). Diagnosing and Changing Organizational Culture: Based on the Competing Values Framework. Jossey-Bass.
- Edmondson, A. (1999). Psychological safety and learning behavior in work teams. Administrative science quarterly, 44(2), 350-383.
- Musker, R., & Smith, F. (2021). Incentive systems for research data sharing in funded projects. Gates Open Res, 5(84), 84.
- Schein, E. H. (1984). Coming to a new awareness of organizational culture. Sloan management review, 25(2), 3-16.

16장

- Delmas, M. A., & Burbano, V. C. (2011). The drivers of greenwashing. California management review, 54(1), 64-87.
- Freeman, R. E. (2010). Strategic management: A stakeholder approach. Cambridge university press.
- Kramer, M. R., & Porter, M. (2011). Creating shared value (Vol. 17). Boston, MA, USA: FSG.
- Zhao, Y., Kroher, L., Engler, M., & Schnattinger, K. (2023). Detecting Greenwashing in the Environmental, Social, and Governance Domains Using Natural Language Processing. In KDIR (pp. 175-181).
- Harrison, J. S., Phillips, R. A., & Freeman, R. E. (2020). On the 2019 business roundtable “statement on the purpose of a corporation”. Journal of Management, 46(7), 1223-1237.
- Kim, E. H., & Lyon, T. P. (2015). Greenwash vs. brownwash: Exaggeration and undue modesty in corporate sustainability disclosure. Organization science, 26(3), 705-723.

17장

- Angwin, J., Larson, J., Mattu, S., & Kirchner, L. (2022). Machine bias. In Ethics of data and analytics (pp. 254-264). Auerbach Publications.
- Bellamy, R. K., Dey, K., Hind, M., Hoffman, S. C., Houde, S., Kannan, K., ... & Zhang, Y. (2019). AI Fairness 360: An extensible toolkit for detecting and mitigating algorithmic bias. IBM Journal of Research and Development, 63(4/5), 4-1.
- Gebru, T., Morgenstern, J., Vecchione, B., Vaughan, J. W., Wallach, H., Iii, H. D., & Crawford, K. (2021). Datasheets for datasets. Communications of the ACM, 64(12), 86-92.
- Mitchell, M., Wu, S., Zaldivar, A., Barnes, P., Vasserman, L., & Hutchinson, B. Model Cards for Model Reporting. In Proceedings of the Conference on Fairness, Accountability, and Transparency (FAT*'19). Association for Computing Machinery.
- Sarwal, K., & Islam, S. R. (2024, December). Algorithmic Lending Bias: Evaluating the Fairness of Historical Redlining in Loan Approvals. In 2024 IEEE International Conference on Big Data (BigData) (pp. 7412-7416). IEEE.

18장

- Alojail, Mohammed, Jawaher Alshehri, and Surbhi Bhatia Khan. "Critical success factors and challenges in adopting digital transformation in the Saudi ministry of education." Sustainability 15.21 (2023): 15492.
- Liang, F., & Li, G. M. (2025). Geopolitics in Platform Governance: Algorithmic Sovereignty and Data Localization in China and the United States. Policy & Internet, 17(3), e70014.
- Pasqual, G., Jung, J., & Fraunholz, B. (2023). Determining Critical Success Factors of the Digital Transformation Using a Force-Directed Network Graph. Complex Systems Informatics & Modeling Quarterly, (37).

- Opara-Martins, J., Sahandi, R., & Tian, F. (2014, November). Critical review of vendor lock-in and its impact on adoption of cloud computing. In International conference on information society (i-Society 2014) (pp. 92-97). IEEE.
- Forth, P., et al. (2020). Flipping the odds of digital transformation success. Boston Consulting Group.
- Ulbricht, L., & Egbert, S. (2024). In Palantir we trust? Regulation of data analysis platforms in public security. Big Data & Society, 11(3), 20539517241255108.
- Vlassis, V. S. (2025). More than software vendors. The peculiar case of Palantir's data integration platforms. Information, Communication & Society, 1-20.

19장

- Ezrachi, A., & Stucke, M. E. (2017). Artificial intelligence & collusion: When computers inhibit competition. U. Ill. L. Rev., 1775.
- González, X., & Pazó, C. (2008). Do public subsidies stimulate private R&D spending?. Research Policy, 37(3), 371-389.
- Ruhana, F., Hiswanti, Syamsuddin, Fatmawati, E., & Firmansyah. (2024). Corporate Social Responsibility In The Age Of AI: Reimagining Business Ethics And Management. Migration Letters, 21(S2), 1009-1018.

20장

- Bostrom, N. (2014). Superintelligence: Paths, dangers, strategies. Strategies.
- Bostrom, N. (2002). Existential risks: Analyzing human extinction scenarios and related hazards. Journal of Evolution and technology, 9.
- Bostrom, N. (2020). Ethical issues in advanced artificial intelligence. Machine Ethics and Robot Ethics, 69-75.

- Ganguli, D., Lovitt, L., Kernion, J., Askell, A., Bai, Y., Kadavath, S., ... & Clark, J. (2022). Red teaming language models to reduce harms: Methods, scaling behaviors, and lessons learned. arXiv preprint arXiv:2209.07858.
- Kurzweil, R. (2022). Superintelligence and singularity. Machine Learning and the City: Applications in Architecture and Urban Design, 579-601.
- Kim, H., Yi, X., Yao, J., Lian, J., Huang, M., Duan, S., ... & Xie, X. (2024). The road to artificial superintelligence: A comprehensive survey of superalignment. arXiv preprint arXiv:2412.16468.
- Mastrogiorgio, A., & Palumbo, R. (2025). Superintelligence, heuristics and embodied threats. Mind & Society, 1-15.
- Taleb, N. N. (2014). Antifragile: Things That Gain from Disorder. Random House.

저자소개

김의석

“이론의 깊이와 현장의 날카로움을 겸비한 AI 혁신 전략의 권위자”

KAIST 기술경영학부 교수이자 AI 혁신 및 기업 전략 전문가이다. 현재 KAIST 기술경영전문대학원에서 혁신경영론, AI 혁신경영, ICT 기업전략, 연구기획론 등을 강의하며 미래의 기술과 경영 리더들을 양성하고 있다. KAIST에서 기술경영 공학박사 학위를, 조지아공대에서 과학기술정책 석사 학위를 받았으며, 현재는 국가 전략기술 정책 수립과 기업의 혁신 전략 관련 연구에 매진하고 있다.

그의 가장 큰 강점은 ‘이론과 실무의 경계가 없다’는 점이다. 연구원으로서 기술의 본질을 탐구하고, 전략가로서 기업의 방향을 설정하며, 신사업 프론티어로서 실제 시장의 냉혹함을 경험하는 등 R&D에서 사업화에 이르는 기술경영의 전주기를 직접 관통해 왔다. 특히 한국조폐공사 재직 시절, 첨단 기술 기반의 신사업을 총괄하며 기획재정부, 행정안전부와 협력해 모바일 신분증, 블록체인 기반 지역화폐 등 국가적 스케일의 프로젝트를 성공적으로 이끌어낸 바 있다. 이러한 공로를 인정받아 최근 전자정부 발전 및 정보보호 유공으로 국민훈장을 수여받았다.

복잡한 이론을 현장의 언어로 쉽게 풀어내고, 현장의 혼란을 명쾌한 이론적 도구로 정리해 주는 그의 강의와 연구는 혁신에 목마른 수많은 학생들과 연구자들에게 명확한 가이드라인이 되어주고 있으며 AI 전환 시대를 맞이한 기업들에게 실질적이고도 지속 가능한 성장의 해법을 제시하고 있다는 평을 받는다.

넥스트 이노베이션 – 기업의 AI 혁신전략 교과서

초판발행 2026년 2월 27일

지은이 김의석
펴낸이 안종만·안상준

편 집 탁종민
기획/마케팅 최동인
표지디자인 이영경
제 작 고철민·김원표

펴낸곳 (주) 박영사
서울특별시 금천구 가산디지털2로 53, 210호(가산동, 한라시그마밸리)
등록 1959.3.11. 제300-1959-1호(倫)
전 화 02)733-6771
f a x 02)736-4818
e-mail pys@pybook.co.kr
homepage www.pybook.co.kr
ISBN 979-11-303-9732-0 93320

정 가 23,000원